**당신이 지갑을 열기 전에
알아야 할 것들** ▬▬▬▬

Happy Money: The Science of Smarter Spending
by Elizabeth Dunn and Michael Norton

Copyright © 2013 by Elizabeth Dunn and Michael Norton
All rights reserved.
Korean Translation Copyright © 2013 by Sigongsa Co., Ltd.
This Korean translation edition is published by arrangement with Elizabeth Dunn and Michael Norton c/o Brockman, Inc.

이 책의 한국어판 저작권은 Elizabeth Dunn and Michael Norton c/o Brockman, Inc.와 독점 계약한 ㈜시공사에 있습니다.
저작권법에 의해 한국 내에서 보호를 받는 저작물이므로 무단 전재와 무단 복제를 금합니다.

당신이
지갑을 열기 전에
알아야
할 것들

엘리자베스 던·마이클 노튼 지음 | 방영호 옮김

알키

일러두기
원문은 3인칭 시점에서 서술했으나 이해를 돕기 위해 공저자 중 엘리자베스 던의 시점(1인칭)에서 번역 서술하였음을 밝힌다.

들어가며

돈으로 행복을 살 수 있을까

학위를 따느라 10년을 보내고 난 뒤 내 삶은 일대 전환기를 맞이했다. 돈을 벌기 시작한 것이다. 젊은 나이에 교수 생활을 시작한 나는 열심히 일해서 어느 순간부터 일반 성인의 평균 소득까지 벌어들였다. 그때부터 나는 새로 생긴 재산으로 무엇을 할지 고민하기 시작했다. 사회심리학 박사 학위를 이수하고 나서는 진짜 교수가 할 만한 일만 했다. 궁금증을 참지 못해 하루 종일 논문 데이터베이스만 뒤져봤으니 말이다.

그러다가 돈과 행복의 관련성을 소재로 한 1만 7,000여 편의 논문을 찾아냈다. 이 논문들은 대부분 소득이 늘어나도 의외로 행복은 별로 늘어나지 않는다는 점을 보여주는 것 같았다. 그런데 한 가지가 궁금했다. 흔히 돈으로 행복을 사지 못한다고 하는데, 정말 돈으로 행복을 사는 일이 불가능하다는 말일까? 돈을 기존과는 다른 방식으로, 또 좀 더 나은 방식으로 쓰면 어떨까?

이런 궁금증 때문에 나는 친구 마이클 노튼에게 연락을 취했다. 우리 두 사람은 박사 학위를 준비하던 시절 여름 학술캠프(밴드 캠프를 예상하겠지만, 그보다 더 모범적인 캠프였다)에 참가했다가 서로 알게 되었다. 당시 마이클은 '사람들은 부의 분배가 어떻게 이루어져야 한다고 생각할까?' 혹은 '아이들은 몇 살 때부터 속마음을 숨길까?' 하는 식의 특이한 문제를 파헤치려고 애썼다. 그런 그의 학구열이 참 존경스러웠다. 학술캠프를 마칠 즈음 마이클은 하버드 경영대학원 교수가 되어 온 가족을 놀라게 했다. 이렇게 해서 우리 두 사람은 생전 처음 월급을 받고 일하게 되었다. 나는 그때부터 마이클과 함께 성인들의 지출 행태에 관한 연구를 진행했다. 우리는 무엇보다도 사람들이 조금은 특별한 방식, 단 좀 더 행복한 방식으로 지출을 할 수 있는지 알고 싶었다. 그런 목적으로 실험을 진행해보았다.

먼저 우리는 낯선 사람들에게 돈을 조금씩 나눠주고 그들의 반응을 살펴보았다. 그런데 특이한 점이 있었다. 마이클과 나는 사람들이 각자의 방식으로 지출하게 하지 않고, '우리 두 사람의 방식으로' 지출하게 한 것이다. 이후 순서에서 자세히 이야기하겠지만, 첫 실험치고는 조짐이 좋았다. 우리 두 사람은 주목할 만한 사실을 발견했다.

지출 방식이 달라지면, 그날로 행복 수준이 달라진다는 것이었다. 5달러 정도의 소액을 지출하더라도 동일한 효과가 나타날 수 있다는 것을 확인했다. 그 후 벨기에부터 동부 아프리카에 이르는 세계 여러 지역을 대상으로 '행복한 지출'에 관한 연구를 확대해나갔다. 이후 우리는 연구의 초점을 '인간의 마음'으로 옮겨서, 일상적인 지출 행태로 인해 생물학적, 정서적 효과가 폭발적으로 일어난다는 사실을 입증했다. 뒤에서 자세히 설명하겠지만, 이런 현상은 타액으로 바로 확인할 수 있다. 또한 우리는 레크리에이션 피구 리그를 진행한다거나 세계 최고의 맛집(페란 아드리아 Ferran Adrià의 식당 엘불리 elBulli)을 방문하는 등 여러 단체와 협동하여 개인의 지출 방식이 어떻게 팀과 회사의 성공에 영향을 미치는지 조사했다.

우리 두 사람의 연구는 미국의 공영 라디오방송은 물론, 〈힌두스탄 타임스 Hindustan Times〉, 〈제이 레노 투나잇 쇼 The Tonight Show with Jay Leno〉, 그리고 〈하버드 비즈니스 리뷰 Harvard Business Review〉 등 여러 신문 및 방송에 소개되었다. 언론에 공개되니 재미있는 면도 있었다. 우리 두 사람은 전문가를 자칭하는 사람들로부터 자주 의견을 얻었다. CNN닷컴에 복권에 관한 우리의 연구가 소개되었을 때 사람들은 다음과 같은 의견을 달았다.[1]

> 복권에 당첨된다면, 제 마음대로 돈을 쓰고 싶어요. 특히 사람들에게 돈의 가치를 알려주고 싶습니다. 이를테면, 거리에 지나가는 사람들에게 다가가 한 남녀를 붙잡고 100달러를 내밀며 말합니다. "여기, 당신네들은 이것을 원하죠!" 그들이 돈을 받으려 하면 나는 조롱하듯 이렇게 말할 거예요. "오호라, 그래요! 어쩌다가 그리 됐나요? 당신네들은 하룻밤 사이에 거금을 쥘 수 있다고 생각하나 봅니다!" 당연히 제가 복권에 당첨되었다는 얘기는 하지 않겠죠. 그런 얘기를 하면

제 얘기가 잘 먹히지 않을 테니까요.

완전히 돈으로만 요새를 지어서 그 안에 몸을 숨길 겁니다.

돈으로 욕조를 채우고 그 안에 들어가 두툼한 시가를 물고 샴페인을 홀짝일 거예요. 그러고는 사진을 찍으며 광택 인화지로 수십 장을 뽑을 거고요. 돈을 빌려달라고 하거나 제게서 돈을 빼내려고 하는 사람은 제 사진이나 한 장 받게 될 거고요.

복권에 당첨되면 제 명의로 작은 산을 사서 산 정상에 오두막집을 짓겠습니다.

이처럼 다양한 의견에서 두 가지 유사점이 분명히 드러난다. 즉 복권 당첨을 꿈꾸는 사람들은 하나같이 자신을 위한 것(요새, 샴페인, 산)에, 또 혼자서(다른 사람을 비웃거나 다른 사람과 사귀지 않으면서) 지출을 하겠다고 했다. 모두들 알다시피, 이렇게 하면 행복을 얻긴 하겠지만 역효과가 발생한다. 반면 물질적 구매를 체험적 구매로, 자신을 위한 지출을 다른 사람을 위한 지출로 전환하면 행복에 극적인 영향을 미칠 수 있다.

∴ 소득보다 중요한 것은 지출 습관 ∴

대형 서점에 가면 어떤 종류의 책들이 눈에 들어오는가? 하나같이 돈 잘 버는 법을 알려주는 책들로 가득하다. 그런데 그저 한 푼이라도 더 벌려고 발버둥 쳐야만 할까? 그러지 말고 지출 습관을 바꾸려고 애쓰면 어떨까. 그래야 부를 행복의 필요조건으로 보는 집착에서 벗어날 수 있다. 최근의 한 연구 결과는 부를 쌓아도 흔히 예상하는 만큼의 행복을 쌓지 못한다는 점을 보여준다.

미국에서 실시된 전국 표본조사에 따르면, 사람들은 2만 5,000달러를 벌다가 5만 달러를 벌면 삶에 대한 만족도도 두 배로 오를 것이라 생각했다. 돈을 두 배로 벌면 행복도 두 배로 쌓인다고 생각한 것이다.[2] 하지만 조사 결과를 보면, 5만 달러를 버는 사람들은 2만 5,000달러를 버는 사람보다 9퍼센트만이 삶에 더 만족해했다. 전 세계 어느 나라를 가더라도, 사람들이 일상에서 기쁨과 즐거움을 얻고 만족하는 데 소득은 놀라울 정도로 미미한 영향을 미친다.[3] 미국에서 연간 7만 5,000달러를 벌어들인 사람들의 경우, 소득이 조금 더 올랐어도 일상에서 느끼는 행복감은 전혀 변함이 없었다.[4]

돈 걱정 없이 산다면, 맛집을 찾아다니며 최고의 요리를 맛보고, 고급 주택가로 이사하여 믿을 만한 이웃과 지내는 등 온갖 신나는 일을 하고 인생을 편하게 살 수 있다. 하지만 부를 쌓으면, 그만큼의 대가가 따른다. 사람들은 부자가 되는 생각만 했을 뿐인데도 행복을 향상시키는 활동(이를테면, 지인들과 즐거운 시간 보내기)을 스스로 멀리 하기도 한다.[5]

한 실험에서 일부 학생들은 가짜 돈을 왕창 받고 몇 분간 부자가 된

미래를 상상했다.[6] 반면 나머지 학생들은 가짜 돈을 한 푼도 받지 않고 다음 날 할 일을 계획하는 시간을 가졌다. 곧이어 학생들 앞에 갑자기 연구조교가 나타나 연필을 사방에 쏟았다. 학생들은 어떤 반응을 보였을까? 가짜 돈을 무더기로 얻은 학생들은 연필을 잘 줍지 않았다.

다른 실험에서도 비슷한 결과가 나왔다. 한 실험에서 돈이 찍힌 사진을 본 사람들은, 이를테면 파티에서 친구들과 저녁식사를 하기보다 개인 요리강좌를 들었다. 그들은 주로 혼자서 활동했다. 이 실험 결과는 왜 복권 당첨을 꿈꾸는 사람들이 주로 자신에게 지출을 하려고 하는지에 대한 단서가 된다. 요컨대, 돈만 생각하다 보면 스스로 주위 사람들과 거리를 두고, 자신의 행복을 떨어뜨리게 된다.

관련 연구 자료를 모두 살펴보고 일부 연구를 직접 진행하긴 했지만, 우리 두 사람은 소득의 상승이 행복에 미치는 영향을 부인하지 않았다. 때문에 한 푼이라도 더 벌려는 노력을 중단해야 한다고 주장하지 않는 대신에 사람들이 행복한 지출을 하도록 돕는 일을 연구 목표로 잡았다. 개개인이 스스로 행복해지는 법을 깨우치듯이, 기업들도 소비자와 직원들이 행복해지도록 만들어야 한다. 직원과 소비자들의 체험을 체계적으로 관리하고 그들의 행복과 만족을 최대로 높일 수 있는 방법을 앞으로 소개할 것이다. 안마사, 여행사 직원, CEO 등 어느 직업에 종사하든지 간에 동료와 고객들에게 투자하여 (또한 여러분에게 지출하여) 최고의 행복을 얻을 수 있다. 그 비법을 살펴보자.

행복을 담보하는 지출 원칙

이 책 각 장에서는 행복한 지출을 위한 다섯 가지 원칙을 집중 설명하고, 그러한 원칙들을 개인적, 직업적 삶에서 실천하여 행복을 더하는 법을 소개한다.

체험을 구매하라

미국 사람들은 대부분 내 집 마련을 아메리칸 드림의 핵심으로 바라본다. 하지만 최근 행복에 관한 연구는 내 집 마련이 삶에 대한 만족도와 거리가 멀다는 사실을 보여준다. 연구 결과에 따르면, 사람들은 물질적인 것(예쁜 볼펜, 근사한 주택 등)보다 체험적인 것(여행, 콘서트 관람, 특별한 저녁식사 등)에서 더 큰 행복감을 느낀다고 한다. 2달러를 지출하든 20만 달러를 지출하든, 물질적 구매보다 체험적 구매를 할 때 구매자의 후회 buyer's remorse를 사전에 차단할 수 있다.

1장에서는 체험이라고 다 같은 체험이 되진 않겠지만, 크고 작은 체험을 떠나 행복감을 주는 모든 유형의 체험을 낱낱이 해부해본다. 약간은 고통스러워 보이는 체험을 통해 지속되는 즐거움을 얻을 수 있다는 사실이 참 놀랍다. 관련 사례로 윌 딘 Will Dean이라는 사업가가 어떻게 체험의 영향력을 활용하여 '진흙 구덩이를 기는 체험'을 팔았는지 자세히 들여다본다.

· 특별하게 만들어라 ·

런던 시민들 중에 빅 벤Big Ben(영국 국회의사당의 동쪽 끝에 있는 시계탑-옮긴이)을 찾는 사람은 별로 없다. 왜 그럴까? 신나는 체험이 언제든 가능한 경우, 그에 대한 관심이 줄어들게 마련이다. 그래서 신나는 체험의 기회를 한정시키면, 다시 처음으로 돌아가 즐거움을 새로이 느낄 수 있다. 커피를 한번에 끊어버리듯 평소 즐기던 일을 아예 중단하라는 말이 아니다. 이를테면 라테를 매일 마시지 말고 특별한 날에 마시는 것처럼, 평소 좋아하는 일을 특별한 체험으로 전환해야 지속되는 즐거움을 누릴 수 있다.

2장에서는 먼저 이 원칙을 대규모 구매와 일반적인 구매에 적용하는 방법을 알아본 다음, 창의적인 기업들이 렌터카부터 화장지에 이르는 온갖 상품들을 특별한 체험으로 전환시킨 사례를 들여다본다. 또한 고급 승용차를 탄다고 해서 행복감이 늘어단다는 법칙은 없다는 것과, 프로그램 중간에 삽입된 광고로 인해 텔레비전을 보는 즐거움이 높아지는 이유를 최근의 연구 결과를 바탕으로 살펴본다.

· 시간을 구매하라 ·

화장실 청소, 시궁창 청소 같은 온갖 귀찮고 성가신 일을 사람을 사서 처리한다면, 이런 지출을 통해 평소의 시간 관리 방식을 바꾸고 늘상 하고 싶었던 일을 자유로이 할 수 있다. 그런데 부유한 사람일수록 일상에서 행복한 방식으로 시간을 보내지 못하는 경우가 많다고 한다.

시간을 보다 행복하게 보내는 방식으로 지출을 하지 못하기 때문이다. 그래서 구매 전에는 항상 "이것을 구매하면 내 시간 운영 방식이 개선될까?" 하고 스스로에게 한번 물어봐야 한다. 돈이 아닌 시간에 초점을 맞춰야 행복을 증진시키는 활동을 선택하게 된다. 기업의 경우, 직원들에 대한 보상책으로 금전 외에 시간을 보상하는 방향을 고려해야 한다. 시간적 여유는 직업과 삶에 대한 직원들의 만족도 측면에서 잠재적 예측변수가 된다. 이런 맥락에서 3장에서는 세계 최대 반도체 생산업체 인텔Intel, 등산용품 전문 브랜드 파타고니아Patagoina, 가정용 건축자재 제조·판매업체 홈데포Home Depot 등 창의적인 글로벌 기업들이 업무에 시달리는 직원들에게 어떻게 시간적 여유를 느끼게 해 주었는지 자세히 살펴본다.

· 먼저 돈을 내고 나중에 소비하라 ·

디지털 기술이 유행하는 지금의 시대에 우리는 무엇이든지 즉시 구매할 수 있을 정도로 풍요로운 삶을 살고 있다. 우리의 지갑은 지폐보다는 각종 신용카드로 채워져 있다. 디지털 기술이 발달하고 신용카드가 탄생한 이래, 우리는 '먼저 소비하고 나중에 돈을 낸다'는 사고방식에 따라 구매 행위를 해왔다. 이제 이 원칙을 반대로 적용할 때가 되었다. 즉, 먼저 돈을 내고 나중에 소비함으로써 소액을 지출하더라도 더 많은 행복을 살 수 있다. 돈을 먼저 내고 소비를 뒤로 미루면, 현실적인 일로 흥이 깨질 일도 없고 기다리는 맛이 쏠쏠해진다. 때문에 실제 소비가 일어나기 전까지 최고의 행복감을 맛볼 수 있다. 또한 한 연구 결과에 따르면, 초콜릿 같은 간단한 음식을 먹더라도 잠시 기다렸다 먹으면 그 맛이 더 달콤해진다고 한다. 물론 소비를 지연하는 것은 불만의 원인이 되기도 한다.

4장에서는 기업들이 어떻게 '가상의 대기실'을 연출하여 소비자들의 조급증을 높은 만족감으로 전환시키는지 확인해볼 것이다. 소비를 지연한 데에 따른 효과는 특히 비용을 미리 낸 경우에 나타난다. 즉 '선지급, 후 소비' 원칙을 실천함으로써 구매한 물품이 마치 공짜처럼 느껴지기도 한다. 더 좋은 점은, 당장 돈을 내는 데에 따른 고통을 겪는 탓에 과소비를 하지 않게 된다는 것이다. 앞으로 살펴보겠지만 빚을 지지 않는 것이 행복감을 높이는 최선책인데, 이런 지출의 고통으로 인해 빚을 질 일이 줄어든다.

· 다른 사람에게 투자하라 ·

2010년 3월, 아이오와 카터 레이크의 작은 식당 구석 자리에 안경 쓴 백인 두 사람이 마주 앉았다. 이들 세계 최고 갑부인 빌 게이츠Bill Gates와 워런 버핏Warren Buffet은 생각하는 바가 있어 자리를 같이 했다. 두 사람은 미국의 부자들에게 소유한 부의 대부분을 자선단체에 기부하라고 요청할 작정이었다. 버핏은 "이 같은 결정을 내리고 나서 더없이 행복했습니다"라고 말하며 자신이 가진 부의 99퍼센트를 기부하기로 했다.[7] 수많은 책에서 버핏의 투자 습관을 해부하고 있는데, 5장에서는 특히 다른 사람에게 투자하는 버핏의 방식이 일상에 어떻게 적용되는지 살펴본다.

최근 실시된 연구에 따르면, 자신에게 지출할 때보다 다른 사람에게 지출할 때 행복감이 훨씬 더 상승한다고 한다. 이런 원칙은 세계 어디를 가더라도 그대로 적용된다. 어머니의 생일 선물로 스카프를 구매한 캐나다 대학생, 아들의 말라리아 치료비로 쓰라며 친구에게 돈을 준 우간다 여성, 이들처럼 다른 사람에게 투자한 사람들은 하나같이 충만한 행복을 느꼈다. 베풂의 혜택은 두 살도 안 된 아이들 사이에서도 나타나고, 또한 타액 표본에서도 감지된다. 요컨대 다른 사람에게 투자하면 건강을 증진하고 부도 쌓을 수 있다는 말이다. 이와 관련하여 펩시코PepsiCo, 구글Google 등 대표 글로벌 기업들, 또 도너스추즈DonorsChoose.org 같은 비영리 기업들이 어떻게 기부자, 고객, 직원들로 하여금 다른 사람들이 투자하도록 유도하는지 살펴본다.

∴ 지출 습관을 고치는 여정을 떠나며 ∴

행복한 지출을 위한 다섯 원칙을 결합시켜야 한다는 간단한 전제를 두고 시작해보자. 평소처럼 5달러를 쓰더라도 그전에 스스로에게 이렇게 물어보자. '이것을 사면 행복해질까?' '투자 대비 최대의 행복을 얻는 쪽으로 지출하고 있는 걸까?'

가진 돈을 불리고 저축하는 경우, 사람들은 흔히 자신의 직감에 의존하는 것만으로 충분치 않다고 생각한다. 재정 관리 업종이 생겨난 것도 다 그런 이유 때문이다. 하지만 가진 돈을 지출하는 경우, 사람들은 흔히 자신의 예감에만 의지한 채 자신을 행복하게 해줄 구매를 선택한다. 그러나 인간의 행복과 관련된 문제가 주식시장의 절반 정도만 복잡하다손 치더라도, 인간의 직관이 충분한 지침이 된다고 가정할 만한 근거는 별로 없다. 지난 50년 동안 진행된 연구들을 종합해보면, 인간의 사고와 감정은 대개 의식적 인식의 수준 아래에서 일어난다는 것을 알 수 있다.[8] 따라서 자신의 심리적 상태를 스스로 관찰하여 자신의 행복 요인을 찾아내려고 애쓴다면, 이는 자신에게 직접 심장 이식 수술을 하려는 꼴이나 다름없다. 여러분 자신도 어떤 부분을 손봐야 할지 어느 정도는 알겠지만, 그럴 때는 전문가의 도움이 필요하다.

우리 두 저자를 여러분의 지출 습관을 고쳐주는 행복 전문가로 삼아주길 바란다.

contents

들어가며 5

돈으로 행복을 살 수 있을까 | 소득보다 중요한 것은 지출 습관 | 행복을 담보하는 지출 원칙 | 지출 습관을 고치는 여정을 떠나며

1장

체험을 구매하라 19

우주여행과 내 집 마련 | 우주여행의 꿈을 실현하라 | 자아가 반영된 체험적 구매 | 체험적 이력을 만들어라 | 물질적 구매를 체험으로 전환하라 | 물질의 유혹을 물리쳐라

2장

특별하게 만들어라 53

구매 습관과 만족도 | 삶의 소소한 즐거움에 감사하라 | 달콤함을 최대한 즐길 수 있는 방법 | 한정된 즐거움을 누려라 | 잠깐의 중단으로 만족감을 높여라 | 난생 처음 여행해본 것처럼 | 애인을 낯선 사람처럼 대하라 | 새로움을 더하라

3장

시간을 구매하라 91

룸바 부대가 가져온 것 | 바쁨에 대한 착각 | 시간이 절약된다고 시간이 확보될까? | 약속된 시간이 주는 혜택 | 공통된 일상에서 만족감을 높여라 | 일하지 않아도 월급 주는 회사 | 수영장 딸린 집의 모순 | 시간 중심 사고의 숨겨진 혜택 | 시간은 곧 돈?

4장

먼저 돈을 내고
나중에 소비하라 129

후불 결제의 탄생 | 당신이 금요일을 좋아하는 이유 | 미래는 왜 밝아 보일까? | 왜 군침이 돌면 더 맛있을까? | '지금의 힘'이 가진 모순 | 즉각적인 지출의 고통 | 카드 빚의 유혹 | 모히토 칵테일을 공짜로 즐기는 비결 | 선 지급, 후 소비 원칙을 적용하라

5장

다른 사람에게
투자하라 165

기부 체험 | 최고의 투자 원칙이란? | 전 세계 공통의 행복 원칙 | 유아들의 행복 성향 | 선택을 내려라 | 관계를 만들어라 | 영향을 주어라 | 자선활동이 건강에 미치는 영향 | 자선활동과 수익의 연관성 | 앎과 실천

마치며 208

관점의 범위를 확대하라 | 시민들의 행복을 증진하는 정부의 역량 | 안정된 소득 보장 | 재력이 문제의 해법일까? | 체험을 구매하라 | 특별하게 만들어라 | 시간을 구매하라 | 먼저 돈을 내고 나중에 소비하라 | 다른 사람에게 투자하라 | 행복해지는 지출 비결 | 돈으로 행복을 살 수 있다

주 237

1장

체험을
구매하라

당신이
지갑을 열기 전에
알아야
할 것들

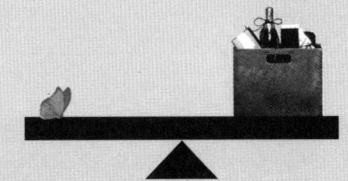

∵ 우주여행과 내 집 마련 ∵

　버진 갤럭틱Virgin Galactic(버진 그룹의 회장인 리처드 브랜슨Richard Branson이 설립한 우주여행회사-옮긴이) 홈페이지를 방문하면 다음 문구가 제일 먼저 눈에 들어온다. "당신은 승무원과 이삼일의 기막힌 준비 기간을 보내고 나면, 제복을 입고 떠나고 싶어 몸이 근질거릴 것이다. 고도 5만 피트(1만 5,240미터)를 날아오르는 모습을 조용히 떠올리면, 이내 자신감이 부풀고 기대감이 용솟음친다. 카운트다운이 시작되고 잠시 침묵이 흐르면 엄청난 제어 동력이 우주선 전체에 흐른다…. 대기권 끝자락을 뚫고 지나가다 보면 넓은 창 너머 암청색 하늘은 연보라 쪽빛으로 변하다가 마침내 시커메진다."

　버진 갤럭틱은 현재 우주여행을 상용화하고, 이 6분가량의 우주여행 사전 예약을 실시하고 있다. 그런데 한 사람당 20만 달러나 되는 우주여행 항공권 가격은 절대 만만한 금액이 아니다. 그래서 대기권 여행을 하겠다고 말하면 흔히 가족과 친구들의 얼굴이 금세 걱정으로 어두워진다. 20만 달러를 좀 더 일반적인 구매를 위해 지출하면 어떨까? 이를테면 나무가 무성한 교외 거리로 이사를 하여, 집을 튜더식 같은 독특한 형태로 개조하면 어떨까? 그러면 주위 사람들이 그렇게 걱정스러운 표정을 짓지는 않을 것이다. 최근 주택시장이 침체된 와중에도 사람들은 대부분 우주여행에 돈을 쓰느니 집을 고치는 편이 더 낫다고 생각한다. 하지만 행복에 관한 연구는 그러한 논의가 반대 방향에서 이루어지고 있음을 보여준다.

우주여행에 돈을 쓰는 것이 어떻게 합리적인 지출이 될지는 확인하기 어려울지 모른다. 그러므로 화려한 저택을 사는 일이 현명한 지출이 아닐 수 있다는 전제에서 출발해보자. 집을 산다고 해서(근사한 최신형 주택을 구입한다고 해서) 꼭 행복이 충만해진다는 근거는 거의 없다. 이 점에 주목해야 한다. 1991년부터 2007년 사이 옛집이 뭔가 못마땅하여 이사를 한 수천 명의 독일 사람들을 추적 관찰해보았다.[1] 사람들은 새 거주지로 이사를 마치자마자 새집이 옛집보다 훨씬 더 마음에 든다고 밝혔다.

그런데 인간은 본래 새로운 환경에 금세 적응한다. 또한 여러 연구 결과를 보더라도 흔히 **사람들은 새로운 것에 익숙해지는 경향을 보인다.** 이런 사실을 고려하면, 이사를 하자마자 솟아났던 만족감은 서서히 사라지고 예전보다 더 행복할 것도 없는 상태가 되지 않을까 예상할 수 있다. 그런데 새집에 대한 만족감은 일시에 사라지지 않는다. 조금 사그라질 뿐이다. 위 연구에서 사람들은 이사를 하고 난 뒤 5년 동안은 옛집보다 새집에 상당히 만족해했다. 이쯤에서 보면 앞으로도 문제가 없을 것 같지만 문제가 하나 생긴다. 새집에 대한 만족도는 상당히 높아지지만, 삶에 대한 만족도(전반적인 행복)는 전혀 향상되지 않는다는 것이다.

물론 한 치 앞을 모르는 게 인생이다. 그들의 삶에서 어떤 일이 벌어질지 아무도 모른다. 화려한 대저택, 혹은 비좁고 볼품없는 집에서 살게 되는 것을 동전 앞뒷면으로 결정할 수 없는 법이다. 그런데 대학에서는 그런 일이 벌이기도 한다. 하버드대학교는 신입생들에게 무작위로 기숙사를 배정한다. 이 학교 신입생들은 첫해에 신입생 기숙사에서 지내다가, 2학년부터는 각기 다른 12개 기숙사 중 한 곳에서 지내게 된다. 각 기숙사에는 널찍한 식당과 도서관 등의 시설이 있고, 그 앞으로 뜰이 펼쳐져 있다. 거기서 대학 생활의 많은 부분이 이루어진다. 기숙사를 보면, 일부는 캠퍼스 중앙에 위치해 있고 보기에도 멋지고 널찍널찍하다. 반면 학교 안내책자 표지에 올렸다가 낭패를 볼 만한 건물들도 있다. 그처럼 최악의 시기에 건축된 기숙사들은 부동산에 내놓기도 민망한 것들이다.

그래서 신입생들은 새내기 생활을 마냥 즐기지는 못한다. 정문에서 멀리 떨어진 라드클리프 쿼드Radcliffe Quad 기숙사에 배정될까 봐 마음이 조마조마하기 때문이다. 기숙사 배정 발표가 나기 전날 밤에는 찰스 강Charles River을 가로지르는 장중한 다리에 학생들이 오르는 모습까지 볼 수 있다. 학생들은 공들여 의식을 치르거나 '쿼드 신'을 달래려고 조용히 기도를 한다. 캠퍼스에서 가까운 '리버 하우스river house'에 배정받게 해달라고 간절히 기원하는 것이다. 그런데 쿼드 기숙사에 배정된 학생들은 정말 고통의 3년을 보낼 수밖에 없을까?

하버드 신입생들은《해리 포터Harry Porter》의 호그와트마법학교 신입생들이 마법의 분류 모자에 의해 네 기숙사 중 한 곳에 배정되듯 저마다 기숙사에 배정된다. 기숙사를 배정받은 학생들은 곧바로 캠퍼스 중앙에 몰려든다. 거기서는 각 기숙사별로 같은 색깔의 옷을 맞춰 입고 기숙사 마스코트 분장을 한 선배들이 소리치고 응원하며 신입생들을 반긴다. 한 텔레비전 뉴스 기자가 그 활기 넘치는 광경을 반전 시위로 잘못 보도한 적도 있다. 뉴스 화면에서는 레버렛 하우스Leverett House의 토끼 등 다양한 기숙사 마스코트가 돌아다니고, '학생들의 행동주의'라는 자막이 흘러나왔다. 그런데 레버렛 하우스의 토끼가 마스코트 복장을 벗고 세상 물정 모르는 수학 전공 학생으로 돌아가면 생활에 대한 만족도는 어떻게 될까? 또 이 신입생들이 각자의 기숙사에 정착하고 나서는 어떻게 될까?

하버드대학교 출신인 나는 그 답을 찾고 싶었다. 이에 동일한 집단을 연속적인 시간 간격으로 관찰한 끝에 놀라운 점을 발견했다. 캠퍼스와 가깝고 겉보기에 근사한 기숙사에 배정된 학생들이 쿼드 기숙사에 배정된 학생들보다 만족스러운 생활을 하게 될 것이라는 예상이 빗나간 것이다. 평소 갈망했던 기숙사에 들어간다고 해서 더 행복한 생활을 한다는 보장은 없었다.[2] 새집으로 이사한 독일 사람들과 마찬가지로, 간절히 고대했던 기숙사에 들어간 학생들은 높은 만족감을 보였다. 하지만 기숙사를 배정받고 고양된 만족감이 전반적인 행복에 영향을 미치지는 않았다.

이런 조사 결과는 수수께끼를 낳는다. 2011년 전국적인 여론조사에 따르면, 주택 거품이 붕괴된 후에도 미국인들의 약 90퍼센트는 여전히 내 집 마련을 '아메리칸 드림'의 핵심으로 보았다.3 그런데 미국 중산층의 심리로 보더라도 내 집 마련을 통해 행복감이 그다지 고양되지 않는다는 점은 놀랍다. 이와 관련하여 오하이오 주에 거주하는 여성 600명 이상을 대상으로 면밀히 조사를 실시했다. 조사 결과에 따르면, 집주인이 세입자보다 체중이 5킬로그램가량 더 나간 점은 특이할 만하지만, **집주인이라고 해서 세입자보다 딱히 행복을 더 많이 느끼지는 않았다.**4

물론 세입자들은 집을 매입하여 돈을 절약하기도 한다. 웬만한 부동산 웹사이트에서는 그와 같은 주택 거래의 손익을 따져볼 수 있는 길잡이를 제공한다. 그런 도구들을 통해 주택 매입의 투자 효과를 확실히 파악했다손 치더라도, 내 집 마련이 우리의 행복에 좋은 투자가 되지 않는 경우가 많다(주거가 인간의 행복과 전혀 무관한 것은 아니다. 주거환경〔물이 새는 지붕, 층간 소음 등〕이 건강에 영향을 미치며, 남아프리카 국가 등 상대적 빈곤 국가에서 주거의 질이 삶의 만족도에 더 큰 영향을 미친다는 몇몇 증거도 있다*). 주택 매입과 같은 최대 규모의 구매를 하고도 자

---

* 참고문헌 나오키 나카자토Naoki Nakazato, 울리치 쉼맥Ulrich Schimmack, 시게히로 오이시Shigehiro Oishi의 《생활조건의 변화가 행복에 미치는 영향: 유망한 상향식 하향식 모형Effect of Changes in Living Conditions on Well-Being: A Prospective Top-Down Bottom-Up Model》, 〈사회지표연구Social Indicators Research〉 제100권 1월호(2011년 1월 1일) 115쪽 35줄

신의 전반적인 행복 수준을 조금도 향상시키지 못했다면, 자신의 지출 방식에 관한 기본 전제를 재고해야 할 시기가 되었다고 할 수 있다. 또한 어떤 면에서는 주택 매입을 위한 대출을 받기보다 우주여행을 떠나야 더 행복해지는 이유를 밝힐 때가 되었다고 할 수 있다.

∴ 우주여행의 꿈을 실현하라 ∴

서른 살의 핵 기술자 마샤 피아멘고는 어린 시절 우주비행사가 되는 것이 꿈이었다.[5] 그랬던 그녀는 어느 날 남편 존과 버진 갤럭틱에 관한 이야기를 처음 접하게 되었다. 그날 부부는 나이가 들어 은퇴하면 우주여행을 떠나자고 약속했다. 우주여행을 은퇴 이후에 가기로 한 것은 여섯 자리 숫자의 항공권 가격이 젊은 직장인 부부가 감당하기에는 굉장히 부담스러운 금액이었기 때문이다. 그러던 중 2010년 마샤 피아멘고에게 시련이 닥쳤다. 존이 병에 걸려 앓다가 세상을 떠나고 만 것이다. 이로써 그녀의 삶도 예기치 않게 바뀌었다. 마샤 피아멘고는 존의 생명보험금을 받긴 했지만, 그 돈으로 무엇을 할지 생각조차 하지 못했다. 슬픔에 빠져 하루하루를 보내다 보니 돈은 뒷전이 되어버린 것이다.

그러던 어느 날 문득, 이런 생각이 스쳐 지나갔다. 이 돈으로 우주여행 항공권을 사면 어떨까? 남편과의 약속을 지켜야 하지 않을까? 이보다 더 좋은 방법이 어디에 있을까? 마샤 피아멘고가 말했듯이, 그녀는 남편의 죽음을 통해 '인생은 짧고 불확실하다'는 것을 깨달았다. 그처럼 환상적인 체험은 훗날로 미룰 일이 아니었다. 우주여행은 평생 가도 얻지 못할 기회였다.

우주여행에 관심이 없더라도 잠시 한번 생각해보자. 자신의 행복을 높일 목적으로 무언가를 구매했던 일을 떠올려본다. 보석, 가구, 옷, 기기처럼 보관하고 만질 수 있는 사물, 즉 물질적인 것을 생각해보자. 이제 인생에 체험을 제공해준 구매를 떠올려보는 것이다. 아마도 여행이나 콘서트, 특별한 식사자리가 떠오를 것이다. 친구와 가족이 떠오르고 멋진 풍경과 감미로운 맛이 연상될 것이다. 두 유형의 구매 중 어떤 구매가 우리를 더 행복하게 만들까?

이런 질문을 받은 미국 사람들 중 57퍼센트는 물건보다 체험을 구매할 때 더 행복해진다고 말했다. 반면에 응답자 중 34퍼센트만이 상반된 답변을 내놓았다.[6] 이런 차이는 여성, 청년층, 도시 및 교외 거주자들 사이에서 한층 두드러진다. 한편 남성, 장년층, 시골 거주자들 사이에서도 기본적인 패턴이 똑같이 나타난다. 이와 관련된 연구가 거듭 실시되었는데, 결과는 일관되게 나왔다. 사람들은 '돈을 잘 썼다'고 할 수 있는 체험적 구매를 되새기며 좋은 기분을 느꼈다.

체험적 구매의 원칙을 활용한다고 해서 꼭 20만 달러를 쓸 필요는 없다. 여러 연구 결과에 따르면, 열쇠고리나 액자 같은 물건을 구매할 때보다 비디오게임이나 음악 감상 같은 체험을 구매할 때, 한층 더 지속적인 만족을 얻을 수 있다고 한다.7 단돈 1달러를 쓰더라도 마찬가지다. 자질구레한 물건을 사들이는 행태를 차치하고도, 사람들의 일상적인 지출 습관에서 체험적 구매의 가치를 확인할 수 있다.

현재 진행 중인 한 연구에서 연구진은 50세 이상 장년층을 대상으로 생필품 구매, 집세, 음주, 문화생활 등에 얼마나 많은 돈을 지출하는지 관찰해보았다.8 이런 지출 결정과 행복의 관련성을 따지다가 주목할 만한 유일한 지출 범주를 발견했다. 그것은 냉장고 같은 물품의 범주가 아니었다. 술도 아니었다. 연구진은 그것에 '여가활동'이라는 명칭을 붙였다. 여행, 영화감상, 운동경기 관람, 헬스클럽 정기회원 가입 등이 여가활동 범주에 들어갔다. 그런데 이 여가활동에 지출을 많이 하는 사람일수록 삶에 대해 상당히 높은 만족감을 표현했다. 그래서 사람들이 주거 비용 지출이 만만치 않다고 여가활동 비용을 줄이지 않는다고 밝힌 것은 그리 놀랍지 않다. 이 연구에서 주거가 삶의 만족도와 그다지 관계가 없다는 사실이 다시 한 번 확인되었다.

∴ 자아가 반영된 체험적 구매 ∴

하버드 경영대학원을 졸업한 직후 윌 딘은 터프머더Tough Mudder라는 진흙 장애물 경주 회사를 창립했다. 장애물 경주는 본래 영국 특수부대British Special Force가 만든 경주로, 딘은 이 행사를 두고 '아이언맨이 버닝맨을 만나는 경주'라고 말한다.[9] 16킬로미터의 터프머더 경주는 진흙투성이로 뒤뚱거리며 뛰는 보통의 머드런mud run이나 혼이 쏙 빠지는 '극기' 로드레이스가 아니다.[10] 우리를 오리로 만들어버리는 머드런이 너무 평범하다고 불평한 적이 한 번도 없었는가? 터프머더가 평범하지 않은 것은 분명한 사실이다.

터프머더에 참여하는 선수들은 티셔츠 같은 기념품을 사 입거나 몸에 문신을 새겨서 진흙탕 경주에 참여한 사실을 애써 드러낸다. 머리띠도 중요하다. 선수들은 메달 대신에 오렌지색 머리띠를 받는데, 그것을 경기 다음 날까지 착용하고 다니면서 길거리나 지하철에서 같은 머리띠를 한 사람들을 만나면 서로 인사하고 하이파이브를 한다. 그처럼 솜털이 보송보송하고 수수한 머리띠 하나로 터프머더 참가자들 사이에 공동체 의식이 형성된 것이다. 그러한 사회적 관계 형성이 바로 딘의 사업 성공 비결이다. 또한 이를 보면 체험의 가치를 확대해야 하는 이유를 알 수 있다(사회적 관계의 중요성은 화려한 주택으로 이사를 간다고 해서 행복이 커진다는 법이 없음을 설명하는 근거가 되기도 한다. 고급 주택가에 이사를 가더라도 거기서 괜찮은 이웃을 만나지 않는 한, 더 행복해질 일은 없을지도 모른다. 하버드 기숙사에 관한 연구에 따르면, 학생들의 전반적인 행복은 기숙사의 물리적 특성과 관계가 없었다. 하지만 기숙사에서 누리는 사교활동의 질로 학생들의 행복을 예측할 수는 있었다. 흥미롭게도 건물의 물리적 특성에 대한 호감도가 가장 낮은 일부 기숙사에 '테킬라 튜즈데이Tequila Tuesdays' 같은 사회적 전통이 있다).

한 연구에 따르면, 체험을 하면 다른 사람들과 어느 정도 유대감이 형성되기 때문에 물건을 구매할 때보다 더 큰 행복감을 느끼게 된다고 한다.[11] 관계성의 결정적 효과를 직관적으로 인식한 딘은 사업의 방향을 터프머더 체험의 사회적 측면을 최대한 활용하는 쪽으로 잡았다. 즉 선수들은 출발선에 나란히 서서 터프머더 서약Tough Mudder Pledge을 암송한다. 이 의식을 통해 각자가 결승선에 도달하기까지 서로 도움을 주고받고 팀워크와 동지애를 발휘하겠다고 맹세하는 것이다. 이런 철학은 말로만 끝나지 않는다. 실제로 몇몇 장애물은 선수들끼리 힘을 보태야 겨우 넘을 수 있기 때문이다.

한번은 터프머더 측이 페이스북에 이런 메시지를 올렸다. 뉴욕 소재한 주점에서 경기에 대한 발표가 있을 예정이라는 내용이었다. 당시 메시지를 게재한 지 하루 만에 600명이 넘는 사람들이 주점에 몰려들었다. 딘이 말하길, 참가자들 대부분은 뭔가 스스로를 단련하기 위해(혹은 '진흙탕을 뛰고 싶어서') 생애 처음으로 터프머더 경주에 참가 신청을 했다고 한다. 그럼에도 터프머더 경주에 계속 참여하게 만드는 동기 요인은 바로 사회적 관계성이다. 사람들은 떼 지어 경주에 다시 참여한다. 터프머더를 완주한 사람들의 절반 이상은 다음 경주에도 참여하는데, 대개 지인들을 데리고 나타난다. 이런 이유로 터프머더 측은 단 8,000달러의 광고비로 사업을 시작하고도 80만 명이 넘는 페이스북 팬을 모았다. 지금은 시드니에서 도쿄에 이르는 세계 여러 도시에서 경주 개최 일정을 잡았을 뿐만 아니라, 경주를 열 때마다 연일 매진을 기록하고 있다.

터프머더 경주의 전염성이 강한 이유가 또 있다. 참가자들에게 추억이 생기기 때문이다. 딘은 터프머더 사업을 시작한 계기는 환멸감이 들었기 때문이라며 이런 이야기를 해주었다. "철인 3종 경기와 마라톤을 보면, 정말 마음에 안 드는 부분이 있습니다. 단지 얼마나 버텼는가를 두고 잘 했나 못 했나를 따지는 것입니다. 사람들은 '얼마나 뛰었어요?'라고 묻습니다. 사실 터프머더는 묻고 따지고 할 것도 없습니다. 굳이 물어본다면 '불타는 장애물은 어땠나요?'라고 물어야겠죠."[12]

꼭 불타는 건초더미를 통과해야 한다는 법은 없다. 또 한 블로그의 묘사처럼 수천 년 묵은 거위 똥 냄새가 나는 연못에 반드시 거꾸로 곤두박질쳐야 하는 것은 아니다.[13] 그래도 물건보다 체험을 구매할 때 좋은 이야깃거리가 생긴다. 이와 관련된 실험을 하려고 코넬대학교 연구진이 거리로 나섰다. 연구진은 행인들을 붙잡고 행복해지기 위한 구매활동에 대해 이야기를 나눠보자고 했다. 대화에 응한 사람들을 관찰해보니, 체험적 구매를 한 사람들이 자신의 이야기를 적극적으로 들려주었다.[14] 그들은 물질적 구매를 한 사람들보다 연구진에게 호감을 보이며 대화를 이어갔다. 이 설문 결과를 놓고 보면, **체험적 구매를 우선시하는 사람들은 열린 사고를 가진 데다 영리하고 붙임성이 좋을 것으로 보인다.** 천 년 묵은 거위 똥에 뛰어든 일은 평생 기억에 남는다. 그처럼 체험을 구매하면 두고두고 웃을 만한 추억이 생길 뿐만 아니라 우리의 인생사가 더욱 풍성해진다.

일례로 대학생들(19세 정도의 어린 사람들)에게 자신의 '인생사'를 간략히 적어보라고 했다. 이에 학생들은 대부분 물건을 구매했던 일보다 체험을 구매했던 일을 소재로 삼았다.[15] 또한 '시카고 박물관이 18세에서 72세를 대상으로 실시한 추적 조사 결과에 따르면, 실험 대상자들 중 체험적 구매를 했던 사람이 물질적 구매만 했던 사람보다 '진실하고 본질적인 자아'를 더 명쾌히 들여다볼 수 있다고 말했다. 사람들이 스스로의 구매 행위를 묘사한 그림을 보면 체험의 자기 정의적 속성을 확인할 수 있다. 부다페스트나 아프리카를 여행하거나 무도회에 가거나 브로드웨이 쇼를 관람하는 식의 체험적 구매에 우리 자아가 반영된다는 말이다. 그와 같은 자기 정의적 체험을 통해 우리는 명품 지갑이나 스위스제 시계를 살 때보다 더한 행복감을 느낀다.

코넬대학교 심리학 교수인 트레비스 카터Travis Carter와 톰 길로비치Tom Gilovich는 학부생들을 모아놓고 기억에 남는 물질적 구매와 체험적 구매를 네 가지씩 떠올려보라고 했다. 이어서 학생들은 자아를 표현한 동그란 원을 그린 다음, 자아감과 밀접한 관련이 있는 정도에 따라 자아감의 원 주위에 각각의 구매를 표시했다. 다음은 실험에 참가한 학생들 중 세 명이 그린 그림이다. 회색으로 칠한 원들이 체험적 구매에 해당한다.

스키
아프리카 여행
친구들과 함께한 휘슬러 스키장 여행
컴퓨터
자아
장거리 자동차 여행
시계
블랙베리
친구들과 함께한 런던 여행

부츠
아이팟
이스라엘 여행
캘리포니아 여행
디지털 카메라
자아
랩톱 컴퓨터
브로드웨이 쇼
무도회

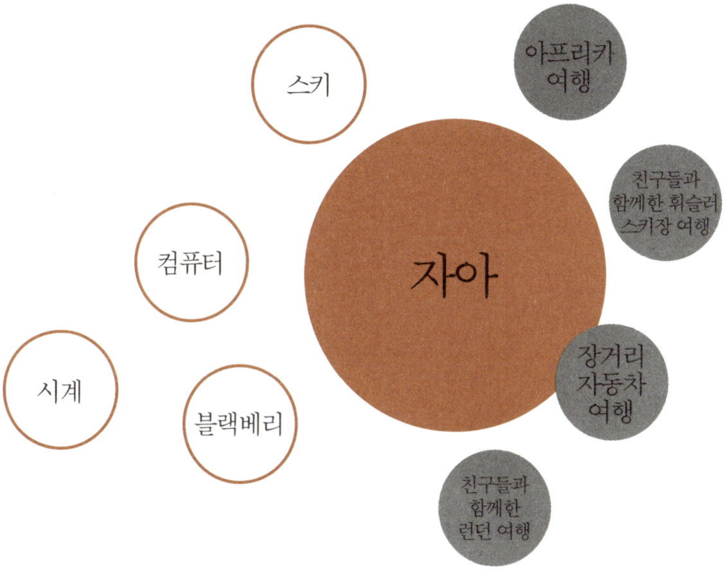

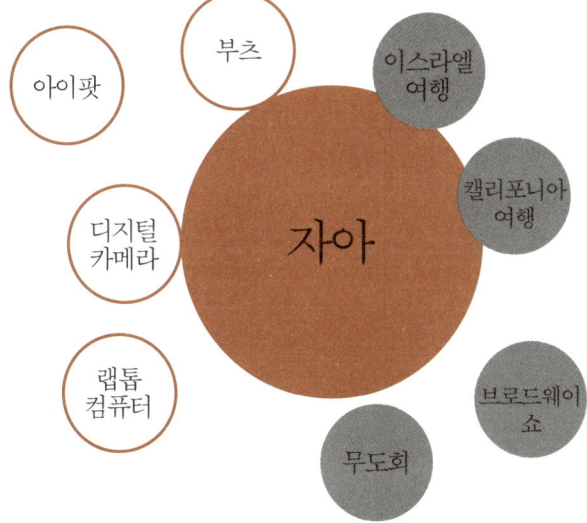

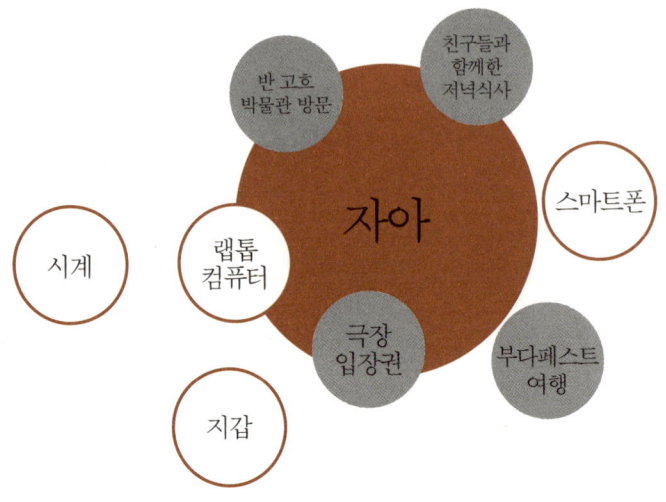

∴ 체험적 이력을 만들어라 ∴

오스카상 수상작인 영화 〈이터널 선샤인Eternal Sunshine of the Spotless Mind〉 이야기를 해보자. 서로 상처를 주고 헤어진 연인 짐 캐리(조엘 역)와 케이트 윈슬렛(클레멘타인 역)은 각자의 기억에서 서로의 흔적을 없애기 위해 사랑의 아픈 상처만을 지워주는 라쿠나Lacuna라는 회사를 찾는다. 언뜻 보기에는 두 사람이 꽤 좋은 생각을 한 것 같다. 서로 보지도 않고 생각지도 않을 테니까. 하지만 영화가 진행됨에 따라, 두 사람은 자신들이 가진 기억의 감정적 가치를 인식하기 시작한다. 기억을 잃는 것은 스스로를 잃는 것을 의미한다.

〈이터널 선샤인〉의 주제와 묘하게 통하는 앞의 실험에서 학생들은 중요한 체험적 구매 또는 물질적 구매를 떠올렸다. 그리고 이어서 다음과 같은 글을 읽었다.

> 이렇게 상상해보세요. 잠깐 동안 그때로 돌아가서 다른 선택을 내리고 다시 현재로 돌아옵니다. 그 구매에 관한 현재의 기억은 모두 다른 선택으로 인한 기억으로 대체될 수 있습니다. 그렇지만 결국에 여러분은 같은 시간 같은 장소, 지금 있는 바로 그곳으로 돌아와 있습니다.

위의 전제에 직면했을 때, 체험적 구매를 떠올린 학생들은 그 기억을 별로 대체하려 들지 않았다. 오히려 그 구매에 그토록 만족하는 이유를 설명하려고 했다.[16]

초현대적 약리학의 관점과는 별개로, **사람들은 자신에게 소중한 기억을 어떻게든 지키려 든다.** 유독 자신에게 특별했던 저녁 외식(배우자와의 첫 데이트 등), 또 특별하진 않았지만 즐거웠던 저녁식사를 떠올려보자. 각각의 저녁식사 자리에 다른 누군가와 함께 돌아가고 싶은 마음이 드는가? 응답자의 10퍼센트 이상은 자신에게 특별했던 저녁식사 자리를 다른 누군가와 함께하려고 했던 적이 한 번도 없었다고 답했다(특별하진 않았지만 즐거웠던 저녁식사 자리의 경우에는 응답자의 2퍼센트만이 이런 식으로 답했다).[17] 한 남성은 신혼 시절 가졌던 특별한 저녁 시간 이야기를 꺼내며 "우리 기억에 흠이 되는 나쁜 체험을 할까 봐 당시로 되돌아가기가 두려워요"라고 말했다.

그와 같은 과거의 특별한 체험을 되돌아보다가 추억에 빠지기도 한다. '과거에 대한 아련한 갈망'이라고 정의되는 이 감정은, 1600년대 한 스위스 의사가 집에서 멀리 떠나와 싸우는 군인들을 진찰하고 나서 '대뇌질환'이라고 처음 이름을 붙인 것이다.[18] 하지만 현대 연구에서는 이와 달리, 추억이 존재의 근원 같은 것이 된다고 말한다. **인생이 의미 없다는 생각이 들 때, 추억은 행복이 줄어들지 않도록 방패 기능을 하는 동시에 활력을 북돋우고 스트레스를 완화시킨다.**[19] 사회학 교수인 프레드 데이비스Fred Davis는 추억에 대해 이렇게 말한다. "추억은 과거의 행복과 성취를 우리에게 확신시킵니다. 이것들이 여전히 보관되기 때문에, 말하자면 기억의 저장고에 보관되기 때문에, 추억은 동시에 우리에게 어떤 가치를 부여합니다."[20]

북극권 북쪽 200킬로미터 지점에 위치한 스웨덴 아이스 호텔 이야기를 해보자. 아이스 호텔 방문객들은 눈과 얼음으로 만들어진 침대 위에 보온 침낭을 펴고 그 속에 들어가 잠을 잔다. 주변 온도는 영하 42도를 기록할 정도로 차디차다. 일반 호텔에서 안락하게 하룻밤을 보내도 될 법한데, 아이스 호텔 방문객들은 특별한 목적을 가지고 이 호텔에서 밤을 보낸다. 바로 '체험적 이력experiential CV'(CV는 라틴어로 'curriculum vitae', 즉 한 사람의 일생을 의미한다—옮긴이)을 만들기 위해서다.[21] 특별하고 기억에 남는 체험을 하면 인생사가 풍요로워진다. 그런 요구에 부응하는 차원에서 현재 핀란드는 눈과 얼음으로 마을을 지어 방문객들을 받고 있다. 그리고 루마니아에서부터 퀘벡에 이르는 혹한 지역에 아이스 호텔이 속속 생겨나고 있다.

사람들에게 퀘벡 시의 아이스 호텔(호텔 드 글라스 Hôtel de Glace)과 그보다 더 일반적인 호텔인 플로리다 메리어트 호텔 중 어느 호텔에 묵고 싶은지 물었더니, 응답자들은 대부분 플로리다 호텔이 더 편할 것 같다고 답했다.[22] 그러면서도 응답자들 대부분은 아이스 호텔이 기억에 오래 남을 것 같다고 답했다. 게다가 숙소를 선택한다면 물과 얼음으로 뒤덮인 곳을 선택하겠다는 응답이 72퍼센트에 달했을 정도로 기억에 남는 체험이 인기를 끌었다.

순간의 즐거움을 버리고 기억에 남을 추억을 쌓는 일은 생각만 해도 흥분된다. 특히 자신의 시간을 생산적으로 사용하고 싶어 하는 개인들, 이를테면 지하철에서 스마트폰을 한시도 손에서 내려놓지 못하는 사람들이 관심을 가지면 좋을 만하다. 흥미로운 이야기를 하나 소개할까? 새로 사귄 여자친구가 해변가 호텔에 묵고 싶어 하는지 아이스 호텔에 묵고 싶어 하는지 알고 싶다면, 그녀의 손목시계를 살펴보면 된다. 시계가 늦게 가고 있다면 그녀는 해변가 호텔을 선호할 가능성이 크다. 반면에 시계가 빨리 가고 있다면 아이스 호텔을 선택할 가능성이 크다.

실제로 뉴욕 센트럴파크를 방문한 사람들에게 두 호텔 중 한 곳을 선택하라고 했더니, 느린 시계를 찬 사람들의 70퍼센트 이상이 메리어트 호텔을 선택한 반면, 빠른 시계를 찬 사람들의 70퍼센트 이상이 아이스 호텔을 선택했다(물론 아이스 호텔을 선택한 사람들이라도 해변가 호텔에서 태양빛을 쬘 때 더 만족스러워할 수 있다. 한 연구 결과를 보더라도 사람들이 항상 제일 좋은 곳을 선택한다는 법은 없다. 손목시계를 자세히 살펴보면 꼭 사람들이 즐기는 것은 아니더라도, 선택하는 것을 예측하는 데 도움이 된다는 말이다). 시계를 몇 분 빨리 설정해두는 사람들의 경우, 자신의 체험적 이력에 그럴싸하게 한 줄이 추가되는 일이라면 불편함도 기꺼이 감수할지 모른다.

해변가 호텔을 싸잡아서 별 볼일 없는 것으로 만드는 것 같아 서둘러 밝히자면, 물론 가치 있는 체험에 지나치게 집착할 가능성도 있다. 이 부분에서 나도 혹독한 수업료를 치렀다. 결혼 전 레저용 차량을 임대하여 한 무리의 남자들과 장거리 캐나다 여행을 떠났을 때의 일이다. 남자들은 각자 여자친구를 데리고 움직이기로 했지만, 그녀들은 현명하게도 여행에서 빠졌다. 이 장거리 여행의 최종 목적은 북극해에 뛰어드는 것이었다. 나중에 알았지만, 북극해는 너무도 멀리 있었다. 몇 날 며칠 황량한 벌판을 달리다가 '블랙워터 리즈'(오물을 뒤집어쓴 리즈, 내가 어쩌다가 이 별명을 얻었는지는 뒤에서 설명하겠다)는 돌아가는 비행편을 예약하겠다며 공중전화 박스에서 몇 시간을 보냈다. 나는 여행을 끝까지 마치지 못했다. 그리고 지금은 당시 여행을 함께 갔던 남자들 중 한 명과 결혼하여 살고 있다.

신기하고 기억에 남을 만한 체험에 대해 궁금증이 폭발한 사람에게는 흔히 판에 박힌 문구를 들려줄 필요가 있다. 예컨대 "죽을 만큼 힘든 고통을 겪고 나면 더 강해지는 거야"라거나 "견디기 힘든 일이 달콤한 추억이 된다"는 철학자 세네카 Seneca의 말을 들려주는 것이다.[23]

세네카는 핵심을 짚었다. 조금 기분 나쁜 기억도 변화무쌍한 만화경 같은 기억에 더해 장밋빛으로 남는다는 근거도 있다.[24] 한 연구진이, 캘리포니아로 3주간 자전거 여행을 떠난 한 무리의 학생들을 추적 관찰해보았다.[25] 이 여행은 고생 그 자체였다. 모기가 우글거렸고 폭우가 쏟아졌다. 여행하는 동안, 학생들의 61퍼센트는 여행에 대해 실망감을 감추지 못했다. 그런데 여행이 끝나자 학생들의 11퍼센트만이 실망감을 드러냈다. 한 학생은 이렇게 말했다. "지금 생각해보니 그간에 불만을 터트렸던 것이 참 바보 같은 짓이었어요. 좋은 친구들이 정말로 많이 생겼어요. 평생 잊지 못할 거예요."

우리 기억에서 부정적인 것들이 다 사라진다는 말은 아니다. 부정적인 체험은 간혹 기억의 백미러에서 확대되기도 한다.[26] 나의 북극해 여행이 끝난 이후, 여행 중 차량의 오물처리장치 고장으로 오물을 흠뻑 뒤집어썼던 사건을 잊어버린 사람은 하나도 없다(이제 내게 '오물을 뒤집어쓴 리즈'라는 별명이 붙은 이유가 이해될 것이다). 하지만 체험은 쉽게 비교가 되는 게 아니다. 그래서 체험적 구매를 하면, 후회의 감정이 미연에 방지되어 부정적인 영향을 치명적으로 받지 않는 것 같다. 트레비스 카터와 톰 길로비치 교수는 이렇게 설명한다. "텔레비전의 크기와 화질, 가격을 비교하여 모든 부분에서 가장 뛰어난 텔레비전을 선택하는 것은 비교적 간단한 일입니다. 반면에 사과 타르트(속에 과일처럼 달콤한 것을 넣고 반죽을 씌우지 않고 만든 파이-옮긴이)와 오렌지 셔벗을 두고 맛과 질감을 비교하여 하나의 디저트를 선택하는 것은 여간 어려운 일이 아닙니다. 말 그대로 사과의 맛과 오렌지의 맛을 비교해야만 하기 때문입니다."**27**

여기서 잠깐 내 남편 이야기를 해보겠다. 남편은 HTC의 스마트폰을 구입한 후로 주위의 아이폰 신봉자들과 자신의 스마트폰을 비교하고 싶어 안달이 났다. 파티에서도 배터리 수명은 어떤지 액정 화질은 어떤지 물으며 친구들을 달달 볶았다. 이렇게 남들에게 뒤지는 제품을 구입했을까 봐 걱정하는 사람은 내 남편만이 아니다. 고가의 구매를 하든 일반적인 구매를 하든, 대개 물품을 구입하고 나면 '구매자의 후회 buyer's remorse'를 겪기 마련이다.**28**

이 개념은 혁신적인 기업들이 늘 염두에 두는 것이다. 버진 갤럭틱도 다가오는 우주여행의 예약을 받기 위해 우주에서 본 지구 사진, 미래의 우주여행 사진 등 매력적인 사진으로 여행 안내 책자를 화려하게 꾸몄다. 반면에 책자 표지는 단순한 회색 바탕에 다음과 같이 마크 트웨인Mark Twain의 말로 장식해두었다. "지금부터 20년 후에는 자신이 저지른 일보다 저지르지 않은 일에 더 실망하게 될 것이다." 절묘한 마케팅 전략이다. 아직 실재하지도 않는 것에 20만 달러의 여행 대금을 내놓게 하려면, 일을 저질러도 후회할 일이 없음을 사람들에게 납득시켜야 한다. 그래도 이런 주장은 나중에 사실로 드러난다. 한 설문에서 과거의 체험적 구매를 떠올렸던 응답자의 83퍼센트는 마크 트웨인의 말에 동조했다. 또한 땅을 치며 후회하는 일이 하나 있다면 저지르지 않았다는 것, 체험적 구매의 기회를 그냥 놓쳐버린 것이라고 응답자들은 말했다. 물질적 구매의 경우에는 반대의 결과가 나왔다. 거의 모든 응답자들은 사지 않았으면 좋았을 물건을 산 탓에 마음이 쓰리다고 밝혔다.

사과와 오렌지의 맛을 두고 각각의 체험을 비교한다고 해도 후회할 일은 생기지 않는다. 그래서 그런 상황에서는 두 과일을 쉽게 즐길 수 있다. 코넬대학교에서 다음과 같은 실험을 한번 진행해보았다. 학생들에게 경품으로 고급 만년필을 주고 그것을 사용해보라고 권했다.[29] 첫 번째 집단 학생들은 고급 만년필 주변에 깎지 않은 연필과 고무줄 한 봉지 같은 별 볼일 없는 경품들이 쌓여 있는 것을 보았다. 두 번째 집단 학생들은 고급 만년필 옆에 USB드라이브와 가죽 장정 노트가 놓여 있는 것을 보았다. 어떤 일이 벌어졌을까? 첫 번째 집단 학생들은 고급 만년필에 대해 칭찬을 아끼지 않은 반면, 두 번째 집단 학생들은 고급 만년필에 별로 매력을 느끼지 못했다. 만년필보다 더 매력적인 물품을 봤기 때문이다. 이 간단한 연구는 **인간의 행복 증진을 가로막는 주요한 장벽 중 하나를 보여준다. 우리의 만족감은 더 나은 것을 보는 순간 사라진다.**

그래도 이런 경향이 제한적일 수 있다는 점이 다행스럽다. 썬칩 과자 한 봉지를 먹는 매우 단순한 체험에서는 매력적인 대안의 유해 효과에 비교적 영향을 받지 않았다. 예컨대, 한 실험에서 썬칩 한 봉지를 먹게 된 학생들은 캐드버리 초콜릿이나 클램 주스 같은 상큼한 간식을 보고도 썬칩의 아삭아삭한 맛을 즐겼다.

∵ 물질적 구매를 체험으로 전환하라 ∴

물질적 구매와 체험적 구매는 우리가 실천하고 있는 것만큼 그 차이가 분명하지는 않다. 가령 썬칩을 먹는 것은 펜을 사는 것보다 더 체험적인 일이다. 당연하다. 하지만 '썬칩 씹는 일'을 '삶을 정의하는 체험'에 포함시키는 사람은 거의 없길 바란다. 파리를 여행하는 일은 분명하나의 체험이며, 파리를 소재로 한 풍경화는 분명히 물질적인 것이다.

반면에 여러 구매의 혼합은 모호한 중간 어딘가에 속한다. 이 책은 물질적인 것일까? 체험적인 것일까? 거실 책장을 장식하거나 동료들에게 과시하려고 이 책을 샀다면, 이 책은 물질적인 부분에 더 가까이 놓여 있다. 반대로 이 책을 다 읽은 후 친구에게 넘겨준다면, 혹은 이 책을 활활 타오르는 불구덩이에 던져버린다면, 이는 체험적 구매에 해당한다. 나는 이 책이 불타 없어지길 바라진 않는다. 이 책을 체험적 구매로서 구매하더라도 후회할 일이 거의 없다는 사실을 앞으로 확인하게 될 것이다.[30]

생각의 초점을 전환하면 된다. 물질적 구매를 체험으로 느껴본다. 예컨대 평소 좋아하는 가수의 음반 세트를 구입했다고 상상해보자. 그 음반을 집에 어떻게 보관할지, 다른 음반들과 어떻게 함께 보관할지 생각해보자. 이제 그런 생각을 접어두고, 그 음반의 노래를 들으며 음악과 하나가 되면 기분이 어떨지 생각해본다. 한 연구에서는 두 번째 방식을 따를 때 음반 구매를 체험적 구매로 바라볼 가능성이 크다는 결과가 나왔다.[31] 이와 같은 정신적 유연성mental flexibility은 무엇을 구매하든지 만족감을 높이는 출발점이 된다.

기업들은 자사의 상품을 더욱 체험적으로 만들려는 노력의 일환으로 이 개념을 활용해왔다. 딸기를 떠올려보자. 딸기는 흔하디흔한 과일이다. 정해진 유통기한을 고려한다면, 딸기는 분명히 물질적 상품이다. 그런데 세계 최고의 셰프로 명성이 자자한 페란 아드리아의 손에서 딸기는 체험으로 바뀐다. 아드리아의 식당 엘불리가 2011년 폐점하기 직전에 그곳에서 저녁식사를 하게 된 마이클은, 요리의 한 코스에 달랑 딸기가 하나 나와서 내심 기분이 찜찜했다. 그런데 입에 딸기를 문 순간 그런 마음이 금세 풀렸다. 딸기를 입에 문 바로 그 순간, 진토닉 칵테일 맛이 입안에 감돌았던 것이다. 곧이어 바비큐 소스 향이 풍기더니 마지막으로 딸기 맛이 느껴졌다. 아드리아는 이와 같은 요리 실험을 통해 한여름밤의 바비큐 체험을 불러일으키고, 그가 여섯 번째 감각이라고 부르는 것을 활성화시켜 추억을 떠올리게 한다. 아드리아는 식사를 '식사를 대체하는 체험'으로 전환하는 것이 목표라고 말한다.[32] 그는 매년 새로운 메뉴를 선보였다. 덕분에 손님들은 평생 기억에 남을 저녁식사 체험을 하였다.

엘불리에서의 체험은 음식 그 자체를 넘어선다. 예약을 받는 흔한 활동도 체험의 일부였다. 엘불리는 폐점하기 전까지 대개 매년 100만에서 200만 건의 예약을 받았는데, 8,000명가량의 손님에게만 식사를 제공했다. 몇 년 만에 겨우 자리를 잡아 식사를 한 손님도 있었다. 클로틸드 뒤술리에라는 한 프랑스 여성은 그녀의 음식 블로그에 이런 글을 올렸다. "그 갈망을 기억해요. 바짝 다가온 배고픔의 고통도요. 매 시즌 수용 인원이 한정되어 있다는 점을 생각할 때, 제 꿈은 요원하게 보였어요."[33]

엘불리에 가는 길도 체험이었다. 바로셀로나를 출발해 2시간가량 제대로 된 표지판 하나 없는 도로를 지나 산을 오르는 일도 체험이었다. 도로는 울퉁불퉁했고, 산길은 구불구불했다. 엘불리는 이야깃거리로 넘쳐났다. 블로거들은 대부분 엘불리에서 겪은 일을 이야기로 쏟아내고, 구미 당기는 요리 사진을 함께 올려서 미식가들의 궁금증을 풀어주었다. 마이클은 어디를 가더라도 엘불리 이야기만 나오면 자세히 설명해달라며 달라붙는 사람들을 만난다고 한다(아니, 마이클에게 강력히 요구한다고 한다).

엘불리에서 식사하는 꿈을 이룬 뒤 클로틸드 뒤술리에는 그날의 체험을 회상하며 블로그에 재기발랄한 글을 올렸다.

> 식사를 다 마칠 때까지 여섯 시간이나 걸렸어요. 저녁 여덟 시에 시작해서 새벽 두 시에 끝이 났답니다. 그래도 너무 기쁜 나머지 자리에 앉은 이후로 2분이 지났는지 이틀이 지났는지 알 수 없을 정도였어요. 엘불리에서의 식사는 일종의 체험이

> 분명했어요. 음식에 열정을 품으신 분, 폭넓은 미각을 가지신 분, 새로운 맛을 찾아낼 때마다 흥분되시는 분, 그리고 약간 아찔해도 광적인 과학자가 조종하는, 날아다니는 양탄자에 훅 낚이는 기분을 즐기는 분에게 적극 추천합니다.[34]

엘불리에서 식사하는 일은 우주여행과 별로 공통점이 없어 보이지만, 버진 갤럭틱의 우주비행사와 대화를 나누다가 비슷한 부분을 발견했다. 우리 두 저자는 마샤 피아멘고에게 남편의 생명보험금으로 우주여행 대신 다른 것을 살 생각을 해보았는지 물어보았다. 그러자 그녀는 "그런 생각은 조금도 없었어요"라고 답했다. 우주여행 같은 특이한 체험은 다른 어떤 것에 비교할 수 없다. 게다가 버진 갤럭틱은 우주선 발사를 지켜보는 파티를 열고 모임을 계획하는 등 우주비행사 커뮤니티도 차근차근 준비해왔다. 물론 그런 체험은 가족이나 지인들과 함께 나눌 수 있다. 마샤 피아멘고는 남편과의 우주여행을 실현하지 못했다 해도, 가족과 친구들이 그녀와 함께 우주로 떠날 날을 고대하고 있다고 말했다. 그녀는 이렇게 말한다. "저만 하는 게 아니에요. 많은 사람들과 함께하는 거죠."

물질적 구매보다 체험적 구매가 더 큰 만족이 되는 이유를 왜 이해해야 할까? 그것은 바로 가장 만족스러운 체험을 선택하기 위해서다. 사람들은 성별, 나이, 개성 등이 저마다 다르다. 그래서 사람마다 체험하고자 하는 것도 다르다. 예컨대, 나라면 휴가를 알차게 보내기 위해 매일 니카라과 해변에서 서핑을 하겠다. 마이클이라면 긴 의자를 들고 나가 해변가에서 낮잠을 잘지 모른다. 지금까지 우리가 논의한 것을 종합하면, 다양한 체험을 해나가면 다음과 같이 노력 대비 큰 효과를 거둘 수 있음을 알게 된다.

- 다른 사람들과 하나가 되고 사회적 결속감이 강화된다.
- 몇 년이고 두고두고 이야기할 수 있는 기억할 만한 이야깃거리가 생긴다.
- 체험을 통해 자존감이나 목적의식이 고양된다.
- 다른 조건의 선택과 단순 비교할 수 없는 특별한 기회를 가진다.

그만큼 흥미를 주느냐 주지 않느냐는 중요한 문제가 아니다. 우주여행을 떠나면 튜더식 주택을 구입할 때보다 더 큰 행복감을 맛볼 수 있다. 하지만 20만 달러는 6분이면 끝날 우주여행에 투자하기에 엄청나게 비싼 금액이다. 그럼에도 주목할 점은 체험의 기간이, 체험에서 얻는 기억에 별로 영향을 미치지 않는다는 것이다.35 영화배우이자 코미디언인 저메인 클레멘트 Jemaine Clement 는 시트콤 〈플라이트 오브 더 콘코즈 Flight of the Conchords〉에서 '비즈니스 타임 Business Time'이라는 노래를 불렀다. 이 노래의 가사인 '나와 함께할 때는 2분만 있으면 돼 when it's with me you only need two minutes'의 내용처럼 그는 체험의 핵심을 잘 알고 있었다. 어떻게 그랬을까? 가사의 의미처럼 '아주 강렬한 상태에 있었기 때문이다 Because I'm so intense.'

이와 관련하여 뉴질랜드에서 피서객들을 대상으로 연구가 진행되었다. 피서객들은 휴가 기간 동안 매일 문자 메시지를 통해 휴가에 대한 만족도를 평가했다.[36] 또한 휴가를 마치고 1주일에서 2주일이 지난 후에 휴가에 대한 전반적인 느낌을 이야기했다. 이어서 연구진은 피서객들의 만족도를 종합 분석해보았다. 피서객들의 휴가 기간은 적게는 4일에서 많게는 2주에 걸쳐 있었다. 그런데 휴가 기간은 휴가에 대한 전반적인 느낌과 별다른 관련성이 없었다. 문자 메시지를 보면 일상생활을 할 때보다 휴가를 보낼 때 더 큰 행복을 느꼈던 것으로 드러났다. 한편 피서객들은 여행을 마친 후 실제 느꼈던 것보다 더 좋은 느낌으로 여행을 기억했다. 또한 가장 불편했던 일 때문에 휴가에 대한 전반적인 평가를 떨어뜨리진 않았다. 체험의 기간은 중요하지 않다. 또한 중간에 불쾌한 일이 생길 수도 있다. 그럼에도 앞서 소개한 네 가지 기준을 충족하는 체험이라면 충분히 투자할 가치가 있다.

∴ 물질의 유혹을 물리쳐라 ∴

구글은 우수 사원들에게 백만 달러대 포상금을 지급하곤 했다. 그런데 최근 구글의 인력운영 담당 부사장 라즐로 복Laszlo Bock은 그런 제도에서 탈피했다고 밝혔다.[37] 구글이 조사한 바로는 금전적인 포상금이나 주식 기반 포상제도로 인해 조직의 분열이 초래될 수 있었다. 이에 라즐로는 "그런 것들은 삶의 체험만큼 의미가 있지는 않습니다"라고 말했다. 그래서 구글은 포상제도를 창출한 관리자들에게 평생 잊지 못할 삶의 체험을 제공하는 쪽으로 손봤다. 어느 해에는 수상자들이 그들의 배우자와 경영진을 동반하고 코스타리카를 여행하기도 했다. "회사를 벗어나 함께 여행을 떠나는 체험이 훨씬 더 영향력이 크고 가치가 있습니다. 금전적 가치에 비할 게 못 되는 것이지요. 열 배는 더 가치가 있을 겁니다." 라즐로 복은 이렇게 덧붙인다. "그리고 이런 제도는 큰 조직에 훨씬 더 큰 영향을 미칩니다."

흔하디흔한 물질적인 것 대신 체험을 제공하여 고객과 직원들의 관심을 끌고 그들과 오래도록 관계를 유지할 수 있다. 이런 개념은 물질주의의 극치라고 할 수 있는 웨딩 레지스트리wedding registry(축의금 대신 예비부부가 원하는 혼수용품을 선물하는 풍습. 미국과 유럽에서 널리 퍼져 있다-옮긴이) 풍습과도 통하고 있다. 여행의 즐거움Travel's Joy이라는 한 웨딩 레지스트리 업체는 예비부부들의 정형화된 혼수품목에서 탈피하고 있다. 예비부부들은 흔히 가지각색의 물품을 구입하는데, 그중의 태반은 창고에서 썩기 일쑤이다. 만돌린Mandoline(일종의 만능채칼-옮긴이)을 얼마나 자주 사용할까? 고기완자 기계는 일 년에 몇 번이나 사용할까? 마이클은 신혼여행 가는 친구에게 이 회사를 통해 투우대회 입장권을 사서 선물했다. 아마 그 친구는 스페인에서 환상적인 시간을 보냈을 것이다.

동종 업체 중에 이허니문레지스트리닷컴ehoneymoonregistry.com이라는 회사는 베니스 운하를 탐방하는 신혼부부에게 사진을 찍어준다. '토스트 기계는 더는 필요가 없습니다'라는 광고 문구를 내세우고서 말이다. 이 메시지는 관념적인 수준에서 수많은 신혼부부들의 공감을 얻고 있다. 그러나 한편으로 최고급 토스트기 같은 물품의 실질적인 성능에도 매료되기 쉬운 일이다. 퀴진아트 Cusinart의 최고 인기 상품인 '토털 터치 Total Touch' 토스트기는 베이글, 머핀 같은 빵을 언제든지 완벽히 구워내는 것이다. 이런 물품을 구매하면 분명하고 실질적인 이점을 누릴 수 있다. 정말로 잘 샀다며 칭찬도 늘어놓게 된다. 우리는 이런 물품을 눈으로 보고 직접 만지며 사용한다.

그런데 체험적 구매로 얻는 혜택은 흔히 더 추상적이다. 터프머더의 펑키 몽키 Funky Monkey라는 장애물을 예로 들어보자. 터프머더에 참여한 선수들은 아래로 얼음처럼 차가운 진흙탕이 있고 위로 버터 범벅이 되어 있는 몽키 바 monkey bar를 통과해야 한다. 현실적 수준에서 그런 체험은 정신 멀쩡한 인간이 돈을 쓰며 할 짓은 아닌 것처럼 보인다. 하지만 좀 더 관념적으로 생각해볼 때, 펑키 멍키를 통과하는 것은 엄청난 가치가 있는 일이다. 트레버 밥이라는 한 선수는 터프머더를 완주한 후 회사 계정의 페이스북 담벼락에 이런 글을 올렸다. "경주를 완주한 것 이상으로 의미가 있습니다. 어깨 수술을 받은 지 1년도 넘었는데, 의사가 제 어깨를 못쓰게 만들어놨어요. 덕분에 1년 동안 오른팔을 제대로 사용하지 못했어요. 결론만 말하면, 저는 모든 장애물을 통과했습니다. 제가 몽키 바를 통과하자 여자친구가 울음을 터트렸어요. 제게 그만큼 의미 있는 일임을 알았기 때문이에요."

우리는 물질적인 상품의 혜택보다 체험의 혜택을 더 관념적으로 느낀다. 때문에 흔히 시간에 의한 심리적 거리를 느끼며 체험적 구매의 가치를 인식하게 된다. 먼 미래를 생각하는 일은 어쩌면 우주에서 지구를 바라보는 일과 조금 비슷하다. 우리는 드넓은 대양과 전체 숲을 바라보면서도 강의 지류나 나무는 잘 보지 않는 경향이 있다. 때문에 가까운 장래보다 먼 장래에 대한 의사결정을 내릴 때 관념적으로 생각하는 경향이 강해진다.[38] 그래서 임박한 체험에 직면했을 때는 구체적인 부분에 신경을 집중해야 한다. 트레버 밥도 펑키 몽키를 앞에 두고 그 장애물이 그의 인생사를 얼마나 폭넓게 해줄지는 생각하지 않았다. 그보다 버터 범벅으로 미끈미끈한 몽키 바에 신경을 집중해야 했다. 진흙 투성이의 차가운 손에서 미끄러진 몽키 바의 느낌은, 펑키 몽키를 통과한 순간 성취에 대한 깊은 의미보다 더 오래 기억에 남았을 것이다.

한 연구 결과도 체험적 구매에 대한 만족이 시간의 흐름에 따라 높아지는 경향이 있음을 보여준다. 반면에 물질적 구매에 대한 만족은 시간이 지날수록 낮아진다고 한다. 한 응답자는 이렇게 답했다. "물질적 소유, 그런 것들은 어느 정도 배경의 일부가 됩니다. 체험은 시간이 갈수록 더 좋은 것이 됩니다."[39] 마찬가지로 당장 내일 구매한다는 생각을 버리고 1년에 한 번 구매한다는 생각을 할 때, 체험적 구매가 더 흥미롭게 보이는 것 같다.[40]

그러나 살다 보면 순간 흥분을 참지 못하고 충동구매를 해버리는 경우도 있다. 처키치즈 Chuck E. Cheese (체인점 형식의 어린이 놀이터-옮긴이)에서 아이의 생일 파티를 여는 부모들의 경우를 살펴보자. 이 실내 놀이터를 찾은 아이들은 토큰을 한 움큼 받아서 아주 소규모의 경제활동을 한다. 즉 아이들은 오토바이를 타고 파리 시내를 달리거나 큰 총을 들고 외계인과 싸우는 등 다양한 체험을 구매한다. 그렇지 않으면 운수에 맡기는 찬스게임에 토큰을 집어넣기도 하는데, 보통은 보조바퀴가 달린 슬롯머신으로 게임을 즐긴다. 이런 게임은 금세 끝이 난다. 외계인과 총격전을 벌이는 스릴이 느껴지지는 않지만, 총 쏘는 게임과는 다른 묘한 중독성이 있다. 바로 티켓tickets 때문이다. 게임기에 토큰을 하나 집어넣고 잠시 기다리면 티켓이 주르륵 나오는데, 그걸로 지우개부터 동물 모양의 고무인형까지 가지각색의 물건들을 살 수 있다.

이를 두고 여덟 살, 열세 살짜리 아이를 둔 스티브 스트로에스너Steve Stroessner 심리학 교수는 이렇게 말한다. "티켓은 마약 같은 것이에요." 아이들은 대부분 티켓을 모으려고 총 쏘기 같은 체험적인 게임을 중단해버린다. 처키치즈를 제 집처럼 누비는 카미 존슨Cami Johnson 교수는 현실을 잘 알려준다. "집으로 향하는 길에 고무 개구리는 자동차 밑바닥에 떨어지고 개털과 빵부스러기가 천지겠죠. 지우개는 배낭 밑바닥에서 사라질 거고요. 당신의 시간과 노력을 줄여주는 영속적인 토큰을 가지고 있다 한들, 그런 것도 실제로는 별 쓸모가 없답니다."

물질적인 것에서 즉각적인 기쁨을 얻을 수 있다는 점을 부인하고 싶지는 않다. 새 모양의 고무인형이 손에 들어오면 기쁨을 느낄 수도 있다. 하지만 물질적인 것에 의한 기쁨은 서서히 사라지는 경향이 있다. 반면에 체험적인 것에 의한 기쁨은 그보다 훨씬 더 오래 지속된다. 다음에 개구리 고무인형을 사려고 지갑을 열 때는, 물질적인 유혹을 물리쳐 체험의 기쁜 혜택을 꼭 누리길 바란다.

'체험을 구매하기' 위해 기억할 것!

- 우리는 흔히 새로운 것에 익숙해진다.

- 우리의 만족감은 더 나은 것을 보는 순간 사라진다. 이는 인간의 행복 증진을 가로막는 주요한 장벽 중 하나다.

- 물질적인 것에 의한 기쁨은 서서히 사라지는 경향이 있다. 반면에 체험에 의한 기쁨은 그보다 훨씬 더 오래 지속된다.

- 여가활동에 지출을 많이 하는 사람일수록 삶에 대해 상당히 높은 만족감을 표현했다.

2장

특별하게 만들어라

당신이
지갑을 열기 전에
알아야
할 것들

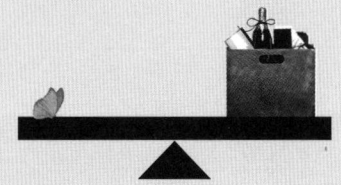

구매 습관과 만족도

미국의 희극인이자 배우로 〈새터데이 나이트 라이브Saturday Night Live〉에서는 각본과 배우를 겸했던 사라 실버맨Sarah Silverman은 평소 음담패설을 즐긴다. 그처럼 유쾌한 즐거움을 만끽하는 일에 관한 한 실버맨은 '특별하게 만들라'는 원칙을 인생 철학으로 삼고 있다. 실버맨은 뉴욕대학교 새내기 시절 문득 그런 깨달음을 얻었다. 그녀의 대학 친구 말에 따르면, 실버맨은 마리화나를 한바탕 피우고 "이런 것들(마리화나 같은 것들)을 즐기고 싶다면, 특별한 즐거움으로 만들어야 해"라며 현인의 지혜 같은 것을 전수했다고 한다.[1] 실버맨은 자신의 쇼인 〈사라 실버맨 프로그램Sarah Silverman Program〉에서 프로그램 작가들이 천성적으로 방귀 농담을 즐기면서도 애써 회피한다고 주장하며 자신의 신조를 실천해 보이고 있다.

"세상 어떤 일보다도 화장실 농담을 할 때가 행복하답니다." 실버맨은 이렇게 이야기한다. "그런 이유로 언젠가 제가 그것들을 다 써먹는 날이 올 수도 있다는 생각에 두려워요. 진짜로 특별하고 깜짝 놀라게 만들어야 해요. 그래야 확실히 눈물을 쏙 빼놓고 웃다가 쓰러지게 만들 수 있어요." 우리 모두가 사라 실버맨처럼 농담을 하지는 않겠지만, 그녀가 가진 지혜의 핵심(실버맨의 신조라고 해두자)은 화장실 농담을 넘어서는 것이다. 실버맨의 신조를 실천한다면, 더욱 현명한 지출 결정을 할 수도 있다. 그런데 밝혀진 바와 같이, 부족한 게 없다 보니 만족도 할 수 없게 된다.

우리 대부분은 부족한 게 없는 사회에서 살아가는 행운을 타고 났다. 슈퍼마켓에는 온갖 물품이 넘쳐나고 가는 곳마다 주유소가 있어서 기름 걱정은 하지 않아도 된다. 또한 언제라도 근처 영화관에서 최신 영화를 볼 수 있다. 그런데 아이러니하게도, **부족한 게 없다 보니 풍요로움에 대한 만족감이 떨어지고 있는 듯 보인다.** 어느 오후, 한 무리의 학생들이 심리학 연구실에 모였다. 학생들에게는 간단한 임무를 부여했는데, 각각 초콜릿 한 조각씩을 먹게 했다.[2] 일주일이 지난 후 학생들은 다시 연구실에 들러 초콜릿을 한 조각씩 먹었다. 관찰해보니 대체로 학생들은 연구실을 두 번째 찾았을 때 초콜릿을 입에 덜 가져갔다. 이 실험 결과는 인간 경험의 슬픈 현실을 보여준다. **어떤 것에 자주 노출될수록 그 영향력이 더 감소하기 마련이다.**

그런데 이것이 꼭 나쁜 것만은 아니다. 어떤 것에 익숙해진다는 것은 좋은 일이 되기도 한다. 추운 겨울 날씨나 불쾌한 냄새에 익숙해지는 일 따위가 그러하다. 어느 금요일 이른 저녁 내 애견 웰시 코기(다리가 짧고 코가 뾰족한 작은 개-옮긴이)가 스컹크의 독가스를 마시고 말았다. 나는 뭣 모르고 그 광경을 쳐다보다가 역겨운 냄새가 나는 코기를 재빨리 끌어안았다. 그 때문에 내 몸에서도 역겨운 냄새가 진동했다. 이후 몇 시간 동안 토마토로 목욕하고 방향제를 뿌리고 나서야 나와 코기의 몸에서 악취가 사라졌다. 나는 코기에게 소시지를 하나 물려주고 친구의 파티 장소로 향했다. 그런데 내가 파티 장소에 나타나자마자 한 친구가 코를 킁킁 대며 소리를 질렀다. "이게 무슨 냄새야? 스컹크 아니야?!" 나는 방향제로 악취를 제거했다고 철석같이 믿었지만, 사실은 내 후각이 약화되었던 것이다. 역겨운 냄새에 계속해서 노출되다 보니 그것에 익숙해졌고 역겨움도 사라졌던 것이다.

우리는 대부분 어떤 나쁜 것에 익숙해지는 과정을 경험해왔다. 사고 싶은 것을 꼭 사야 직성이 풀리는 사람도 있다. 그런 습관이 몸에 배면, 흔히 긍정적인 체험에 투자할 수 있다는 사실을 인식하지 못한다. 초콜릿 바부터 고급 승용차에 이르기까지 모든 것이 다 마찬가지다. 평소 구매 습관은 지속적인 만족을 이끌어내는 데 근본적인 장벽이 된다.

사람들은 주택을 구입할 때처럼 승용차를 구입할 때도 거금을 들인다. BMW에 돈을 펑펑 쓰는 게 나을까? 포드 에스코트Ford Escort 같은 저가 소형 승용차를 타는 게 좋을까? 아니면 중간 정도 옵션의 혼다 어코드Honda Accord에 만족하는 게 좋을까? 이와 관련하여 미시간대학교 연구진이 학생들을 대상으로 실험을 실시했다. 연구진은 각 유형의 승용차를 운전하는 동안 얼마나 만족할 것인지 예상해보라고 학생들에게 요청했다. 학생들의 답변을 확인해보니 단연 BMW가 최고 점수를 받았다.³ 그런데 실제로 운전자들은 고급 승용차를 운전할 때 더 행복감을 느낄까? 이 물음의 답을 구하기 위해 연구진은 자가 운전자들에게 마지막으로 운전했던 때를 떠올려보고 그 운전이 얼마나 만족스러웠는지 평가해보라고 했다. 운전자들의 승용차는 400달러(이를테면, 유고Yugo 같은 저가 승용차)부터 4만 달러까지 그 가격이 다양했다. 그럼에도 켈리블루북Kelly Blue Book(미국 자동차 전문 평가기관)이 평가한 자동차의 가치와 운전자들이 그날 운전에서 얻은 즐거움의 양 사이에는 아무런 관련성이 없었다.

이어서 도로에 급커브길이 있다는 전제를 두었다. 연구진은 또 다른 운전자들에게 자가용의 제조사와 모델, 연식을 적어보라고 한 뒤 운전할 때 대체로 어떤 기분이 드는지 생각해보라고 했다. 그런 전제에서 자가용을 평가한 운전자들의 반응은 어땠을까? 고급 승용차를 소유한 운전자들은 운전에 대한 높은 만족감을 보였다. 어느 순간 승용차의 가치와 그로 인한 감정적 효익emotional payoff 사이에 관련성이 생긴 것이다. 왜 그럴까?

무언가에 대한 일반적인 느낌을 물어보면, 사람들은 하나같이 일반론에 기대어 대답을 만들어낸다. 예컨대 BMW 소유주라면 이렇게 생각하는 경향이 있다. "내게는 300마력에다 뚜껑이 열리는 미드나잇 블루Midnight Blue Z4가 있어. 당연히 운전이 즐겁지. 또 궁금한 게 있어?"

비머Bimmer(BMW)를 수차례 운전하며 느낀 감정을 재현하여 그 체험의 수준을 평균내볼 생각은 하지 못하는 것이다. 그처럼 입이 떡 벌어질 정도의 기능을 보게 되면, 처음 시운전할 때의 기쁨이 엄청나게 커진다. 고객이 시운전을 할 때 수완 좋은 영업사원이 멋진 기능에 관심을 집중시켜 구매를 유도하기 때문이다. 새로운 것도 우리의 관심을 집중시킨다. 새로운 것을 보면 관심이 집중되고 흥분되기 마련이다.

하지만 무언가에 익숙해지면, 그것이 미드나잇 블루 Z4처럼 멋진 것이라 해도, 우리의 관심은 다른 것으로 넘어간다. 폭설이 쏟아지는 겨울날 승용차를 몰고 식료품점으로 향하고 있다고 상상해보자. 그런 날이면 80대 노인이 운전하는 올즈모빌(미국 GM 승용차-옮긴이) 뒤에서 오도 가도 못하는 신세가 되지나 않을지, 매장에 통구이 치킨이 남아 있을지, 온통 그런 걱정만 한다. 자신이 모는 승용차의 제조사와 모델 따위는 머릿속에 떠오르지도 않는다. 또한 그런 혹한의 추위에서 뚜껑이 열리는 기능 따위는 중요하지 않다. 이 대목에서 고가 승용차를 몬다고 해서 더 행복해진다는 보장이 없는 이유가 분명해진다.

그런 경우 외에, 우리는 운전을 특별하게 만든다. 미시간대학교 연구진은 마지막으로 자가 운전자들에게 근래 재미 삼아 차를 난폭하게 몰았던 경험을 떠올려보라고 했다. 이에 운전자들은 저마다 마음껏 속도를 냈던 기억을 떠올렸다. 결과는 고급 승용차 운전자들이 더 많은 만족감을 표출한 것으로 나왔다. 하지만 그런 기회가 매일 오지는 않는다. 때문에 BMW 같은 고급 자동차를 운전한다고 해서 만족감을 더 많이 느낀다고 볼 수는 없다. 물론 연구원에게서 어떤 질문을 받든, 구불구불한 산길을 마음껏 달리든 말든, 자동차 자체에만 관심을 가지는 사람은 예외겠지만 말이다.

삶의 소소한 즐거움에 감사하라

"오늘 당신의 삶을 바꾸기 위해 할 수 있는 가장 위대한 일 하나는 당신이 가진 것에 감사하는 것입니다."4 오프라 윈프리Oprah Winfrey가 한 말이다. 아주 좋은 충고이다. 하지만 최신 다이어트 요법이 일시적 유행에 그치듯이, 처음에 가졌던 감사의 마음은 한순간 사라지기 일쑤이다. 최근 유행하는 다이어트 요법에 관심이 바뀌듯이, 우리는 새로운 것에 관심을 빼앗긴다. 그처럼 뜻밖에 우리의 마음을 사로잡는 것에 대한 들뜬 기분으로 감사하는 마음이 생기는 것이다.5 끝내주는 스포츠카를 생일 선물로 받는 상상을 청소년 시절 누구나 한번쯤은 해봤을 것이다. 커다란 빨간 리본으로 장식된 신형 스포츠카를 받는다면, 분명히 세상을 다 가진 듯 기쁘고 세상에 감사하게 될 것이다. 하지만 이런 감정은 나중에 자동차를 소유하고 운전이 일상생활이 되면 대부분 사라진다.

누구나 다 오프라 윈프리의 조언을 따를 수 있는 것은 아니다. 아이러니하게도 그런 부분은 부의 영역에 조금씩 근접할수록 더욱 어려워진다. 벨기에의 성인 직장인들을 대상으로 실시한 연구에서, 부유한 사람일수록 삶의 소소한 기쁨을 맛보는 성향 면에서 낮은 점수를 얻었다. 즉, 부유한 사람들 중에서 산을 오르다 아름다운 폭포를 감상하고 싶다고 한다거나 달콤한 주말 휴가의 순간순간이 행복하다고 말하는 사람은 별로 없었다.[6] 이런 현상을 보면, 일반 사람들의 생각과 달리 부와 행복의 관계성이 별로 높지 않음을 알 수 있다. 물론 돈을 가지고 온갖 신나는 일을 하면 행복감이 높아질 수 있다. 하지만 그와 동시에 신나는 일을 마음껏 할 수 있다는 생각에 삶의 작은 즐거움에 감사하는 마음이 적어지고 행복감이 낮아진다.

돈을 머릿속으로 떠올리기만 해도 부유함의 유해 효과가 그대로 일어날 수 있다. 한 연구 결과가 암시하듯, 돈이 쌓여 있는 사진만 보여주어도 부자인 양 행세하게 만들 수 있다.[7] 즉 사람들은 돈이 쌓여 있는 모습만 보더라도, 진짜로 갑부가 된 양 삶의 소소한 즐거움(폭포를 감상하며 추억에 젖기)을 누리는 마음이 적어진다고 한다.[8]

부유함이 소소한 즐거움에 방해가 된다는 개념은 1964년 출간된 동화 《찰리와 초콜릿 공장 Charlie and the Chocolate Factory》의 주제와 상통한다. 꼬마 주인공인 찰리 버킷 Charlie Bucket은 방 두 개에 침대가 하나밖에 없는 작고 낡은 집에서 부모뿐 아니라 양가 조부모와 함께 산다. 부잣집 아이들은 초콜릿을 실컷 먹을 수 있지만, 찰리는 집이 가난하여 1년에 딱 한 번 생일날에만 초콜릿을 받는다. 온 가족이 1년 동안 돈을 모아 찰리에게 이 특별 선물을 주는 것이다. 그런데 찰리는 초콜릿을 받을 때마다 그것을 보물처럼 간직한 채 며칠 동안 보기만 하지 절대로 건드리지 않는다. 그러다 충분히 참았다 싶으면 초콜릿 포장지를 아주 조금만 벗겨낸 다음 아주 살짝 베어 먹는다. 달콤한 맛이 천천히 혀를 덮을 때까지 딱 그만큼만 초콜릿을 베어 먹는 것이다. 그다음 날에도 초콜릿을 살짝만 베어 먹는데, 그렇게 하면 10센트짜리 초콜릿을 한 달도 넘게 먹을 수 있다.[9]

이 소설의 초콜릿 공장 주인인 윌리 웡카Willy Wonka가 시도했을 법한 한 연구에서, 연구진은 캐나다 학생들에게 지폐 사진을 보여준 뒤 초콜릿 한 조각을 먹게 했다. 그리고 그 모습을 몰래 관찰했다.[10] 이 학생들은 지폐 사진을 보지 않았던 학생들에 비해 초콜릿을 매우 빨리 먹어 치웠다. 식탐 많은 소년 아우구스투스 글룹Augustus Gloop(이 소설에 나오는 등장인물, 탐욕스럽고 거대한 바보-옮긴이) 같았다고 할까. 하나 더, 이 학생들의 얼굴에서는 즐거운 표정이 별로 보이지 않았다. 단순히 부유함을 떠올리기만 해도 삶의 작은 즐거움을 누리는 능력이 약해지기 때문이다. 그래서 실버맨의 신조를 실천하는 것은 찰리 버킷보다 부유한 우리들 대부분에게 쉬운 일이 아니다. "그래서 자신의 신조를 되뇌어야 하는 거랍니다. 그런 것은 지독히도 잘 잊히니까요."[11] 실버맨이 이렇게 말하는 이유가 있다.

흔히 난생 처음 승용차를 사서 몇 년 몰다 보면 감사하던 마음이 차츰 사라진다. 눈물을 쏙 빼놓는 화장실 농담도 여러 번 들으면 처음만큼 웃기지 않는 이치와 같다. 이와 관련하여 예일대학교 연구진이 실험을 진행했다. 먼저 만화경부터 최신형 평면 텔레비전에 이르는 각양각색의 물건을 학생들에게 제시했다. 이어서 그중 평소 가지고 싶었던 것을 가졌을 때의 만족감이 시간이 갈수록 어떻게 달라질지 예상해보라고 말했다. 이에 거의 모든 학생들이 만족감이 낮아질 것이라고 답했다.[12] 문제는 번지르르한 새 장난감을 손에 쥐면 그런 개념을 금세 잊어버린다는 점이다. 연구진은 실험을 한 번 더 진행했다. 이번에는 일부 학생들에게 만화경을 하나씩 나눠주고 일주일이 지나면 그것을 얼마나 재밌게 가지고 놀지 예상해보라고 했다. 나머지 학생들에게는 하루가 지나면 만화경을 얼마나 재밌게 가지고 놀지 생각해보라고 했다.[13] 이에 두 집단 학생들은 자신이 생각한 기간에 상관없이 만화경을 실컷 가지고 놀 것 같다고 답했다. 이전 실험에서 시간이 갈수록 즐거움이 떨어질 것이라고 생각한 것과는 다른 답변이었다.

달리 말해, 우리는 시간이 갈수록 즐거움이 사라진다고 생각하면서도 새로운 것에 늘 그런 생각을 적용하지는 않는다. 시간의 흐름을 상기시켜주면, 즐거움이 곧 사라진다는 확신이 생기게 된다. 하지만 그처럼 시간의 흐름을 상기시키지 않으면, 즐거움이 끝없이 이어질 거라 생각하게 된다. 이런 이유로 물건을 사더라도 만족감이 생각보다 오래 지속되지 않는 경우가 많다. 사실 만화경을 집에 가지고 간 학생들은 하루하루가 지나 일주일이 넘어가자 만화경 보는 일이 별로 즐겁지 않았다고 밝혔다.

이처럼 즐거움의 차이가 생기는 것은 인간이 본질적으로 온도계와는 다르기 때문이다. 한번 온도계를 미지근한 물에 넣어보자. 그러면 수은주가 물의 온도에 딱 맞게 올라간다. "몇 시간, 몇 날 며칠 수은을 오븐이나 얼음 그릇에 넣어두더라도 상관이 없습니다." 연구를 맡은 셰인 프레더릭Shane Frederick 교수와 조지 로웬스타인George Loewenstein 교수는 이렇게 설명한다. "수은에는 이전 상태에 대한 기억이 없습니다. 인간과 다른 생물체들은 이렇게 반응하지 않지요."[14] 이번에는 미지근한 물에 손을 넣어보자. 한겨울에 집에 들어오자마자 그렇게 하면 손이 아주 뜨겁게 느껴질지도 모른다. 또 여름 오후에 땀을 줄줄 흘리다가 그렇게 하면 시원하고 상쾌한 기분이 든다. 물에서 손을 빼면 어떻게 될까? 처음에 느꼈던 감각의 강도가 이내 가라앉는다. 우리의 감정 체계가 바로 그런 방식으로 작동하기 때문에 우리는 변화에 매우 민감해진다. 여러분이 온도계, 이른바 '활기온도계cheerometer'(이 책의 저자들이 사용한 용어로, 현 상태의 생기 혹은 활기를 측정한다는 의미다. 이하 문맥에 따라 활기온도계와 활기측정계를 병행해서 사용했다-옮긴이)의 근본적 차이를 이해한다면, 따분함을 날려버릴 특별한 지출 계획을 세울 수 있다.

∴ 달콤함을 최대한 즐길 수 있는 방법 ∴

우리 인간에겐 이전 기억을 상실해버리는 수은의 특성이 없다. 때문에 초콜릿 한 조각의 달콤함은 시간이 갈수록 서서히 사라진다. 그럼에도 초콜릿 같은 단 음식을 계속 섭취하면서 최대한 즐길 수 있는 방법이 있다. 일부러 초콜릿 먹는 일을 중단하면, 초콜릿의 달콤함을 즐기는 마음을 회복할 수 있다. 한 실험에서 학생들은 초콜릿을 한 번 맛본 후 일주일 동안 초콜릿을 먹지 않겠다고 약속했다.[15] 다른 집단 학생들은 초콜릿을 마음껏 먹기로 하고 약 1킬로그램의 초콜릿을 얻었다. 초콜릿을 왕창 얻은 학생들은 마치 횡재를 한 것처럼 보였다. 하지만 기분 좋은 횡재를 한 만큼 대가를 치러야 했다. 일주일이 지난 후 초콜릿을 한 번 더 먹는 자리에서 두 번째 집단 학생들은 일주일 전에 비해 초콜릿을 입에 별로 대지 않았다. 반면 중간에 초콜릿을 끊은 첫 번째 집단 학생들은 그다음 주에도 처음에 먹은 양만큼 초콜릿을 먹었다(학생들은 초콜릿을 끊은 일주일 동안 낙담했다가 초콜릿을 다시 먹게 되자 이전에 누렸던 즐거움을 되살리려고 했을지 모른다. 한편 학생들은 초콜릿을 끊은 일주일 동안 매일 기분이 어떤지 보고했다. 학생들의 말에 따르면, 중간에 초콜릿을 끊었다고 행복감이 낮아졌다는 근거는 거의 없었다).

풍족함이 감사하는 마음에 적이 된다면, 부족함은 최고의 동지가 될지 모른다. 알고 보니, 마이클이 유독 즐겨 먹는 것들은 단기간에 널리 유행한다. 예컨대 레드핫 Red Hots 핫도그는 1년 중 2월, 캔디콘 candy corn 은 10월, 페퍼민트 아이스크림과 에그노그 eggnog 는 12월에 어디서나 맛볼 수 있다. 마이클은 여름 내내 이 특별한 것들을 먹지 못하고 참아야 하기 때문에 10월이 돌아오고 캔디콘이 넘쳐날 때 또다시 행복감에 젖는다.

마이클처럼 레드핫과 캔디콘을 중간에 끊어보자. 평소 즐기는 것을 특별한 것으로 전환할 수 있다. 적응에 대한 탈출구를 만들라는 말이다. 간소한 삶을 추구하는 사람들도 있지만, 그렇다고 해서 하고 싶은 것을 무조건 참고 견디라는 말은 아니다. 예컨대, 소박한 삶을 추구한다는 그럴듯한 명목을 내세워 이른바 '옷 다이어트Great American Apparel Diet'에 돌입한 사람들은 1년 동안 옷을 한 벌도 사지 않았다.[16] 옷 여섯 벌로 한 달을 버틴 사람들도 있었다.[17] 옆 자리 동료들이 사실을 증명하겠지만, 그런 계획은 도를 지나칠 수가 있다. 자발적 단순함이 어떤 혜택을 주는지 인터넷에서도 그 자료를 찾아보기 어렵지만, 세속적인 소유욕을 비우면 불교에서 말하는 참 행복을 이룰 수 있다는 다소 확실한 증거는 있다.

단순한 삶을 선택해 유명세를 탄 크리스텐 마티니라는 여성은 30대 중반에 도시 교외의 큰 집을 버리고, 숲에 있는 조그만 오두막집으로 이사를 했다. 마티니는 남부러운 안락한 삶을 버리고 약간의 음식과 옷 몇 벌만 챙긴 후 두 아이와 함께 떠났다.[18] 그녀를 떠나게 만든 가치와 목적(개인적 성장과 만족을 외형적 화려함과 재정적 성공보다 우위에 두도록 만든 것)은 확실히 행복과 밀접한 관련이 있다. 스스로 소박한 삶을 찾았다고 말하는 사람의 얼굴을 살펴보자. 그런 사람은 표정에서 행복이 묻어나온다.[19] 그럼에도 그들의 행복은 생활방식의 중대한 변화가 아니라 자발적으로 단순한 삶을 좇는 사고방식과 가치관에서 비롯된 것 같다. 달리 말하자면, 극도의 자기절제는 자신의 마음에 달린 일이다.

우리 두 저자는 극도의 자기절제보다는 특별한 체험을 하라고 당부한다. 나는 하루에도 몇 번씩 라테를 마시는데, 처음에, 특히 고등학교 시절에 라테는 내게 특별한 것이었다. 고등학교 시절에만 해도 한참 용돈을 모아야 라테를 사 먹을 수 있었으니까. 그런데 얼마 전 업무로 정신없었던 날이었다. 나는 회의에 들어가기 전 카페인을 충분히 섭취해야겠다는 생각에 라테를 실컷 마셔댔다. 바로 그때 라테가 더 이상 내게 특별한 것이 아니라는 생각이 들었다. 그때부터 나는 라테를 끊고, 흔히 마시는 일반 원두커피를 마시기 시작했다. 커피에 들이는 비용을 확 줄여보자는 생각도 있었다. 그러면서 '라테의 날'을 정해두었다. 이후로 나는 '라테의 날'이 되면 설레는 마음으로 커피숍에 들러 라테를 주문한다. 그날은 어김없이 신선한 거품의 풍미가 혀를 자극한다.

소비를 줄이기만 하면 행복감이 높아진다는 확실한 증거는 없다. 현재 활발히 진행되고 있는 한 연구에 따르면, 소비 패턴을 전환하여 지출을 줄이고 행복을 증진하는 방법을 찾을 수 있다고 한다. 다음 순서에서 살펴보겠지만, 겉보기에 사소한 변화라 해도 큰 차이로 이어질 수 있다.

∴ 한정된 즐거움을 누려라 ∴

사회심리학 교수이자 애견가인 제임 커츠Jaime Kurtz는 오랜 꿈을 가지고 있다. 그녀는 강아지를 영원히 강아지로 살게 만들고 싶어 한다. 그녀의 연구는(유전공학적인 연구가 아니라 다행이다) 그녀의 꿈이 썩 좋은 것은 아님을 암시한다. 제임 커츠의 연구를 보면 알 수 있듯이, **무엇인가가 영원하지 않음을 알 때, 우리는 그것을 더욱 즐기고 느끼려고 한다.** 졸업이 임박했음을 느낀 대학 4학년생은 운치 좋은 캠퍼스 가로수 길을 누비며 사진을 찍고, 평소 자주 가던 강의실과 동아리방을 찾아다니면서 학창 시절을 음미하고 즐긴다.[20]

어떤 것이 영원하지 않음을 알면, 그것에 더욱 감사하는 마음이 생길 수 있다. 인생의 황혼기를 보내는 노인들에게 어떤 것은 삶 그 자체가 된다. 그래서 젊은이들은 풍족한 삶을 추구하는 경향이 있겠지만, 노인들은 감정적 효익을 주지 않는 사람들을 멀리하고 감정을 유발하지 않는 것들을 단절시키는 식으로 일종의 가지치기를 한다.[21] 1995년, 120세가 된 잔 칼망Jeanne Calment이라는 프랑스 여성은 당시 인류 역사상 가장 오래 산 최고령자로 공식 인정되었다. 한〈뉴스위크Newsweek〉기자가 칼망에게 스스로 그리는 미래가 어떠하냐고 물었다. 그러자 이 굉장한 100대 노인은 다음과 같이 간단하게 답했다. "아주 짧은 것이지요."[22] **끝이 가까워졌음을 깨닫는 데 행복의 비결이 있다. 그러면 순조롭게 누릴 수 있는 편안함을 특별한 것으로 바꿀 수 있다.**

이 개념은 또한 즐거움이 사라지는 이유를 설명하는 단서가 된다. 이제 영원한 수수께끼를 풀 때가 되었다. 사람들은 왜 자기 고향에 있는 관광명소를 잘 찾지 않는 걸까? 런던에서 단 2주 머물렀던 관광객들과 비교했을 때, 런던에서 1년을 거주한 사람들은 대부분 빅 벤과 켄싱턴 궁전 등의 명소를 별로 찾지 않았다고 밝혔다.[23] 런던은 외국 관광객들에게 세계 최고의 관광지로 명성이 자자한 도시다.[24] 하지만 런던 시민들은 대부분 런던의 관광명소보다는 다른 도시의 관광명소를 자주 찾는다고 말했다. 그들은 다른 곳으로 이사를 가기 직전, 혹은 외지에서 손님들이 방문했을 때, 현지 관광지를 찾는다. 막상 고향의 관광명소에 관심을 가진 사람들은 이곳저곳을 즐겁게 돌아다닌다고 말한다. 그런데 문제는 그와 같은 즐거운 활동이 언제나 가능한 탓에 한참 시간이 지나면 관심이 사라져버린다는 것이다. 그러다가 비교적 저렴한 행복의 원천을 상실하고 만다.

이런 현상은 무엇을 암시할까? 사람들은 기간이 한정되어 있다고 인식할 때 어떻게든 특별한 즐거움을 누리려 한다. 고급 제과점에서 맛있는 케이크와 음료를 살 수 있는 상품권을 하나 얻었다고 해보자. 상품권의 유효기간이 두 달이면 좋을까, 2주밖에 남지 않았다면 좋을까? 이런 선택에 직면한 사람들은 대개 두 달의 유효기간에 만족해한다. 또한 그들 중 68퍼센트는 유효기간이 끝나기 전에 상품권을 사용하겠다고 말했다.[25]

그런데 동네 제과점에서 맛있는 패스트리 빵을 살 수 있는 상품권을 받은 경우에는 전혀 다른 결과가 나왔다. 유효기간 3주짜리 상품권을 받은 사람들 중 31퍼센트가 상품권을 사용했지만, 유효기간 두 달짜리 상품권을 받은 사람들 중에는 6퍼센트만이 상품권을 사용했다. 유효기간 두 달의 상품권을 받은 사람들은 상품권을 나중에 사용해도 된다는 생각으로 상품권 사용을 계속 미뤘다. 런던 시민들이 빅 벤을 잘 찾지 않는 현상과 같은 일이 벌어진 것이다. 그로 인해 맛있는 빵을 먹을 기회를 놓치게 된다.

몇 년 전의 일이다. 미국 최대 전자제품 소매판매회사 베스트바이Best Buy는 소비자들의 상품권 미사용으로 4,300만 달러에 달하는 수익을 올렸다고 발표했다.[26] 이에 일부 소비자 단체와 정책 입안자들이 상품권 유효기간을 확대하라고 요구하기에 이르렀다. 하지만 이런 전략은 역효과를 낳을 우려가 있다. 유효기간이 정해져 있어야 특별한 체험의 만족감을 최대한 높일 수 있기 때문이다. 2011년 6월 트위터에서 벌어진 한 대화는 음식에 관한 궁금증이 폭발했음을 보여준다.

@BJIT: #더블다운(doubledown: KFC의 샌드위치-옮긴이)이 돌아왔어요!!! 커널(KFC의 창업주 커널 샌더스Colonel Sanders를 말한다-옮긴이)에게 신의 축복을!

@kevinelop: 세상에!!... KFC가 더블다운을 다시 팔기 시작했다고!!!

@iamToddyTickles: KFC의 아침식사용 #더블다운. 냠냠냠······.죽~이~네! 배가 터질 것 같아.

iamToddyTickles의 트윗 멘션에서는 깜찍함이 풍겨나지만, 프로필

사진을 봤을 때 그는 다 자란 성인인 것으로 보인다. 그래도 그의 트윗은 스쿠비 두Scooby Doo(미국 유명 만화의 강아지 캐릭터-옮긴이)의 군침 가득한 흥분감을 불러일으킨다. 무엇이 그처럼 순수한 흥분부터 이해 안 되는 기분까지 다양한 감정을 갑작스럽게 분출시킨 걸까? KFC의 더블다운은 베이컨 두 장에 두 종류의 치즈, 커널의 비밀 소스를 프라이드 치킨 두 조각 사이에 넣은 샌드위치로, KFC의 표현을 빌리면 '고기로 꽉 차서 빵을 올릴 틈이 없는 샌드위치!'라고 한다.

이 빵 없는 '샌드위치'는 미국에서 꽤나 인기를 끌었는데, 캐나다에서는 가히 돌풍을 일으켰다. 더블다운(캐나다 친구들이 쓰는 프랑스어로는 'Coup Double'이나 'Double Punch'로 번역된다) 덕분에 KFC의 역사가 완전히 바뀌었다. KFC는 캐나다에서 사상 유례없이 최고의 판매고를 기록했는데,[27] 2010년 가을 캐나다에서 더블다운을 첫 출시한 후 한 달도 안 되어 100만 개의 매출을 기록했다. 이 회사의 보도자료에 따르면, 더블다운 100만 개는 하키링크 2,083개에 펼쳐놓을 수 있을 정도의 양이라고 한다[28] (캐나다 문화에 익숙하지 않은 독자를 위해 덧붙이자면, 캐나다 사람들은 크기나 양을 하키링크 단위(HRUs)로 따진다). 더블다운을 두고 소셜미디어 활동도 치열하게 벌어졌다. 소비자들은 '더블다운 많이 먹기 대회'를 열어서 시합을 벌이기도 했다.

더블다운 출시 초기 KFC는 멈출 수 없는 성공에 대응하는 차원에서 캐나다 전역 점포 메뉴에서 더블다운을 빼버렸다. '언제나 고객의 손이 닿을 수 있는 곳에 있겠다는(코카콜라의 오래된 모토)'[29] 목표가 지배적인 업종에서 KFC의 행보는 쉽게 이해되지 않았다. KFC 캐나다의 최고마케팅경영자CMO인 데이비드 바이븐스David Vivenes에 따르면, KFC는 '절호의 순간들을 만들어가고' 있다. 그리고 메뉴에서 더블다운을 뺐다가 2011년 재출시하면서, KFC는 '절호의 기회이자 더 유리한 순간'을 만들었다. KFC만 이런 접근법을 활용한 것은 아니다. 맥도날드도 돼지고기 패티에 바비큐 소스, 양파, 피클을 넣은 맥립버거에 유사한 전략을 적용했다. 맥도날드는 돼지고기 공급이 원활한데도 메뉴에서 맥립을 뺐다가 재출시하는 식으로 지난 30년간 시즌판매(제한된 기간에 제품을 판매하는 전략)를 계속해왔다. 맥도날드의 언론관계 부서 소속인 아실리 잉글링Ashlee Yingling은 회사가 가을에만 맥립을 판매하여 여름 바비큐에 대한 향수를 불러일으키는 것이라고 설명했다.30

맥도날드의 전략에 소비자들은 강박관념에 빠졌다. 맥립의 팬인 알란 클레인Alan Klein이 만든 웹사이트 '맥립 로케이터McRib Locator: http://kleincast.com/maps/mcrib.php'를 방문하면 언제, 어디서 맥립을 먹을 수 있는지 그에 대한 정보를 얻을 수 있다. 사이트상의 미국 지도에는 맥립의 목격이 확실시된confirmed 곳, 가능한possible 곳, 의문시되는questionable 곳이 전체적으로 표시되어 있다. 맥도날드는 뉴욕에서 '맥립의 전설' 행사를 벌인 것은 물론 최근 맥립을 재출시했다. 2010년 11월 맥도날드의 매출은 4.8퍼센트나 신장되었다. 맥립이 가장 큰 기여 요인이었다.31

빵 없는 샌드위치, 뼈 없는 갈빗살로 만든 혁신 제품이 나오기 오래전부터 디즈니는 영화 상영기간을 제한하는 식으로 제한된 유용성의 효과를 활용해왔다.**32** 〈덤보〉〈신데렐라〉〈피터팬〉 등의 인기 영화들을 한번에 몇 년씩 '디즈니의 비밀창고'에 고이 보관해둔 이유가 있었다. 신데렐라가 마법이 사라질까 봐 무도회를 뛰쳐나왔던 것처럼, 디즈니의 인기 영화들은 '약발'이 떨어질 만하면 영화관에서 사라졌다. 많은 기업들이 비슷한 전략을 애용하고 있다.

애리조나대학교 심리마케팅학과 교수인 로버트 치알디니 **Robert Cialdini**는 2002년에 내놓은 저서 《설득의 심리학 Influences》에서 희귀성을 이용하여 물건을 사도록 만드는 승낙의 기술을 집중 설명한다. 치알디니는 다양한 설득의 방식을 실전에 적용해야 한다고 말한다.**33** 동시에 '아니라고 말하는 법'을 알려주며, 희귀성을 이용한 마케팅에 현혹되지 말 것을 독자들에게 촉구한다.**34** 그럼에도 우리는 실버맨의 신조와 그 이면의 원리를 진지하게 따져본다면, 희귀성 마케팅을 '윈-윈 전략'으로 활용할 수 있다. 즉 소비자들은 더블다운 샌드위치부터 만화영화 〈덤보〉에 이르기까지 영원히 누릴 수 있는 것은 없음을 이해하면서 그것들을 조금이라도 더 음미하고 감상하려 할 것이다.

만화영화 보기, 빵 없는 샌드위치 먹기 등 일시적 즐거움을 누리는 일에 희귀성의 원칙을 적용하는 것은 그리 어렵지 않다. 그렇다면 대규모 구매의 경우는 어떨까? 촉망받는 배우이자 영화제작자인 데렉 리 **Derek Lee**는 근사한 선홍색 미니쿠퍼를 운전한다. 그처럼 빠르고 날렵한 소형 승용차를 가진 사람이라면, 마트에 가거나 친구와의 저녁식사 자리에 나갈 때, 심지어 집 앞 구멍가게에 갈 때도 편안한 가죽의자에 엉

덩이를 붙이고 액셀을 밟고 싶어 안달이 나기 마련이다.

그런데 데렉 리는 캐나다 밴쿠버에 거주한다. 밴쿠버는 대중교통 시스템이 아주 잘 되어 있으며, 자동차 보험료가 상당히 비싼 곳으로 유명하다. 그래서 데렉 리는 미니쿠퍼를 구매하고 나서 한동안 차고에 고이 모셔두었다. 또한 매달 보험료를 내야 하는 일반 자동차보험 말고 차를 쓰는 날에만 보장받는 자동차보험에 가입했다. 시시때때로 운전하는 일도 삼갔다. 그 덕에 데렉 리의 미니쿠퍼에 탑승해봤던 사람들은 약간의 정신적 충격을 받았다고 한다. 그들의 이야기를 들어보니, 데렉 리는 운전대 잡은 날을 최대한 활용했는데, 자동차 광고를 찍듯 커브길을 휙 돌고 무서운 속도로 질주했다고 한다. 지금은 일반 상시 운전용 자동차보험에 가입되어 있다고 하지만, 데렉 리는 여전히 폭주의 맛을 잊지 못한 것 같았다. "운전은 폭주족처럼 해야 제맛이죠. 물론 사고가 나지 않도록 조심은 해야겠죠." 그는 '신나게 액셀을 밟고 달렸던' 초기 시절을 떠올리며 아쉬워하는 눈치였다.

회원제 자동차 공유서비스 회사인 집카Zipcar도 운전을 특별한 체험으로 전환하여 고객들에게 기쁨과 흥분을 제공한다. 자동차 대여회사들은 하나같이 흔하디흔한 승용차를 대여해준다. 반면에 집카가 최초로 대여해준 차는 연녹색으로 치장된 폭스바겐 비틀이었다.[35] 집카의 창립자로 CEO를 지냈던 로빈 체이스Robin Chase는 자가용 운전과 집카 운전은 완전히 다르다고 강조한다. 자가용은 개인이 상시로 운행하는 차이지만, 집카는 '여행'을 위한 차라는 말이다.

1995년 런던에서 설립된 회원제 고급 자동차 대여회사인 클래식 자동차 클럽Classic Car Club Manhattan은 외골수처럼 집카의 이 접근법을 활용한다. 이 회사는 막대한 회비를 받고 회원들에게 페라리나 마세라티 같은 '평생 구경하기 힘든 차'를 빌려준다.[36] 맨하탄에서 회원들은 '최고급 슈퍼카'를 13일 동안 모는 대가로 약 1만 1,000달러를 회비로 낸다. 회비만 보면 전혀 만만치 않아 보인다. 하지만 실제로 고가 자동차를 '애마로 모는' 비용치고는 놀랄 정도로 저렴한 것이다. 또한 장담하건대, 회원들은 이 황홀한 13일 내내 1만 1,000달러를 가치 있게 만들면서 자신의 '슈퍼카'에 몰입할 것이다.

오늘날 렌터카 서비스와 비슷한 카셰어링car sharing(한 대의 자동차를 시간 단위로 여러 사람이 나눠 타는 서비스-옮긴이)이 유행하고 있다. 그런데 혁신적인 회사들은 자동차 외에 별장, 핸드백, 개, 프랑스산 송로버섯까지 종류를 가리지 않고 다 나눠 쓰게 하고 있다.[37] 내가 좋아하는 포르투갈 속담 중에 '절대로 요트 하나만 가져서는 안 된다. 요트에 친구를 데리고 타야 한다'는 말이 있다(사실 포루투갈 속담은 이것밖에 모른다). 그래서 세일타임SailTime: www.narragansettsailing.com에 가입한 회원들은 일곱 명까지 다른 사람들과 요트를 나눠 타면서 그 속담을 실현할 수 있다.

그런데 얼마 전 언론에서 세일타임을 두고 소비자들에게 주의를 주었다. 요트를 나눠 탄다는 것은 '상시 이용을 보장할 수 없다'는 얘기라는 것이다.[38] 하지만 이처럼 명백한 제약으로 인해 소비자들은 요트 타는 일을 특별한 체험으로 여기게 된다. 햄버거부터 고급 승용차에 이르기까지 모든 것을 막론하고 사용을 제한함으로써 이른바 활기온도계를 다시 맞출 수 있다. 요컨대, **기회가 한정되어 있음을 알아야 감사할 줄 알게 된다.**

∵ 잠깐의 중단으로 만족감을 높여라 ∵

〈오피스 **The Office**〉 같은 텔레비전 드라마를 애청하는 사람은 언제 가장 행복할까? 드라마 DVD세트를 구매해서 첫 편부터 마지막 편까지 감상한다면 죽어도 여한이 없을 것 같다고 생각할지도 모른다. 혹은 중간 광고가 나오지 않고 다음 편까지 일주일을 기다릴 필요가 없다면, 세상을 다 가진 듯 기분이 좋아질지도 모른다. 하지만 한 연구 결과는 드라마 한 편과 다음 편 사이에 기다리는 기간이 있어야 즐거움이 커진다는 점을 암시한다. 광고가 텔레비전 시청 체험을 개선시킨다는 사실이 참으로 놀랍다.**39** 예능 프로그램의 경우에도 시청자들의 흥미를 떨어뜨리기 위해 5분에서 7분 정도 광고를 삽입할 수 있다. 즉 시청자들은 광고 때문에 프로그램 적응 과정에 방해를 받는다. 덕분에 프로그램이 다시 시작되자마자 시청자들은 그에 몰입하게 된다.

두말하면 잔소리지만, 프로그램의 콘텐츠도 매우 중요하다. 〈로스트 **Lost**〉와 〈CSI〉 같은 인기 텔레비전 드라마의 경우, 굳이 광고를 삽입하지 않는다. 대신 '자체적인 중단'을 통해 극적인 장면에서 예상치 않게 화면을 전환하는 기법을 쓴다. 그런데 드라마 시청보다 더 획일적인 체험에서도 '중단'을 통해 즐거움의 흔적을 깨끗이 지워 백지상태로 되돌릴 수 있다. 또한 이런 '중단'은 그 자체로 성가시긴 해도 전반적인 즐거움을 높이기도 한다.

이를 증명하기 위한 실험이 진행되었다. 연구진은 여러 인기 가요를 조합하여 매시업mash-up(유명 가수들의 노래를 무단으로 조합하여 만든 음악-옮긴이)을 만들었다. 에미넴Eminem의 '루즈 유어셀프Lose Yourself', 더 낵The Knack의 '마이 셰로나My Sharona', 마이클 노튼Michael Norton(그렇다. 바로 이 책의 공저자 마이클이다)의 '썸타임스Sometimes'가 음악에 포함되었다.[40] 연구진은 각 노래에서 간단히 샘플을 뽑은 다음, 루프loop 기능으로 60초짜리 노래를 만들었다. 이어서 첫 번째 집단의 청취자들에게 중단 없이 '노래'를 들려주었다. 반면에 두 번째 집단의 청취자들에게는 처음 50초 동안은 같은 노래를, 그다음에는 오스트레일리아 펑크 밴드의 시끄러운 기타 연주 소리를 들려주었다. 이 기타 소리는 신경을 박박 긁을 정도였다. 어떤 반응이 나왔을까? 백이면 백, 중간에 방해받지 않고 노래를 들어야 만족할 것이라고 생각했지만, 중간에 방해를 받았던 두 번째 집단 청취자들이 노래를 들으며 더 만족해했다고 한다. 또한 그들은 첫 번째 집단의 청취자들보다 비용을 두 배나 더 내면서까지 가수의 콘서트에 참여하려고 했다.

이 실험 결과에서 즐거움을 전달하는 원리와 방법이 드러난다. 노련

한 안마사의 관점을 따라보자. 한 설문에서 막 안마를 받으러 온 사람들의 75퍼센트는 중간에 쉬지 않고 안마를 받으면 좋겠다고 밝혔다.[41] 그런데 안마를 받다가 중간에 잠깐 쉬었던 사람들이 쉬지 않고 안마를 받은 사람들보다 훨씬 더 만족해했다. 또한 그들은 이후에 비용을 더 내면서라도 안마를 받으려고 했다. 이와 관련하여 리프 넬슨 Lief Nelson 교수와 톰 메이비스 Tom Mayvis 교수의 주장에 따르면, '사려 깊은 안마사는 중간에 잠시 휴식을 취하는 방식으로 고객의 만족도를 최대로 높인다고 한다.'[42] 이어서 두 교수는 이 전략에 한 가지 문제가 수반된다고 지적한다. 중간 휴식에 대해 미리 들은 고객은 아주 지루하게 서비스를 해주는 안마사를 찾아갈지 모른다는 얘기다(잠시 쉬어간다는 생각으로, 사려 깊은 안마사와 단조로운 안마사가 어떻게 안마를 해줄 것 같은지 한번 상상해보자).

아주 잠깐만 중단을 해도 우리의 활기온도계는 '리셋'된다. 이런 '리셋'을 하려고 잠시 즐거운 기분을 떨어뜨려야 한다는 것이 아쉽긴 하다. 토크쇼가 한창 진행 중인데 서브웨이 샌드위치 광고가 뜨고 5달러짜리 큼직한 샌드위치를 사 먹으라고 하면 재미가 반감되기 마련이다. 그렇지만 광고가 지나가고 토크쇼가 다시 시작되면, 재미는 더욱 커진다. 마찬가지로 안마를 받지 않는 것보다는 적절한 때, 적절한 부분에 안마를 받는 것이 좋고, 단 중간에 잠시 쉬면 안마의 전반적인 효과가 아주 커진다.

∴ 난생 처음 여행해본 것처럼 ∴

　2011년 미국에서 개봉한 코미디영화 〈시더 래피즈Cedar Rapids〉에서 에드 헬름스Ed Helms는 정직하고 순수한 보험맨 팀 리피Tim Lippes 역을 연기했다. 위스콘신 주 브라운 벨리의 조용한 마을에서 태어난 리피는 고향을 벗어난 적이 한 번도 없었다. 그랬던 그가 동료를 대신해 아이오와 주 시더 래피즈에서 열리는 보험협회 컨벤션에 참석하게 된다. 난생 처음 '대도시' 여행에 나서게 된 것이다. 하늘 높이 솟은 건물부터 호텔 수영장에서 올라오는 살균소독제 냄새까지 시더 래피즈의 모든 것이 리피에게는 찬란함 그 자체였다. 여행을 한 번도 해본 적이 없었기에 사소한 것도 그에게는 새롭고 즐거운 체험으로 다가왔다.

　여행을 자주 가면 갈수록 여행의 즐거움이 떨어진다. 이와 관련하여 미국 거주자들을 대상으로 실험을 진행했다. 그간에 얼마나 많은 지역을 여행했는지 기록한 다음, 미국의 가장 흔한 관광지 세 곳(캘리포니아, 플로리다, 뉴욕 등)과, 또 미국 사람들이 가장 가고 싶어 하는 '꿈'의 여행지 세 곳(이탈리아, 오스트레일리아, 아일랜드 등)을 여행한 후 어떤 일을 할지 실험 참가자들에게 상상해보라고 했다.[43] 실험 결과부터 말하자면, 리피처럼 여행을 별로 가보지 못한 사람들은 신이 나서 가족과 친구들에게 자랑을 하고, 일을 빨리 마치고 여행 중에 찍은 사진을 보며 그 추억을 음미하겠다고 답했다. 반면에 안 가본 곳이 없을 정도로 여행을 많이 다녔던 사람들은 흔한 관광지에 대해 심드렁한 태도를 보였다('꿈의 여행지'를 두고는 어느 정도 열의를 보이기는 했다).

　세상일에 지친 사람들은 흔히 특별한 곳을 찾는다. 그런 사람들의 눈에 일반적인 관광지가 들어올까? 아마도 미국 사람들은 태양 볕이 쨍쨍한 플로리다 해변보다는 발리의 흑사 해변을 찾고 싶어 할지도 모른다. 언뜻 이런 논리는 합당해 보이지만 틀린 것으로 판명되었다. 앞서 우리는 딸기 요리와 우주여행 사례에서 확인했다. 체험은 단순 비교가 되지 않는다. 사과와 오렌지를 단순 비교할 수 없듯이, 마찬가지로 플로리다와 발리도 단순 비교할 수 없다. 둘 중 하나를 생각하는 경우, 대개 하나를 다른 것과 비교하려는 생각이 들지 않는다. 그보다는, 발리 같은 이국적인 휴양지를 여행하게 되어 자신을 바라보는 관점이 달라질 수 있다. 한층 더 광범위한 문제가 생기는 것이다. 여행한 나라가 늘어갈수록 스스로 자칭 '세계 여행가'라고 생각하는 경향이 강해진다. 이런 경향 때문에 결국 일반적인 여행지를 즐기려고 하는 동기가 약해진다. 결국 즐거움을 얻을 기회를 스스로 차버리게 된다.

　세상 곳곳을 누빌 만큼 운이 좋은 사람이라면, 자기 내면의 '팀 리피'를 불러내야 한다. 그러지 않는 한 흔한 여행지를 여행하는 내내 흥미를 느끼지 못한다. 이와 관련하여 보스턴에서 가장 오래된 교회로 국립사적지에 등록된 올드 노스 교회 Old North Church에서 미국 관광객들을 대상으로 실험을 진행했다. 관광객들은 올드 노스 교회에 입장하기 전에 여행 점검표를 작성했는데, 도시 목록을 보고 자신이 방문했던 곳에 표시를 한 것이다.[44] 그때 첫 번째 집단의 관광객들은 뉴욕, 올랜도, 라스

베이거스 등 흔한 관광지가 포함된 도시 목록을 확인했다. 두 번째 집단의 관광객들은 도쿄, 파리, 시드니 등 이국적인 관광지가 포함된 도시 목록을 확인했다. 쉽게 예상할 수 있듯이, 미국 관광지가 포함된 목록을 받은 관광객들은 많은 곳에 표시를 했다. 어떤 현상이 일어났을까? 이 관광객들은 이국적인 여행지 목록을 받은 관광객들에 비해 본인들의 여행 경험이 더 풍부하다고 생각했다.

관광객들은 점검표를 다 작성하고 나서 교회로 들어갔다. 그런데 그 점검표 때문에 교회에 들어선 관광객들의 태도가 변화했다. 즉 이국적인 관광지 목록을 본 관광객들은 자신의 여행 경험이 부족하다고 생각하며 교회에 들어섰고, 교회 곳곳을 아주 흥미롭게 감상하며 돌아다녔다. 그들은 미국 관광지 목록을 본 관광객들에 비해 교회를 구경하며 아주 많은 시간을 보냈다.

소셜네트워킹사이트 트레블러스닷컴travellers.com의 애플리케이션을 보면, 지도에 여행 경로를 표시하여 풍부한 여행 경험을 자랑하라고 사용자들을 부추긴다. 하지만 그런 애플리케이션은 생각처럼 훌륭한 도구가 아니다. 세계 곳곳을 돌아다니며 올드 노스 교회 같은 유적지를 감상하고 싶어 하는 사람에게는 특히 그러하다. 차라리 가보고 싶지만 가본 적 없는 곳을 지도에 표시하는 편이 더 나을지도 모른다.

세계 최고의 현자 달라이 라마는 자신이 가지지 않은 것에 집착하지 말고 자신이 가진 것에 감사하라고 충고한다.[45] 하지만 관련 연구 결과를 보면, 자기가 가지지 않은 것에 집중할 때 자기가 현재 하고 있는 일에 감사할 수 있음을 언뜻 알 수 있다. 우리의 활기온도계는 수은의 객관성이 부족하다. 때문에 우리가 체험을 받아들이는 방식이 스스로를 바라보는 방식에 따라 어느 정도는 달라진다. 그리고 우리의 정체성이 달라지면 일시적이라 해도, 주변에서 얻는 사소한 기쁨에도 감사하는 마음이 생길 수 있다.

∴ 애인을 낯선 사람처럼 대하라 ∴

 대학 시절 나는 오래된 남자친구 벤저민의 행동에서 흥미로운 점을 발견했다. 벤저민은 기분이 좋지 않을 때마다 내 앞에서 짜증을 내곤했다. 자기의 짜증 섞인 행동을 내가 다 받아준다는 것을 알았기 때문이다. 하지만 낯선 사람과 마주치거나 지인을 우연히 만날 때는 180도 다른 태도를 보였다. 언제 짜증을 냈었느냐는 듯 활기차고 쾌활한 태도를 보였다. 즉, 벤저민은 사회 규범을 지켜야 한다는 생각에 종종 솟구쳐 오르는 짜증과 불쾌감을 억눌렀던 것이다.

 나는 벤저민의 행동을 분석하기 위해 사귄 지 오래된 연인들(이성애자들)을 대상으로 실험을 진행해보았다. 실험 참가자들은 자신의 애인 또는 실험에 참여한 다른 이성과 서로 교감을 나누었다.[46] 어떤 현상이 벌어졌을까? 실험 참가자들은 벤저민이 그랬듯 처음 보는 사람들과 대화할 때 상냥하고 쾌활하게 행동했다. 또한 그들은 스스로 긍정적 행동을 취한 덕에 자기도 모르게 기분이 좋아졌다. 나를 비롯한 연구진은 그때부터 이런 현상을 '벤저민 효과Benjamin Effect'라고 부르기 시작했다.

생전 처음 보는 사람에게만 충실하다가 오래된 애인을 떠나보내지 말고 벤저민 효과를 이용하여 연인관계를 돈독히 만들어보자. 이어진 실험에서 연인관계에 있는 사람들을 더 불러 모아 얼마 동안 함께 시간을 보내라고 했다. 그리고 일부 사람들에게는 애인 앞에서 누군가를 처음 만난 듯이 상냥한 표정을 지어보라고 요청했다. 한편 나머지 사람들은 늘 하던 방식대로 애인과 대화를 나누게 했다. 어떻게 되었을까? 애인을 난생 처음 보는 사람처럼 대한 사람들은 그와의 대화에서 상당한 만족감을 얻었다.

발렌타인 데이를 초콜릿 판매를 위한 상술이라고 치부하기 전에 (가끔은) 애인에게 맞춰주려고 최선을 다하는 자세가 얼마나 가치를 발휘하는지 기억해야 한다. 두 아이의 엄마인 엘리자베스 하인즈는 남편 테리와 결혼한 지 10년이 넘었다. 부부는 직장에서도 하루 종일 함께 지내지만 주말마다 '밤 데이트' 시간을 가진다. 흔히 소파에 드러누워서 DVD나 감상하기 일쑤인데, 두 사람은 보모를 사서 아이들을 맡긴 뒤 시내로 나간다. 엘리자베스 하인즈는 이렇게 기대감을 표현한다. "젊은 남자와 연애하는 매력적인 중년 여자랄까, 그런 여자처럼 한답니다. 꽉 끼는 청바지에 민소매 블라우스를 차려입고 굽 높은 샌들을 신지요. 남자 만나러 나갈 때 입는 옷차림이에요."

데이트를 나온 두 사람은 인근 음식점을 자주 찾는다. 거기서 저녁식사를 하고 술잔도 함께 기울인다. 그런데 두 사람이 즐기는 '밤 데이트'는 뭔가 특별하다. 신인 가수의 공연을 관람하는 등 특별한 데이트다. 이처럼 새롭고 흥분되는 일을 함께해야 부부관계 자체도 새롭고 흥미로워진다. 이와 관련하여 실험을 진행한 적이 있다. 부부가 합심하여 일련의 신체적 과제를 수행하게 했는데, 말 그대로 부부의 손목과 발목을 각각 접착테이프로 묶은 뒤 과제를 수행하게 했다.**47** 다른 그룹의 부부들은 넓은 방에서 공을 천천히 굴리면서 반대편까지 갔다가 돌아오는 등 이전 부부들의 도전 과제보다 더 지루한 임무를 수행했다. 어떻게 되었을까? 실험이 끝나자, 접착테이프로 묶인 채 임무를 수행했던 부부들은 부부관계에서 상당한 만족감을 표현했으며, 연인 생각에 '찌릿찌릿' 해지는 증상이 포함된 낭만적 사랑 징후 점검표**Romantic Love Symptom Checklist**에서도 높은 점수를 얻었다.

신기하고 색다른 것의 가치는 소위 '밤 데이트' 현장에서도 나타난다. 황소는 그의 정액을 추출하려고 농부들이 쓰는 인공적인 '짝짓기' 장비에 싫증을 느낀다. 그런데 짝짓기 장치의 위치를 변경하는 식으로 새로운 변화를 주면 황소의 사정 시간을 앞당길 수 있다.**48** 인간이 사정 시간을 앞당기기 위해 밤 데이트를 하는 것은 아니겠지만, 새로운 요소를 투입함으로써 사전에 권태감을 막고 장기간 연인관계를 유지할 수 있다. 한편 권태감이나 따분함은 아주 돈독한 관계조차도 조금씩 약화시키는 놀랍도록 강한 힘이라는 것이 드러난다. 현재 부부가 느끼는 권태감의 수준을 보면, 10년 후의 전반적인 부부관계 만족도를 예측할 수 있다고 한다.[49] 돈으로 사랑을 살 수는 없다. 그렇지만 돈으로 신기하고 흥분되는 활동은 살 수 있다. 연인관계가 인간의 행복을 결정짓는 핵심 요인이라면, 돈을 잘 써서 애인과의 시간을 특별한 체험으로 만들면 되지 않을까?

새로움의 가치는 연인관계의 범위를 훨씬 넘어서 화장지에도 적용된다. 화장지는 색상과 질감에 따라 그 종류가 다양하다. 옛날 영국에서는 깃털과 솜털 등을 넣어 만든 사치스러운 누비 화장지가 사용된 적도 있다. 누군가의 할머니는 여러분을 위해 누비 화장지를 바느질하지 않았을까? 현재 화장지는 대개 상품화되어 대량판매되고 있다. 그런데 화장지 브랜드 차민Charmin은 화장지에 대해 색다른 생각을 가졌다. 즉 참신하고 예기치 않은 체험을 제공하여 소비자들이 화장지를 '특별하게' 사용하도록 만들었다. 어떻게 했을까? 잠시 생각해보자.

차민의 전략을 알아냈다면, 여러분은 가히 마케팅의 천재라고 할 수 있다. 차민은 번쩍번쩍 빛나는 이동식 화장실을 도심에 설치하는 '포티 팔루자Potty Palooza' 이벤트를 진행했다. 차민의 이동식 화장실에는 벽지부터 채광창, 원목마루, 텔레비전에 이르기까지 집에서 사용할 만한 편의시설이 다 설치되어 있었다.[50] 한번 관중이 넘쳐나는 야구 경기장에 있다고 상상해보자. 그런 곳의 화장실은 대부분 보기만 해도 끔찍하다. 화장실을 찾는 사람들은 다른 사람들의 발에 걸려 넘어지기 일쑤이다. 이런 현실에서 소비자들은 포티 팔루자 덕분에 화장실 휴지를 쓰는 일을 즐거운 체험으로 전환했다.

새로움을 약간만 가미해도 만족 없이 소비하는 경향을 없앨 수 있다. 영화관에 간 사람들은 으레 팝콘과 콜라를 사서는 특별히 만족하지도 않으면서 영화 보는 내내 무심코 먹어댄다. 김빠진 콜라가 입에 맞지 않는데도 손은 콜라로 향한다.[51] 팝콘을 자주 먹는 사람들은 그 습관을 버리기 어렵다고 생각할지도 모른다. 하지만 새로움을 더하기만 하면 그만이다. 이렇게 한번 해보자. 다음에 영화관에 가면, 평소 쓰지 않던 손으로 팝콘을 먹어보자(오른손잡이라면 왼손으로 먹고, 왼손잡이라면 오른손으로 먹는다. 왼손잡이라면 스스로 너무 독창적인 사람이라 이런 단순한 임무를 수행할 마음이 생기지 않는다고 할 수 있을 것 같다). 팝콘 애용자들은 평소 사용하지 않던 손으로 팝콘을 먹으며 무심한 소비에서 벗어난다. 팝콘이 신선하고 고소하면 짭짤한 버터 맛을 느끼려고 팝콘을 마음껏 먹을 것이요, 팝콘이 푸석푸석하고 아무 맛도 안 나면, 즉 더 이상 특별한 맛이 나지 않으면 팝콘에 손을 대지 않을 것이다.

∴ 새로움을 더하라 ∵

실버맨의 인생 지침을 실천하기에 앞서 우리의 성향이 온도계 수은주의 성질과는 다르다는 점을 이해해야 한다. 우리의 활기측정계는 과거와 미래 양쪽에 민감하기 때문에, 몇 달 또는 몇 초 동안 중단의 과정을 거침으로써 우리 스스로를 재정비하게 된다. 우리가 어떤 대상에 제한된 접근을 한다는 점, 그런 특성이 우리의 정체성과 불가분한 부분은 아니라는 점만 이해해도, 활기측정계를 이해하는 데 더욱 도움이 된다. 배우자와의 관계도 그렇고 화장지를 쓰는 일도 그렇고, 뭔가를 잠시 중단한다는 것은 복잡하면서도 골치 아픈 문제다. 이런 경우에는 새로움을 더하는 일이 필요하다. 내가 파티에서 스컹크 냄새를 풍겼을 때처럼 스스로 얻은 것을 더 이상 인식하지 못하는 경우, 실버맨의 인생 지침을 적용해야 한다. 이런 전략은 비용이 조금 더 들어가는 체험(라테 마시기, 자동차 폭주하기, 초콜릿 먹기 등)에 관한 한 특히 가치를 발휘한다.

실버맨의 철학은 현대 미국의 풍토와는 반대되는 개념이다. 미국 문화에서는 풍족함과 대량구매(큰 차나 큰 집을 사고 대형 상점을 이용하는 풍토)를 가치 있게 여긴다. 반면에 프랑스 문화에서는 작은 즐거움의 가치(프랑스어로 쁘띠 플레지르 petits plaisirs)를 소중히 여긴다.[52] 이런 문화적 차이는 저녁식사 자리에서 두드러지게 나타난다. 프랑스 사람들은 미국 사람들에 비해 음식은 덜 먹고, 그 맛과 질감을 음미하면서 식사 시간을 더 보낸다.[53] 맥도날드에서도 마찬가지다. 2003년 한 연구진이 파리와 필라델피아 중심가에 있는 맥도날드 매장을 비교 분석했다.[54] 감자튀김 라지 사이즈의 주문 건수를 보면, 파리 매장의 주문 건수는 필라델피아 매장보다 30퍼센트 더 적었다. 그런데도 파리 매장 손님들은 필라델피아 매장 손님들보다 50퍼센트가량 더 오랜 시간 동안 앉아서 식사를 했다.

프로테스탄티즘 노동관이 지배하는 문화에서는 즐거움을 주는 일이 종종 부적절하거나 심지어 부도덕하게까지 보인다. 그러면 타당한 이유가 있어야 즐거움을 누릴 수 있다고 생각하게 된다.[55] 미국 대학생들은 특별한 이유 없이 피부 관리나 외식 같은 일에 돈을 펑펑 쓰면 마음이 꺼림칙할 것 같다고 생각한다. 그러나 학생들 대부분이 느낄 것 같은 죄책감은 되려 즐거움이 주는 만족감에 의해 희미해지고 현실화되지 않는다. 그런데도 학생들은 장래 즐거움에 탐닉하는 일이 꺼림칙하다는 생각을 버리지 않는다.[56] 그러나 일상생활의 작은 즐거움은 사람들이 느끼는 것 이상으로 아주 순수한 만족의 원천이 될 수 있다.

작은 즐거움의 가치를 이해하지 못하는 사람들은 즐거운 체험을 스스로 밀어낼지도 모른다. 이와 관련된 한 실험에서 연구진은 실험 참가자들에게, 2달러를 주면서 그냥 챙겨두거나 그걸로 복권을 구입해도 된다고 말했다.[57] 이어서 복권에 당첨되면 고급 식당에서 200달러짜리 식사를 할 수 있다는 조건을 내걸었다. 그러자 실험 참가자들의 84퍼센트가 복권을 구입했다. 반면에 복권 당첨금으로 현금 200달러를 주겠다고 했더니 실험 참가자들의 65퍼센트만이 복권을 구입했다.

이 차이에 주목해야 한다. 어찌 되었건 현금 200달러로 200달러짜리 식사를 하거나 그 밖의 다른 일을 하면 되는 것이다. 그런데 값비싼 저녁식사로 즐거움을 누릴 수 있는 기회가 현금보다 더 매력적인 동기 요인이 되었다. 실험 참가자들은 대부분 현금을 가지고 있어봤자 상점 같은 곳에서 그저 그런 것들만 살 것이라고 생각했다. 나중에 연구진은 두 조건을 나란히 제시해보았다. 실험 참가자들은 저녁식사 기회와 현금 중에서 선택을 하게 되었는데, 현금을 선택한 사람들이 저녁식사를 선택한 사람들보다 두 배 이상 많았다. 현금을 선택하는 것이 경제적이고 합리적이며 뒤탈이 없는 일이지만, 즐거운 체험의 가치를 고려할 때, 행복을 저해하는 요인이 될 수도 있다.

여러분은 조그만 하트 모양의 초콜릿(50센트짜리), 약간 더 큰 바퀴벌레 모양의 초콜릿(2달러짜리) 중 어느 것을 더 즐겨 먹는가? 이런 선택에 직면했을 때, 사람들은 대부분 하트 모양의 초콜릿을 즐겨 먹을 거라고 말한다.[58] 의사결정을 하는 동안 '더 매력적인' 특징(바퀴벌레 모양)보다 물리적이고 경제적인 속성(가격, 크기)이 더 중요하다고 생각했기 때문이다. 바퀴벌레 모양 같은 흥미로운 특징이 즐거움을 주는 요소인데도 말이다. 진공청소기 등의 실용적인 상품을 고르는 경우를 생각하면 이해하기 쉽다. 하지만 초콜릿을 먹는 일 같은 즐거운 체험에 관한 한 사람들은 경제적 요소를 그다지 따지지 않을지도 모른다.[59]

베벌리힐스 한복판에 소재한 고급스러운 포시즌 스파 Four Seasons Spa에서는 마사지 요금을 1시간 반에 230달러를 받는데 반해, 30분씩 세 번 받으면 330달러로 껑충 뛴다. 다른 조건들이 동일하다면 한번에 다 즐기기보다 여러 번 나눠서 즐기는 편이 더 낫다고 손님들은 대부분 말한다.[60] 이를테면 25달러를 내고 하루 종일 마사지를 즐기는 것보다, 하루에 5달러를 내고 5일 동안 마사지를 즐기는 것을 선호하는 것이다. 그럼에도 그 밖의 다른 조건들은 결코 같지 않다. 경제적 관점에서 볼 때는 90분짜리 마사지가 더 나은 거래임이 분명하다. 하지만 자기 자신의 관점에서 그것이 더 나은 거래인지 따져봐야 한다. 90분 동안 마사지를 받는 경우 마사지가 끝나기도 전에 따분해 지칠지도 모를 일이다. 대신에 30분짜리 마사지를 세 번 받으면 즐거운 체험을 세 번이나 할 수 있다. 매번 마사지 요금을 낸 것에 대한 더 큰 만족감을 얻으면서 말이다.

'특별하게 만들기' 위해 기억할 것!

- 어떤 것에 자주 노출될수록 그 영향력이 더 감소하기 마련이다.
- 평소 즐기던 것을 중간에 끊어보자. 특별한 것으로 전환할 수 있다.
- 하고 싶은 것을 무조건 참고 견디기보다 적응에 대한 탈출구를 만들어라.
- 사람들은 기간이 한정되어 있다고 인식할 때 어떻게든 특별한 즐거움을 누리려 한다.

3장

시간을
구매하라

**당신이
지갑을 열기 전에**
알아야
할 것들

룸바 부대가 가져온 것

데니스와 캐슬린 부부는 세 살이 안 된 아이 둘을 기르고 있다(개인정보 보호를 위해 가명을 사용했다). 고양이 두 마리와 햄스터 두 마리도 그들과 함께 살고 있다. 이처럼 다양한 구성원들이 함께 사는 집은 어수선하고 어지럽기 마련인데, 캐슬린의 언니 프란체스카는 딱 까놓고 이야기한다. "게으름뱅이도 그런 게으름뱅이가 없어요. 지저분해서 못 봐주겠어요."

데니스는 법률회사에 다니는데, 해가 뜰 때 출근해서 모두들 잠들 때쯤 집에 돌아온다. 교사인 캐슬린은 무슨 원수를 졌는지 청소를 끔찍이도 싫어한다. 프란체스카는 어린 시절을 떠올리며 이렇게 말한다. "어렸을 때는 제가 동생 일을 대신 해준 적도 많았어요. 고등학교에 들어가서는 어림 반 푼어치도 없었죠! 각자의 일을 마치지 않고 놀았다간 뒷감당하기 어려웠어요. 욕실 청소는 캐슬린 전담이었어요. 캐슬린은 온종일 욕실을 닦았답니다."

지금은 조그만 룸바 청소기가 캐슬린 가족의 일을 대신 해준다. '룸바 부대'는 방바닥을 돌아다니면서 고양이털과 과자 부스러기 등 가족의 건강에 해로운 먼지와 쓰레기를 빨아들인다. 이후 룸바 부대에 물청소 로봇인 스쿠바가 합류했는데, 이 청소기는 미세 먼지와 부스러기를 흡수한 후 물을 분사하고 바닥을 문지른 다음 더러워진 물을 다시 진공 흡입구로 빨아들인다. 타이머 기능도 있어서 미리 시간을 맞춰놓으면 척척 알아서 청소를 시작한다. 1960년대 인기를 끌었던 로봇 만화 〈우주가족 젯슨The Jetson〉에서나 가능했던 일이 실현된 셈이다. 300달러 가격표가 붙은 룸바는 평범한 진공청소기에 비해 훨씬 비싼 축에 든다. 하지만 룸바는 고급 진공청소기도 못하는 일을 처리한다. 룸바는 여러분의 시간 관리 방식을 바꾸게 해준다.

시간과 돈은 흔히 교체될 수 있다. 이를테면 달라스공항에 앉아 〈피플People〉지를 읽으며 네 시간을 때우느니, 100달러를 더 쓰더라도 로스앤젤레스공항에서 직항기를 타고 뉴욕 JFK공항으로 날아갈 수 있다. 하지만 사람들은 종종 몇 푼 아껴보겠다고 소중한 시간을 펑펑 쓰고 만다. 이는 다음과 같이 미국의 풍자 주간지 〈어니언Onion〉(이 신문에 실리는 기사는 모두 가짜다—옮긴이)에서 가장 많이 풍자하는 인간의 약점이기도 하다.

캘리포니아 주 애너하임— 서른한 살의 에드워드 브롤리는 그냥 눈에 보이는 분실물보

란소를 찾아 우산을 얻을 작정이었습니다. 두 시간 동안 우산을 찾아다녔지만, 2 달러 99센트밖에 아끼지 못했습니다.¹

사람들은 기름값이 5센트 저렴한 주유소를 찾느라 한 시간을 운전하거나 무료 건강음료 시음제품을 받겠다고 끝도 없이 늘어선 줄에서 무작정 기다린다. 아니면 싸구려 우산 하나를 얻겠다고 반나절을 돌아다니기도 한다. 이렇게 우리는 몇 푼 아껴보겠다고 우리의 소중한 시간을 버리는 실수를 반복한다.

우리 대부분은 여가 시간을 늘려 평소 좋아하는 일을 즐기고 싶어 한다. 내가 몸매 관리를 위해 운동을 하고, 마이클이 기타를 즐겨 연주하듯이 말이다. 이론상으로는 이런 유형의 시간을 돈으로 살 수도 있다. 하지만 한 연구 결과를 보면, 부유한 사람일수록 흔히 일상의 시간을 잘 즐기지 못하고 있음을 알 수 있다.² 즉 부유한 사람일수록 쇼핑이나 업무, 출퇴근처럼 비교적 긴장과 스트레스가 많은 활동에서 많은 시간을 보내는 경향이 있다.

〈우주가족 젯슨〉이 첫 방영되었던 1960년 이래, 많은 국가의 평균 소득이 급격히 상승했다.³ 날아다니는 자동차나 근사한 로봇 하녀가 아직까지 탄생하지 않은 것은 약간 아쉽지만, 그보다는 50년 동안 미국 사람들이 소득 상승에도 불구하고 여가 시간을 좀 더 행복하게 사용하지 못했다는 사실이 참으로 놀랍다.⁴ 관련 연구를 진행했던 연구진은 사람들이 불쾌한 기분으로 보내는 시간의 양을 지적한다.

긴장되고 우울하고 짜증나는 기분은 행복한 기분보다 훨씬 더 크게 다가온다(U-인덱스U-index[불쾌한 순간이 차지하는 시간 비율-옮긴이]). 운동, 기도, 독서, 성관계 같은 활동을 할 때는 불쾌한 기분이 별로 들지 않지만(이 모든 활동을 한번에 다 하려고 하지 않는 한 그렇다), 출퇴근, 업무, 쇼핑, 집안 청소 같은 활동을 할 때는 유쾌하지 않은 기분이 들기 마련이다.

1960년 이래 사람들은 아주 다양한 활동에 참여하고 있다. 그렇지만 전반적인 U-인덱스는 거의 변함이 없다. 따라서 U-인덱스를 개선하는 방향으로 지출을 해야 한다. 이것이 오늘날 새로이 숙지해야 할 행복 증진 비결이다.

시간에 지출하고 싶다고 해서 늘 그렇게 하지는 못한다. 시간에 지출하려면 여러 장벽을 극복해야 한다. 시간을 구매하는 원칙을 신중히 실천해나간다는 것은 일상적인 지출을 다시 생각하고 돈에 관한 결정을 시간에 관한 결정으로 전환한다는 의미다. 생각의 방향을 전환하여 행복한 선택을 내리라는 말이다. 이 개념을 실천하는 차원에서 기업들은 상품과 가격 정책을 개선하여 고객과 직원들이 그들의 시간을 더욱 행복하게 보낼 수 있도록 해주어야 한다. 1분 1초, 1시간이 그들의 일상생활을 형성하는 요소임을 잊지 말아야 한다.

∴ 바쁨에 대한 착각 ∴

　인텔에서 일반 IT 직원들은 일주일에 평균 350통의 이메일을 받는데, 이렇게 24시간 내내 홍수처럼 쏟아지는 메시지를 처리하느라 진땀을 뺀다. 그런 이메일의 무려 30퍼센트는 그냥 휴지통으로 직행해도 문제없는 것들로 보인다.[5] 이에 최근 인텔은 실험적인 제도를 시행했다. '이메일 없는 화요일'을 만들어서 그날만큼은 이메일에 접속하지도 전화통화를 하지도 못하게 했다. 이로써 직원들에게 방해받지 않고 생각할 수 있는 시간을 제공했다.[6] 인텔의 실험은 시간의 압박에서 자유로운 직원들이 그렇지 않은 직원들보다 업무 시간에 더 만족한다는 것을 보여준다.[7] 이처럼 시간 여유를 느끼게 되면 퇴근길에서도 행복감을 느끼게 된다.[8]

　터키에서 800명이 넘는 관리자와 전문직 종사자들을 대상으로 설문을 실시했다. 설문을 통해 "하루 종일 시간이 부족했어" "내 인생은 너무도 바쁘게 흘러 왔어"[9] 같은 말에 사람들이 공감하는지 확인했다. 그런데 그런 말에 동의를 표시한 직장인들(시간적 여유 항목에서 낮은 점수를 받은 직장인들)은 특히 자신의 직업에 별로 만족하지 못했다. 또한 자신의 삶에서도 대체로 만족하지 못했다. 심지어 두통과 불면증에 시달린다고 밝힌 사람들도 있었다. 미국에서 실시한 조사에서는 **일부러 바쁘게 움직이는 사람들도 시간적 여유를 느껴야 행복을 느낀다는 사실이 드러났다.**[10]

시간 압박에 시달리는 사람들은 잠시도 가만히 있질 못한다.[11] 보통 요가 강좌가 끝날 때쯤, 깨달음을 얻은 수강자들은 팔다리를 벌린 자세로 누워 깊은 영적 휴식 상태에 빠져든다. 하지만 나는 그들과 달리 이후에 해야 할 이런 저런 일들로 머릿속이 가득 차 있다. 나처럼 저녁에 뭘 먹어야 할지, 이메일에 답장을 어떻게 써야 할지 등등 나중에 해야 할 일에 정신이 팔려서는 안 된다. 현재의 순간에 집중해야 행복에 가까이 갈 수 있다. 사실 현재 하고 있는 활동이 만족스러운지 아닌지는 상관없다. **현재의 일에 집중하는 것이 바로 행복해지는 비결이다.**[12]

시간 여유를 많이 느끼는 사람들은 운동이나 자원봉사 등 행복감이 충만해지는 활동에 참여하는 경향이 높다.[13] 오늘날에는 요리, 청소, 심지어 장보기 같은 일상적인 일을 돈을 주고 시킬 수 있다. 이처럼 어느 정도는 돈으로 '여가 시간'을 살 수 있다. 그럼에도 부유한 사람들 중에는 시간 압박에 몹시 시달리고 있다고 털어놓는 사람들이 많다. 세계 어느 나라를 가보더라도 부유한 사람들의 입에서 시간에 쫓기고 있다는 말을 흔히 들을 수 있다. 그들이 매일 직장과 가정에서 일하는 시간의 양을 고려해보면, 당연히 그럴 수밖에 없다고 판단된다.[14] 또 세계 어디를 가도 부유한 사람들이 전날 스트레스에 시달렸다고 말하는 경우를 자주 볼 수 있다.[15] 물질적 풍요로움으로 인해 어느 정도는 시간적 여유가 줄어든다. 그 때문에 행복감이 줄어드는 게 아닌가 생각한다.

환경보호 캠페인 단체인 슬로 무브먼트Slow Movement는 여유롭고 편안한 삶으로 '다운시프트downshift'(인간의 삶에서 여유롭고 편안한 삶을 누리기 위해 현재 바쁘게 살아가는 삶의 속도를 줄인다는 의미의 신조어-옮긴이) 하도록 우리를 돕겠다고 약속한다(www.slowmovement.com에서는 '느리게 먹기' '느리게 책 읽기' 등 삶의 다양한 영역에서 삶의 속도를 줄이는 법을 소개한다). 그렇다면 이 운동의 기본 전제는 무엇일까? 우리는 과거에 비해 정신없이 바쁘게 살아가고 있지만 그것이 딱히 좋을 일은 없다는 것이다. 이 전제를 뒷받침하는 확실한 연구 결과가 없다는 것이 문제이긴 하지만, 오히려 이 전제를 바탕으로 연구가 활발히 진행되고 있다.

사람들은 대부분 자신이 더 바빠진 것 같다고 말한다.[16] 사람들이 하루 몇 시간을 일하는지 계산해보면, 수십 년 전 동일한 일을 했던 사람들보다 더 많은 시간을 일한다는 결과가 나온다.[17] 하지만 이런 식의 계산은 쉽게 되는 것이 아니다. 지난주에 몇 시간을 일했는지 한번 30초 동안만 생각해보자. 치과에 상담을 가려고 시간을 빼놓은 적이 있는가? 시간을 내서 휴가 계획을 세운 일이 있는가? 혹은 근무 시간에 동료와 담소를 나눈 기억이 나는가?

이와 관련된 한 실험에서 연구진은 실험 참가자들에게 개인의 편견과 기호가 반영되지 않도록 하는 차원에서 하루 1,440분 동안 했던 일을 전부 기록해보라고 했다. 이어서 이렇게 작성된 시간일지time diary를 수십 년 전에 작성된 것과 비교 분석해보았다. 실험 결과에 따르면, 현재 미국 사람들은 1960년대와 비교해서 매주 여가활동에 4시간가량을 더 쓰고 있었다. 반면에 노동 시간은 비교적 변함이 없었다.[18] 여성의 사회 참여 같은 인구학적 환경도 달라졌기 때문에 현재와 수십 년 전의 상황을 비교하는 것은 상당히 복잡한 작업이 될 수 있다. 그럼에도 우리가 수십 년 전의 사람들보다 시간적 여유 없이 바쁘게 살고 있다는 기분이 드는 것은 흔히 착각일지도 모른다.

이렇게 '시간 기근 time famine'을 느끼게 만드는 주범은 금전적인 성공일 가능성이 크다. 부유한 사람일수록 시간에 쫓기고 있다는 말을 자주 하는데, 시간이 소중하다고 생각하다 보니 시간이 부족한 듯 느껴질 수 있다. 이와 관련된 실험이 토론토대학교에서 시행되었다. 실험에 참가한 학생들은 컨설턴트 역할을 수행했는데, 가상의 회사에서 다양한 업무를 처리하고 6분 간격으로 시간당 비용을 청구했다.[19] 이에 첫 번째 집단 학생들은 1분당 15센트(시간당 9달러)를 청구한 반면, 두 번째 집단 학생들은 1분당 1달러 50센트(시간당 90달러)를 청구했다. 동일한 시간 동안 동일한 업무를 처리했음에도, 이후 두 번째 집단 학생들은 첫 번째 집단 학생들보다 시간에 쫓기는 기분을 더 심하게 느꼈다. 달리 말해, 학생들의 시간을 많은 돈으로 보상했더니, 이들은 스트레스와 시간 압박에 시달리는 컨설턴트로 완전히 바뀌어버렸다.

어째서 이런 일이 벌어졌을까? 평생 가도 구경하기 힘든 다이아몬드를 떠올려보자. 혹은 앞서 이야기했던 더블다운 샌드위치도 괜찮다. 스타트랙 컨벤션에 참여한 여성 참가자들은 어떠한가? 희소하면 가치가 올라가는 법이다. 반대로 무언가가 소중하다면, 그것은 대체로 희소한 것으로 인식된다. 돈보다 시간의 가치가 높아짐에 따라 사람들은 시간을 점점 더 희소한 것으로 바라본다.[20] 이처럼 시간과 돈의 강력한 연관성을 생각하면, 미국 사람들이 몇십 년 전과 달리 시간에 쫓기는 기분을 느끼는 이유를 이해할 수 있을 것도 같다. 과거에 비해 평균 소득이 올라가면서 시간의 가치가 상대적으로 높아졌다. 한 개인의 일생에서도 동일한 패턴이 나타난다. 사람들은 대개 나이를 먹고 퇴직할 때까지는 재산을 불려나간다. 이런 패턴은 어쩌면 우리 삶이 어렸을 때보다 더 바빠진 듯 느껴지는 이유를 설명할 단서가 된다.

∵ 시간이 절약된다고 시간이 확보될까? ∵

시간 여유의 중요성을 감안한다면, 오늘날 수많은 시간 절약 상품들이 행복 증진에 상당한 효과가 있는 듯이 보인다. 로봇청소기 룸바는 앞서 본 캐슬린에게 절박할 수 있는 문제를 해결해준다. 룸바가 없다면, 캐슬린은 아이들과 시간을 보내기는커녕 지옥 같은 하루하루를 보내게 될지도 모른다. 진공청소기를 돌리는 일은 대수롭지 않게 보일 수 있다. 그러나 한 조사 보고서에 따르면, 일상의 귀찮은 일 때문에 우리의 행복감이 바닥으로 추락한다고 한다. 샌프란시스코만 지역에서 성인 100명을 대상으로 한 조사에서, 9개월 이상 지속된 심리적 고통

psychological distress의 경우, 살면서 겪는 중대한 사건이 그 원인이라기보다 '성생활 문제'부터 '골치 아픈 이웃과의 불화' '업무 보고서 작성' 등에 이르기까지 일상의 귀찮은 일들이 주요 원인이 된 것으로 예측되었다(이 세 가지는 조사 대상자들과는 관계가 없었다).[21]

당장 룸바를 사들여 평생 행복을 얻는 수단으로 삼으라는 말이 아니다. 어떤 사람들은 진공청소기 돌리는 일을 정말로 즐긴다. 매사추세츠 주 콩코드에서 부인 없이 아이들을 키우는 브랜드는 집에서 진공청소기를 돌릴 때가 마음이 가장 편안하다고 말한다. "중고등학생을 넷이나 키운다고 생각해보세요. 하루 종일 아이들로 북적대느라 정신이 없어서 죽을 지경이 됩니다. 진공청소기를 힘차게 돌리면 잠깐이라도 아이들을 잠잠하게 만들 수 있었죠." 이와 같은 댄 브랜드의 특이한 취향은 소위 '시간 절약 상품'의 위험성을 역설적으로 보여준다.

한편 댄이 진공청소기로 아이들을 통제한 것처럼, 사람들은 씻는 시간을 줄이고 신선한 샐러드를 맛보는 등 시간을 절약하여 평소 못 했던 일을 하려고 한다. 그래서 투인원2-in-1 샴푸부터 맥샐러드 셰이커McSalad Shaker까지 어디서나 접할 수 있는 시간 절약 상품을 충동적으로 구매하려고 한다. 사람들은 한 손에 들고 먹을 수 있는 맥샐러드 셰이커가 출시된 덕분에 운전 중에도 채소를 섭취할 수 있게 되었다. 맥샐러드 셰이커가 출시된 직후, 맥도날드의 대변인인 조앤 제이콥스Joanne Jacobs는 "우리는 절대로 운전 중에 먹는 것을 권장하지 않습니다"라고 말했다. 그러면서도 제이콥스는 "맥샐러드 쉐이커는 컵홀더에 쏙 들어갑니다"

라는 말을 잊지 않았다.[22]

 기업들은 우리의 일상생활을 더욱 편리하게 한다는 취지로 시간 절약 상품을 정성 들여 개발했다. 하지만 아이러니하게도 시간 절약 상품이 오히려 부작용을 일으킬 수 있음이 최근의 연구 조사에서 드러났다. 패스트푸드 로고만 봐도 사람들이 참을성을 잃는다는 것이다.[23] 사람들은 패스트푸드 음식점에서 마지막으로 식사했던 일을 떠올려보니 다른 시간 절약 상품에 대한 욕망도 커졌다고 말했다. 요컨대, 주로 **일상생활의 효율 향상을 목적으로 개발된 상품들 때문에 시간 여유가 줄어들기도 한다.** 우리의 조급증이 심해지고 시간 절약에 더 효과적인 상품에 대한 욕망도 강해지기 때문이다.

 시간 절약 상품을 잘 사용하면, 하루 중 최악의 시간을 줄이거나 없앰으로써 투자 대비 큰 행복감을 맛볼 수 있다. 하지만 단지 효율성을 높이려고 시간 절약 상품을 사용하는 경우, 역효과를 부를 수 있다. 시간 절약 상품을 쓰다가 시간이 부족하다고 느낀다면, 그것이 부작용이지 무엇이겠는가? 그렇다면 바쁜 와중에 시간을 내서 여러 활동을 한다면, 시간 여유를 느끼게 될까? 시간은 그 가치가 높기 때문에 또한 희소하다고 느껴진다. 그래서 이처럼 귀중한 자원을 공짜로 쓰다 보면, 시간이 풍족하다는 느낌이 강해진다. 예컨대, 15분 정도의 짧은 시간이라도 자원봉사활동에 참여하면 삶에서 시간적 여유를 가질 수 있다고 한다.

 이를 주제로 펜실베이니아대학교에서 한 시간 정도 실험을 진행했다. 실험 말미에 학생들에게 마지막 임무를 부여했는데, 대학 입학 자기소개서 작성에 미숙한 고등학생을 15분 동안 도와주라고 한 것이다.[24] 이 마지막 임무를 부여받은 학생들의 절반은 고등학생이 쓴 자기소개서와 교정용 빨간색 볼펜을 받았다. 나머지 절반의 학생들은 자기소개서가 이미 다 수정되어서 일찍 집에 갈 수 있다는 이야기를 들었다. 달리 말해서, 학생들의 절반은 자원봉사를 하느라 자리에서 15분을 더 머물렀지만, 나머지 절반의 학생들은 자유 시간을 얻는 '횡재'를 한 것이다.

실험을 마치고 학생들의 소감을 종합해보니, 자리를 떠나지 않고 자기소개서를 수정했던 학생들은 일찍 자리를 떠서 여유 시간을 얻은 학생들에 비해 시간 여유를 더 많이 가졌다. 요컨대 다른 사람을 도우려고 시간을 내면 일의 효율을 따지게 된다("시간을 내서 당신을 도와야 한다면 내 일도 아주 잘 처리해야만 해!"). 이와 같은 능력감(자신이 설정한 목표를 얼마나 효율적으로 성취했는지 자신을 평가하는 감정-옮긴이)을 가지는 덕에 자원봉사자들은 일상에서 할 일이 태산처럼 쌓여 있어도 시간에 별로 쫓기지 않는다. 이처럼 똑같이 15분을 쓰더라도 시간이 풍족하다고 느끼는 사람들이 있는 반면에 시간이 부족하다고 느끼는 사람들도 있다. 시간을 어떻게 쓰는가에 따라 달라지는 것이다.

기업들의 경우, 직원들에게 자원봉사활동의 기회를 제공하여 시간 여유를 느끼게 할 수 있다. 예컨대, 미국의 건축자재 제조·판매업체인 홈데포Home Depot는 1990년대 이래 기독교 자원봉사운동단체인 사랑의 집짓기 운동Habitat for Humanity을 꾸준히 지원해왔다. 홈데포 직원들은 그들의 전문 기술을 활용하여 저소득 무주택자들을 위한 집짓기에 힘을 보태고 있다.[25] 2011년에는 캐나다에서 근무하는 직원들이 수천 시간을 기부하여 집짓기에 동참했다. 덕분에 주택이 244채나 탄생했다. 홈데포의 캐나다 지역사회 정책 관리자인 폴레트 미나드는 이런 얘기를 한다. "각자의 지역사회에 있는 우리 동료들이 지역주민들에게 정말로 의미 있는 프로젝트라고 생각하면서 빨리 동참하게 만들고 싶습니다."

또 리자이나Regina(서스캐처원 주의 주도-옮긴이)점 직원들은 매서운 날씨의 서스캐처원Saskatchewan(캐나다 남서부의 주-옮긴이) 평원에서 사랑의 집짓기에 참여하여 버틸 때까지 버텨보기로 결심했다. 폴레트의 말에 따르면, 리자이나점 직원들은 집을 완성할 때까지 매달 한 번씩 집짓기에 참여했으며 눈과 비를 번갈아 맞으며 버텼다고 한다. 리자이나는 겨울에는 온도가 수시로 0도 이하로 떨어지는 극심한 날씨로 유명한 곳이다. 그럼에도 리자이나 건설 현장에서 찍은 사진을 보면 추운 날씨 따위는 아랑곳하지 않는 직원들의 당당함이 느껴진다. 홈데포는 회사 차원에서 건설 자재를 지원하고 있지만, 직원들은 대부분 주말과 휴가 시간을 반납하고 자원봉사활동에 참여한다. 한 연구 조사 결과가 암시하듯이, 홈데포 직원들은 그들의 여가 시간을 '포기'함으로써 오히려 시간적 여유를 한껏 느끼고 삶과 일에서 만족도를 높였다고 한다.

∴ 약속된 시간이 주는 혜택 ∴

　시간을 기부함으로써 시간 여유를 느끼듯이, 약간의 변화만 주어도 행복을 얻는 뜻밖의 효과를 거둘 수 있다. 애완동물을 사들여봤는가? 애완동물을 집에 들이는 순간 그에 대한 책임도 생긴다. 아이들이 애완동물에 빠져 사는 기간이 채 일주일도 안 된다는 점도 감안해야 한다. 애완동물 양육에 들이는 시간의 양을 고려한다면, 어떤 동물이 가장 기르기 좋을까? 시간이 적게 들어가야 운동을 다니고 친구도 만날 시간이 생긴다. 그렇다면 금붕어가 가장 좋지 않을까? 매일 잠깐 짬을 내 먹이를 주고 어쩌다 한 번 어항을 청소해주면 그만이기 때문이다. 이런 관점에서 보면, 개를 들이는 것은 어떨까? 나중에 성가신 일이 많이 생긴다는 점을 감안하면 고생을 자초하는 꼴이라고나 할까. 개 한 마리 기르는 데 1년에 평균 1,800달러가 들어간다고 한다. 이런 걸 보면 금붕어는 거저 기르는 것이나 다름없다.[26]

　어떤 식의 책무를 회피하면서까지 여가 시간을 늘리는 게 옳을까? 그러지 말고, 지금의 구매로 인해 내일의 시간을 어떻게 보내게 될지 생각해보면 어떨까? 이런 관점에서 보면, 애완견을 산책시키고 훈련시키면서 우리도 운동을 하는 효과를 얻게 된다. 특히 노인들은 배우자나 친구와 다닐 때보다 개를 데리고 다닐 때 자주 산책길에 오른다고 한다.[27] 운동을 하면 행복의 측면에서 즉각적이면서도 장기적인 이점이 생긴다. 대체로 운동을 하면 할수록 적어도 노력이라는 합리적 범위 내

에서 스스로 더 만족하게 된다.[28]

하지만 운동화 끈을 졸라매고 밖에 나가야 한다고 하면, 사람들은 자신이 운동을 얼마나 즐길지 확신하지 못하는 경향이 있다.[29] 산책을 15분만 해도 실내에서 비슷한 운동을 할 때보다 기분이 훨씬 더 좋아지고 편안해지지만 사람들은 대개 밖에 나가서 얻을 수 있는 가치를 잘 인식하지 못한다.[30] 그때가 바로 우리를 애처롭게 바라보는 강아지의 속마음을 이해해야 할 시간이다. 개를 새 식구로 받아들인다는 것은 어떤 의미에서 개를 데리고 매일 15분 이상을 산책하겠다고 자신과 약속하는 것과 다름이 없다. 또한 시간을 보내는 방식에 따라 다른 어떤 긍정적인 결과가 있는지 골똘히 생각하지 않아도 된다. 뿐만 아니라 운동 효과 외에 행복감이 높아지는 효과도 보게 된다. 개들은 서로 민망한 부위에 코를 킁킁거리며 교감하길 좋아한다. 때문에 개를 데리고 산책하는 동안 우리는 처음 보는 개 주인들과 담소를 나누며 즐거움을 느낄 수 있다.

∴ 공통된 일상에서 만족감을 높여라 ∴

인간은 개성이 제각각임에도 불구하고, 외계의 어느 행복 연구가라도 알아챌 수 있을 정도로 엄청난 공통점을 가지고 있다. 예컨대 프랑스 사람들은 에스프레소 한 잔을 즐겨 마시는 반면, 미국 사람들은 벤티 사이즈의 모카 프라푸치노를 즐겨 마신다. 그런데도 이 두 나라의 여성들은 공통된 일상활동에서 아주 유사한 수준의 만족감을 얻는다.[31] '시간을 구매하라'는 원칙은 각자 특유의 방식으로 활용하면 되겠지만, 사람들은 대개 지출을 통해 세 가지 핵심 활동(출퇴근, 텔레비전 시청, 가족 및 친구와 시간 보내기)에 들어가는 시간을 줄이려고 한다.

· 출퇴근 ·

미국 통계국은 미국 사람들이 출퇴근에 연간 2주가 넘는 시간을 쓴다고 발표했다. 2주면 연간 휴가 기간에 맞먹는 시간이다.[32] 교통 전문가들은 '자동차 꼭지론 peak car'을 내세우며, 사람들이 일상에서 돌아다니며 보내는 시간의 양이 최대치에 가까워지면서 개발도상국의 자동차 수요가 한계에 도달하고 있다고 주장해왔다.[33] 미국과 프랑스 두 나라의 여성들은 출퇴근 시간 중 25퍼센트가 넘는 시간 동안 찜찜한 기분을 느낀다고 한다. 그들은 U-인덱스의 측면에서 출퇴근을 최악의 활동으로 꼽기도 했다.[34] 속도 무제한 고속도로로 유명한 독일에서도 사정은 다르지 않다. 출퇴근에 시간을 많이 쓰는 사람일수록 낮은 삶의 만족도를 보인다.[35] 또한 출근이 한 시간 걸리는 직장에 취직한 경우 백수생활을 할 때와 비슷한 수준으로 행복감이 낮아진다고 한다. 긴 통근거리를 감수해 좋은 직장과 집을 얻을 수 있다 해도, 장거리를 통근하다 보면 좋은 집도 싫증나고 자신의 일에도 그다지 만족하지 못하게 된다. 또한 장거리를 통근하는 사람들

은 그렇지 않은 사람들에 비해 여가 시간을 별로 만족스럽지 않게 보낸다. 이를 보면 통근 시간이 시간적 여유감을 떨어뜨리는 것 같다.

사람들은 흔히 직업을 구할 때 자기 자신보다는 가족의 행복을 먼저 따진다. 장거리 출퇴근을 감수하는 덕에 가족이 더 행복해질 수도 있지만, 꼭 그렇다는 근거는 하나도 없다. 오히려 배우자가 장거리 통근을 할 때, 사람들은 다소 낮은 행복감을 보인다.[36] 서른한 살의 데이비드 모골로브는 몇 년 전에 카피라이터로 취직했다. 회사까지는 25분밖에 걸리지 않았는데 차가 너무 막혀서 25분이 40분으로 불어났다. 그는 옴짝달싹 못하고 있거나 거북이처럼 느릿느릿 움직였던 당시의 출근 시간을 떠올렸다. 여기저기서 빵빵대는 소리가 들려왔고 사람들은 하나같이 똥 씹은 표정을 짓고 있었다. 데이비드 모골로브의 아내인 리사의 이야기를 들어보면, 사태의 심각성이 확실히 느껴진다. "그이가 퇴근하고 돌아왔을 때, 그이의 표정만 봐도 퇴근 시간이 어땠는지 눈에 선했어요. 교통체증이 심하고 끼어들기까지 당한 날이면, 그이는 그로 인한 분노를 우리 집 안으로 실어 날랐어요. 그이는 최선을 다했지만, 저와 제 딸을 향해 '빵빵' 거렸어요."

오늘날 일반 가정의 경우, 소득의 20퍼센트를 차량 유지비로 지출한다. 이 비율은 저소득층 가정의 경우 40퍼센트까지 치솟는다.[37] 장시간 통근해야 하는 상황이 닥치면, 고급 승용차를 구매하는 등 출퇴근에 비용을 더 지출하고 싶어지기 마련이다. 그런데 미국의 일반 직장인들은 자동차 할부금을 갚기 위해 1년에 500시간(하루 근무 시간 중 2시간)을 일해야 한다.[38] 그런데도 근사한 자동차가 통근 시간의 고통을 별로 완화시키지 못한다는 점이 안타깝다. 앞서 BMW 운전자들을 봐서 알 수 있듯이, 비싼 승용차를 몬다고 해서 기분이 더 좋아진다는 법은 없다.

높은 보수를 받고 집에서 먼 직장을 구하고서 멋진 승용차에 추가로 지출을 하느니, 보수가 좀 적더라도 집에서 가까운 직장을 다니는 편이 보통 사람들에겐 더 좋을 수 있다. 집 앞에 있는 직장에 다니다가 22분 통근거리의 직장을 다니면 행복감이 낮아지기 마련이다. 그렇게 발생한 '행복 손실비용'을 벌충하기 위해 일반 직장인들은 소득을 30퍼센트 이상 올려야 할 것이다. 그렇게 하더라도 본전치기 밖에 되지 않는다.[39] 한 연구 조사 결과를 보더라도, 월급을 올려달라고 상사를 조르기보다 직장 근처로 이사를 가는 경우, 월급이 올랐을 때와 마찬가지로 행복감이 상승한다고 한다.

그럼에도 출퇴근에 관한 한, 거리가 가장 중요한 문제는 아니다. 데이비드 모골로브는 이후 집에서 훨씬 멀리 떨어진 직장을 새로 구했는데, 먼 통근거리 탓에 차를 몰지 않고 기차를 타고 출퇴근을 하게 되었다. 그의 말을 들어보면 이로써 그가 얼마나 큰 혜택을 얻었는지 알 수 있다. "기차에서는 이러쿵저러쿵 생각을 하지 않아도 됩니다. 얼굴 찡그린 사람들과 부딪히지 않아도 되고요. 또 커피 맛을 제대로 음미할 수도 있습니다. 목적지에 제때 도착하고, 화를 낼 일도 없습니다. 게다가 스스로를 위험으로 몰고 가지도 않습니다. 다른 사람들에게도 마찬가지고요."

 2011년 북부 뉴저지에서 뉴욕으로 출근하는 사람 약 300명을 대상으로 조사를 실시했다. 조사 결과에 따르면, 자가용으로 출퇴근하던 사람들은 기차로 출퇴근한 후 스트레스와 분노를 이전보다 훨씬 덜 느꼈다고 한다.[40] 기차로 출퇴근하면 운전할 때보다 힘이 덜 들고 교통체증에 시달리지 않는다. 리사는 남편의 변화를 확인했다. "누가 말했는지 확실히 기억나지 않지만, 기차는 고요한 정적과 평화의 기운이 감도는 산사 같다고 하더군요. 남편은 예전에 비해 확실히 달라졌어요. 요즘은 집에 들어올 때 인상을 찡그린 적이 거의 없어요."

· 텔레비전 시청 ·

 미국 사람들은 출퇴근에 연평균 2주를 쓰는 것도 모자라 텔레비전 시청에 두 달을 쓴다.[41] 미국뿐 아니라 세계 여러 나라에서 사람들은 일할 때 못지않게 텔레비전을 보느라 많은 시간을 허비한다.[42] 우리의 선택에서 우리가 가장 좋아하는 것이 드러난다면, 텔레비전이 가장 '죽여주는' 것임은 두말하면 잔소리다. 그럼에도 거듭된 연구에서 텔레비전을 볼 때보다 개를 데리고 산책하는 등 보다 활동적으로 여가활동을 할 때 즐거운 기분이 든다는 사실이 드러났다.[43] 지난 40년 동안 U-인덱스가 개선되지 않은 것도 다른 어떤 활동보다도 텔레비전 시청이 주요한 원인이 된 것으로 보인다. 오늘날 사람들은 자질구레한 집안일에 시간을 별로 투자하지 않는다. 그런데 성가시고 귀찮은 일에 시간을 뺏기지 않아 여유 시간이 늘어났지만, 텔레비전이 그런 여유 시간을 다 잡아먹고 있다.

그렇다고 텔레비전의 감정적 효익이 높은 것도 아니다.[44] 이와 관련하여 유럽 32개국 출신 10만 명 이상을 대상으로 표본조사가 실시되었다. 조사 결과에 따르면, 하루에 텔레비전을 30분 이상 시청하는 사람들은 텔레비전을 30분 미만 시청하는 사람들보다 자신의 삶에 만족하지 못했다.[45] 텔레비전은 가끔 보면 재미가 쏠쏠하지만, 1년에 두 달을 텔레비전에 바친다는 것은 너무 지나치다. 이 복잡한 내용에서 시간의 구매에 관한 중요한 원리가 암시된다. 잠깐 동안 즐기던 활동에 시간을 지나치게 많이 뺏긴다면 만족감이 떨어질 수 있다(경제학에서 말하는 한계효용 체감 diminishing marginal utility [소비량이 늘어날수록 그로 인한 효용은 떨어진다는 원리-옮긴이]). 그러므로 돈을 가장 잘 쓰는 방법은 특별한 활동에 들이는 시간을 최대한 늘리는 데 있지 않고, 오히려 여러 활동 속에서 시간을 최대한 적절히 활용하는 데 있다.

소비자들은 전화기, 냉장고 같은 20세기 혁신 상품들 중 텔레비전을 가장 빨리 사들였다. 하지만 텔레비전에 지출을 하면서 오히려 행복을 잃은 것 같다. 고급 케이블 텔레비전이나 근사한 평면 텔레비전은 더더욱 치명적이다. 이런 제품들로 인해 텔레비전의 유혹은 더욱 커지고 여기에 갈수록 많은 시간을 바치는 바보짓을 하게 된다. 어떤 새로운 것을 구입한 탓에 일상활동이 어떻게 바뀔지는 유독 감이 잘 오지 않는다. 사람들은 최신형 텔레비전을 고르고 구매하는 과정에서는 친구들을 초대해 함께 메이저리그 경기를 보거나 가족끼리 영화를 감상해야 겠다고 생각한다. 반면 텔레비전을 사들인 탓에 시간이 실제로 낭비될 수 있다는 생각은 잘 하지 못한다. 때문에 무언가 새로운 것을 구매한다면, 앞으로 오랜 시간 스스로를 그 앞에 바치겠다고 암묵적인 약속을 하는 셈이다(대개 혼자 그런 약속을 한다). 이런 부분들을 감안하고 구매를 한다면, 새로운 지출에 대해 다른 관점이 생기지 않을까? 이제 아이들에게 무언가 사줄 것이 있다면, 어떻게 하겠는가?

공정하게 말해, 텔레비전을 보는 것에도 큰 장점이 있다. 돈이 별로 들지 않는다는 점이다. 그래서 텔레비전에 쏟는 시간의 일부를 좀 더 매력적인 활동에 쓴다면(이를테면 밖에서 지인들과 식사를 하거나 미술 강좌를 수강한다든지), 비용이 발생하기 마련이다. 그럼에도 그렇게 해야 현명한 지출을 하고 있는 것이다.

· 사교활동 ·

한밤중에 행복 연구가들을 깨워 인간의 행복에 가장 중요한 것을 가르쳐달라고 조른다면, 어떤 답이 나올까? 백이면 백 짜증 섞인 목소리로 빨리 나가서 사람들을 만나라고 말할 것이다. 가만히 생각해보면, 이들이 하나같이 '사회적 관계'의 중요성을 강조했음을 확실히 느끼게 된다. 사람들은 하루 중 가족이나 친구들과 시간을 함께 보낼 때 가장 좋은 기분을 느낀다.[46] 지난 10년간 〈뉴욕 New York〉이나 〈슬레이트 Slate〉 등의 언론 매체에서는 '왜 부모들이 육아를 꺼리고 마약중독자가 되는가?WHY PARENTS HATE PARENTING AND PARENTS ARE JUNKIES' 같은 제목으로 부모됨의 정서적 혜택에 관한 악의성 기사가 나가기도 했다.**47** 그러나 최근 미국에서 실시된 전국적인 표본조사를 보면, 공통된 일상활동을 할 때보다 아이들과 놀이를 함께할 때 행복감이 더 높아진다고 한다.**48**

흔히 삶에 가장 좋은 것은 돈이 들지 않는다는 말을 한다. 언뜻 보더라도, 사교활동의 감정적 혜택에 관한 연구 결과는 그처럼 위안적인 인생 철학의 근거가 된다. 한 시간 동안 사람들과 교류하고 건전한 인간관계를 맺어도 그에 대한 비용을 치를 일은 없다. 그래서 흔히 사랑하는 것을 돈으로 살 수 없다는 말을 한다. 그렇지만 어쩌면 그런 일도 가능하지 않을까? 잠깐 지나온 시간을 되돌아보자. 지난 6개월 동안 밤에 데이트를 즐기거나 친구의 생일 파티에 초대받은 적이 있을 것이다. 그처럼 사람들과 어울리는 일에 얼마나 많은 시간을 썼는지 생각해 보자. 시골에 계시는 부모님을 찾아뵙거나 지방에 사는 친구를 만나러 가려면 기차를 타고 가거나 직접 운전을 해서 가야 한다. 그러면 차비나 기름값이 들어간다. 또 긴 하루 일과를 마치고 동료들과 맥주를 한잔 하더라도 혼자 소파에 누워 복근을 만들 때보다 비용이 더 많이 들어간다. 또한 미국 농무부에 따르면, 오늘날 중산층 가정의 연간 육아비용이 1만 3,830달러에 육박한다고 한다.**49**

무언가를 사고 나면 필연적인 시간의 덫에 휘말리게 된다. 가족의 행복을 늘리는 구매를 하겠다고 더 열심히 일하려 하고, 그러다 보면 가족이나 친구들과 보내는 시간이 줄어든다. 2003년에 실시된 여론조사에서 미국 사람들의 80퍼센트 이상(자녀 유무에 상관없이)은 가족과 보내는 시간이 늘어나면 좋겠다고 말했다.[50] 또한 주목해야 할 사항인데, 가족과 함께 보내는 시간을 늘릴 수 있다면 수입이 줄어도 상관이 없다고 말한 응답자도 소수 있었다. 그러나 상당수의 응답자들은 집값이 올라서 힘들다면서 수입을 줄이면서까지 가족과 함께 시간을 보낼 수는 없다는 뜻을 내비쳤다. 그렇다고 해도 앞서 확인했듯이, 주택에 투자를 한다고 삶의 만족감이 대폭 높아진다는 법은 없었다. 사람들은 흔히 환경 좋은 집에서 아이들을 기르고 또 아이들에게 비싼 장난감도 사주고 싶어 한다. 그러기 위해 소득을 늘리려 애쓰고 밤낮없이 일을 한다. 이런 사람들은 행복의 기준을 잘못 알고 있을 것이다. 특히 그렇게 하려고 아이들과 노는 시간을 포기해야 한다면, 문제가 있다고 볼 수 있다.

∴ 일하지 않아도 월급 주는 회사 ∴

통근 시간은 차치하고, 프랑스와 미국의 여성들이 전체 시간의 25퍼센트 이상을 찜찜한 기분으로 보내는 유일한 활동 영역이 바로 업무 시간이다.[51] 세계 여러 나라를 보더라도, 장시간 일하는 사람일수록 시간적인 여유를 잘 느끼지 못한다.[52] 물론 죽여주게 재밌는 일을 하는 우리 두 저자가 일을 만족의 핵심 근원으로 인정하는 최초의 사람들인지 모르겠다.

구글에서는 업무를 하지 않아도 급여를 받는다. 구글의 인력운영 책임자 섀넌 디간Shannon Deegan의 말을 들으면 그 이유를 알 수 있다. "특히 우리 기술자들에게 당부합니다. 일상 업무 외에 정말로 멋지다고 생각되는 일이 있으면 그게 무엇이든 해도 된다고요."53 업무 시간의 20퍼센트를 자기가 좋아하는 일에 쓰게 해준 덕분에 구글 스카이Google Sky 같은 혁신이 일어날 수 있었다. 이는 천문학에 열정을 가진 기술자들이 호기심을 가지고 구글 어스의 카메라를 하늘 쪽으로 돌려본 덕분이기도 했다. 디간은 기술자들의 공로를 인정했다. "그들이 이 경이로운 제품을 만들어냈습니다. 여러분의 스마트폰으로 하늘을 가리키면 구글 스카이가 그 위치에 있는 별자리와 행성을 알려줍니다." 구글은 20퍼센트 여가 시간 정책을 통해, 창립 이래 최고의 서비스인 지메일Gmail을 포함해 보다 현실적인 서비스를 잇따라 내놓았다. 구글 스카이를 비롯한 신제품의 절반은 직원들의 여가 시간에 개발되었다는 이야기도 있다.54

직원들이 모두 20퍼센트 여가 시간 정책의 덕을 볼 순 없겠지만, 이 정책으로 인해 업무를 바라보는 직원들의 인식이 바뀌었다. 이에 구글의 인력운영 담당 부사장인 라즐로 복은 의미심장한 말을 했다. "직원들은 자신이 좋아하는 일에 대해 계속 이야기해야 합니다. 그래야 그것이 평소 이야기의 소재가 됩니다. 이런 문화가 정착되어야 합니다. 자신이 좋아하는 일이 있음을 인식해야 더 자유로워지니까요."

구글링googling이라는 단어가 유치원생들도 알 만한 단어가 되기 훨씬 오래전부터, 기업의 고용주들은 직원들의 시간 운영 방식을 바꿀 만한 묘안을 찾고 있었다. 하버드대학교 총장을 역임한 미국의 학자 찰스 엘리엇Charles Eliot은 1880년 교수들이 임금의 절반만 받고 1년간 휴식을 취하는 안식년제도를 최초로 도입했다.[55] 이후 교수들은 안식년 기간에 연구를 마무리하거나 휴식을 취했다. 혹은 여행을 떠나거나 평소 하고 싶었던 일을 마음껏 했다. 엘리엇이 안식년제도를 도입하게 된 동기는 무엇일까? 그에 대해서는 하버드에서의 삶을 질적으로 높이려고 한 그의 헌신에서 비롯되었는지, 다른 대학에서 유명한 언어학자를 끌어오려고 한 그의 욕망에서 비롯되었는지 아직 논란의 여지가 있다. 그래도 안식년제도를 낳은 두 유형의 동기(현 직원들의 만족감을 높이고 새로운 인재를 영입하고자 하는 동기)는 현대 기업 세계에서 안식휴가제도가 유행하고 있는 현상의 기저를 이루고 있다.

인텔 직원들은 7년마다 8주간의 안식휴가를 가질 수 있다. 1년으로 치면, 직원 20명 중 1명이 안식휴가를 가는 셈이다.[56] 그래서 직원들은 안식휴가 기간 동안 주로 여행을 가거나 가족과 함께 시간을 보낸다. 한편 자원봉사활동에 참여하거나 평소 열정을 가진 일에 도전하는 직원들도 많다. 야구라면 사족을 못 쓰는 한 직원은 미국 전역에서 열리는 경기를 관람하느라 말 그대로 도로에서 휴가를 다 보냈다. 인텔은 이 제도를 진정성 있게 운영하는데, 안식휴가에 들어간 직원들은 회사 이메일 계정을 차단당한다. 회사를 통한 이메일 확인도 금지된다.

인텔 직원들은 안식휴가제도 덕분에 경쟁회사의 감언에 흔들리지 않는다. 〈포춘Fortune〉은 매년 일하기 가장 좋은 회사의 순위를 정할 때,

안식휴가제를 운영하고 있는지부터 따진다. 이런 이유로 많은 기업들이 자체적인 안식휴가제 도입을 고려하고 있다. 등산용품 전문 브랜드 파타고니아의 직원들은 환경보호를 목적으로 두 달의 안식휴가를 보낼 수 있다. 그러면서도 급여는 꼬박꼬박 받는다. 파타고니아 직원인 리사 마이어스는 옐로스톤국립공원Yellowstone National Park에서 늑대들의 흔적을 쫓으며 안식휴가를 보냈다.[57] 그와 같은 횡재의 시간을 알차게 보내도록 돕는 유어사바티컬닷컴YourSabbatical.com이라는 회사도 있다.[58] 엘리자베스 파가노와 그 어머니 바바라는 이 회사를 통해 안식휴가를 보내다가 사업 아이디어를 얻었다고 한다. 일상에서 벗어난 모녀는 세상에서 수심이 가장 깊은 바다를 6개월 동안 항해했다. 공동 선장 역할을 한 모녀는 스스로와 서로에 대해 배우고 이해한 후 3,200킬로미터를 되돌아 항구로 왔다. 안식휴가를 계기로 삶의 관점을 바꾸고 나서 두 사람은 하루하루를 가치 있게 보내고 있다고 한다.

∴ 수영장 딸린 집의 모순 ∴

시간을 구매한다는 것은 말처럼 쉬운 일은 아니다. 그런 문제는 어느 정도 시간과 돈의 중요한 차이에서 비롯된다. 지금 돈에 쪼들리고 있으면 앞으로 몇 주, 몇 달 동안 지금처럼 돈에 쪼들릴 것이라는 생각이 들 수 있다. 갑자기 벼락부자가 될 일은 없기 때문이다. 그러나 시간의 제약은 비교적 일시적인 것으로 느껴진다. 물론, 이번 주 화요일이 너무 바빠서 진공청소기 한 번 돌릴 시간도 나지 않는 것은 할 일이 태산처럼 쌓여 있기 때문이다. 치과 상담을 받고, 무수한 이메일을 확인하고, 매출을 마감하고, 아내의 생일 선물을 사고, 프로야구 플레이오프 경기를 관람하는 등의 그런 날은 눈코 뜰 새 없이 바쁘게 지나간다. 반면에 앞으로 다가올 화요일은 일정상 특별히 할 일이 없어서 유독 한가해 보일 수도 있다. 하지만 묘하게도 그런 화요일(또는 주중의 다른 날들)은 가까워올수록 일로 가득 차는 경향이 있다.

그래서 우리는 대부분 소위 '그렇지… 젠장!Yes…Damn!' 효과를 체험한다. 펜실베이니아대학교 와튼스쿨의 갈 자우버만 Gal Zauberman 교수가 이 말을 만든 것은 우리가 어떤 일을 하겠다고 해놓고 그 시간이 돌아오면 후회하는 실수를 반복하기 때문이다.[59] 얼마 전 마이클은 열흘에 걸쳐 보스톤에서 라스베이거스로, 다시 보스턴으로 돌아왔다가 마이애미로, 다시 보스톤, 케이프코드, 보스톤, 뉴욕, 보스톤, 오스트레일리아를 오고 가며 출장을 다녀왔다. 석 달 전만 해도 세계를 빙 둘러보며 즐겁게 여행할 것 같았는데, 말 그대로 엉망진창 여행이 되고 말았다. 이 항공기에서 저 항공기를 옮겨 타다가 마이클은 왜 이 여행을 한꺼번에 다 하려고 했었는지 궁금해졌다.

앞으로의 시간을 염두에 두고 지출 결정을 내리려고 할 때, 자신의 시간 사용 방식에 전혀 영향을 미치지 않는 상품에 눈길을 빼앗기는 경우가 많다. 그래서 장사꾼들은 상품 간의 미묘한 차이를 잘 감지하는 손님들의 능력을 감안하여 물건을 진열해놓는다. 예컨대 침대 가게에서 손님들은 이 침대 저 침대를 옮겨 다니며 500코일 매트리스가 좀 더 고급스러운 600코일 매트리스와 어떻게 다른지 확인한다. 그처럼 여러 침대에 앉다 보면, 코일이 100개 더 있는 매트리스가 더 편안하다는 것을 더 쉽게 인정하게 된다. 또한 가격이 비싸도 그럴 만한 이유가 있다고 생각하게 된다. 하지만 우리는 대부분 가게를 나오면서 여러 침대를 신중히 비교하며 느꼈던 것들을 차츰 잊어버린다. 코일이 100개 더 있어서 좋았던 기분도 시간이 지나면서 희미해져버린다. 한 연구 결과에 따르면, 그처럼 '양'을 보고 느끼는 차이는 여러 상품을 나란히 두고 비교할 때 더더욱 마음에 꽂힐 수 있다고 한다.[60] 그래서 비교 쇼핑이 현명한 쇼핑 전략처럼 보여도, 상품들을 비교하는 사이 사소한 차이가 크게 느껴지기도 하고, 자신의 시간 사용 방식과 전혀 관계가 없는 기능에 비용을 더 쓰고 싶어지기도 한다.

상품의 질은 전혀 중요하지 않다는 말이 아니다. 나는 과거 백수 시절 벼룩시장에서 50달러짜리 중고 침대를 사서 들여놓은 적이 있다. 침대는 퀴퀴한 냄새가 끊이지 않았고 다수의 코일이 망가져 한쪽으로 치우쳐 있었다. 나는 이 형편없는 침대에서 몸을 비틀어 뉘인 채 몇 시간 동안 잠을 설쳤다. 상품의 품질이 기준치에도 못 미치는 경우, 그 때문에 시간을 잘 사용하지 못할 수 있다(침대가 불편하다고 옹색한 변명을 늘어놓으며 잠에 들려고 애쓰지 않고 새벽 3시에 치즈 과자를 씹으며 인기 드라마 재방송을 보고 있는 모습을 상상해보자). 그럼에도 비교 쇼핑을 자주 하다

보면, 품질이 기본 이상은 되는 상품들을 두고 그 차이를 집중 비교하게 된다. 기능과 가격이 다양한 상품들 중에 하나를 선택해야 하는 상황에서는, "이런 기능으로 내 시간을 알차게 보낼 수 있을까?" 하고 스스로에게 물어봐야 한다. '아니다'라는 답이 나온다면, 가격이 저렴한 상품을 구매하면 된다.

우리의 시간 사용 방식은 구매로 인해 여러모로 바뀔 수 있다. 그러나 이 점을 파악한다는 것이 늘 쉬운 일만은 아니다. 미국 사람들은 텔레비전이나 자동차 같은 필수품을 사들인 다음에는 수영장 딸린 집으로 들어가야 '행복한 삶'에 다가갈 수 있다고 생각한다.[61] 여러 연구 결과에 따르면, 사람들은 장차 수영장 딸린 집을 사겠다고 생각하면서 주로 수영장의 핵심적인 기능에만 집중한다고 한다.[62] 수영장을 산다면 퇴근 후 친구들과 파라솔에서 칵테일을 음미하고, 여유로운 일요일에 아이들과 물을 첨벙대며 놀아야겠다고 상상한다는 말이다.

하지만 올림픽을 치러도 될 만한 수영장에 마음이 꽂혔다면, 편안한 파라솔만 떠올릴 게 아니라 퇴근 후 휴양지 같은 집까지 오는 데 걸리는 시간도 고려해야 할지 모른다. 또한 수영장이 딸린 집을 샀다면, 그 '휴식용 물탱크'에서 나뭇잎을 건져내는 시간도 함께 구매한 것과 다름없다. 자, 그렇다면 수영장 딸린 집에 사는 사람들은 이런 주장을 펼칠지도 모른다. "글쎄요, 그렇죠. 그럼 수영장 청소 대행업체를 쓰면 되겠죠." 그들은 그런 목적으로 돈을 펑펑 쓸 게 분명하다. 하지만 퇴근길 교통체증 탓에 수영장을 제대로 이용하지 못한다면 어떨까? 그런데도 청소 대행업체를 불러 수영장 청소를 하는 것은 골치 아픈 일인 것 같다. 사실 그 덕에 많은 업체들이 꽤 쏠쏠한 재미를 보고 있다. 집주인이 한때 애정을 기울여 만들었던 수영장을 철거하면서 말이다.

상상의 렌즈는 수영장을 가졌을 때의 모습(수영장 앞에서 벌이는 파티, 한가한 일요일 등)에 집중되는 반면, 이후의 자세한 사정(수영장 필터 고장, 장시간의 통근거리 등)에는 흐릿해진다. 따라서 우리 두 저자는 **대규모 구매를 결정하기 전에는 간단한 연습을 하길 권한다.** 이를테면 화요일을 생각해보자. 다가오는 화요일에 아침부터 밤까지 무슨 일을 하고 있을지 찬찬히 생각해보는 것이다. 이 대규모 구매로 인해 화요일을 어떻게 보내고 있을까? 이처럼 특정한 날을 두고 그날 시간을 어떻게 보내고 있을지 스스로 간단히 물어보는 연습을 하면 우리의 행복에 영향을 미치는 것에 대해 편향된 예측을 덜 하게 된다.[63]

∵ 시간 중심 사고의 숨겨진 혜택 ∵

지출에 관한 의사결정을 시간에 관한 의사결정으로 전환하면 놀라운 효과가 일어난다. 돈보다 시간을 먼저 고려하면, 사교활동이나 자원봉사활동처럼 행복감이 고양되는 활동에 참여하고 싶은 마음이 강해진다. 2010년에 한 실험에서 300명 이상의 성인들에게 간단한 임무를 부여했다. 실험 참가자들은 임무를 수행하며 시간이나 돈, 둘 중 하나의 개념을 강하게 인식했다.⁶⁴ 이들 중 절반은 시간과 관련된 문장의 순서를 바로잡았다. 이를테면 '침대시트, 바꿔라, 시계'를 '침대시트를 바꿔라'나 '시계를 바꿔라'로 고쳤다. 나머지 절반은 돈과 관련된 문장의 순서를 바로잡았다. 이를테면 '침대시트, 바꿔라, 가격'을 '침대시트를 바꿔라'나 '가격을 바꿔라'로 고쳤다. 이후 두 집단은 모두 다음 날 24시간을 어떻게 보낼지 계획을 세웠다. 그 결과 시간 관련 문장을 고친 사람들은 사람을 사귀고 '친밀한 관계'를 만들려는 경향을 보였으며 일하는 것은 별로 내켜하지 않았다. 반면에 돈 관련 문장을 고친 사람들은 반대의 패턴을 보였다. 그들은 일하고 싶은 마음이 강해졌으며 사교활동을 하거나 사람들과 친밀한 관계를 가지고 싶지는 않았다고 말했다.

왜 그럴까? 시간과 돈은 서로 다른 심적 경향을 불러일으킨다.[65] 우리는 시간 사용 방식에 관한 우리의 선택을 우리 자신의 자아감과 깊이 연관된 것으로 바라본다. 반대로 돈에 관한 선택을 내리는 경우, 대개 비교적 냉담하고 이성적인 태도로 생각하게 된다. 또한 관심의 초점을 시간에 두면서 부담 없이 행복감과 사회적 관계를 우선순위로 두게 된다.[66] 문장을 수정하는 단순한 임무를 부여하더라도 그처럼 마음의 상태가 달라지도록 충분히 자극할 수 있다.

이처럼 상충되는 마음가짐 때문에 우리는 아주 비슷한 환경에서도 달리 행동하게 된다. 이와 관련하여 펜실베이니아대학교 인근에서 설문을 실시했다. 연구진은 카페로 들어가는 손님들에게 다가가 시간이나 돈과 관련된 문장을 수정하고 두 개념 중 중요한 것을 하나 골라달라고 요청했다.**67** 이어 사람들이 카페에서 무슨 일을 하는지 관찰했다. 이에 돈이 중요하다고 말한 사람들은 일을 하면서 시간을 많이 보냈다. 반면에 시간이 중요하다고 말한 사람들은 카페에 머무르는 동안 다른 사람들과 소통하는 일에 시간을 쏟았다. 시간의 개념을 중시한 사람들은 사교활동을 활발히 한 결과 돈의 개념을 중시했던 사람들보다 행복감을 더 많이 느꼈다.

기부에 생각이 있는 사람들은 시간을 기부하고 싶은 마음이 있는지를 먼저 따져보고 나면, 가능한 한 많은 시간과 돈을 자선단체에 기부한다고 한다.**68** 시간의 가치를 떠올리다가 베풂의 따뜻한 기쁨에 집중하게 되고, 이어서 자신의 여건이 허락하는 선에서 도움의 손길을 내밀게 되는 것이다. 또한 시간의 가치에 집중하면 체험적 구매의 매력에 더더욱 빠지게 된다. 샌프란시스코의 한 야외 음악회장 앞에서 길게 줄 서 있던 사람들을 대상으로 설문한 적이 있다. 그들은 그날 음악회를 보려고 얼마나 많은 시간과 돈을 썼는지 이야기해주었다.**69** 그들은 시간의 가치를 따져보고 나서(돈의 가치를 따져봤을 때보다) 음악회에 대해 훨씬 더 열의를 보였다.

오늘날 언제, 어디를 가더라도 시간이나 돈의 가치를 생각하도록 자극하는 메시지를 접하게 된다. 패션잡지 〈코스모폴리탄 Cosmopolitan〉, 시사잡지 〈뉴요커 The New Yorker〉 등 수많은 잡지의 광고를 300개 정도 추려서 콘텐츠를 분석해보았다. 그 결과, 마케팅 콘셉트의 거의 절반은 돈 아니면 시간과 관련 있음이 드러났다.**70** 그런 광고들은 소비자들이 시간이나 돈에 집중하도록 일시적으로 영향을 미칠 수 있는 반면에, 우리는 훨씬 더 급격한 태도의 변화를 일으킨다. 어떠한 구매가 자신의 시간에 어떠한 영향을 미칠지 끊임없이 자문하면 자신의 지배적인 심적 경향이 변화되어 더 행복한 선택으로 마음이 이끌리게 되는 것이다.

시간은 곧 돈?

돈에 관한 선택을 시간에 관한 선택으로 전환해야 한다고 우리 두 저자는 주장해왔지만, 예부터 그 반대의 개념이 지배적인 게 사실이다. 시간은 곧 돈이라는 말이다. 오늘날 시간의 경제적 가치가 높아짐에 따라(매일매일의 금전적 가치가 높아짐에 따라), 시간을 돈으로 보는 관념이 퍼지고 있다. 소프트웨어 기술자로 일하는 스테이시 애슐룬드라는 여성이 임신했을 때의 일이다. 그녀의 가족 중 한 사람이 임신 때문에 할 일을 얼마나 미루었는지 묻자 그녀는 이렇게 되물었다. "일수로 따질까요? 주식의 가치로 따질까요?"

스테이시의 이런 태도에서는 벤저민 프랭클린**Benjamin Franklin**의 사상이 묻어난다. 프랭클린은 그의 저서에 이런 말을 남겼다. "기억하라. 시간은 돈이다. 하루에 10실링을 버는 사람이 외국에 나가 한가로이 한나절을 보냈다고 해보자. 비록 그가 기분 전환을 하거나 한가하게 시간을 보내는 동안 푼돈을 소비했다 하더라도 그것이 유일하게 발생한 비용이라고 생각해서는 안 된다. 그는 실제로 5실링을 소비했거나 오히려 5실링을 허비한 셈이다.'[71] 그런데 이런 프랭클린의 시간관념을 수용하면 오히려 행복감이 떨어진다는 것이 한 연구 조사에서 나타났다. 시간을 돈으로 바라보는 사람들은 돈이 되지 않으면 즐거운 일상활동에서도 기쁨을 제대로 느끼지 못한다. 한번 다음과 같이 해보자.

1단계: 작년에 일주일에 대체로 몇 시간을 일했는지 계산한다.
2단계: 작년에 몇 주 동안 일했는지 합산하고, 세전소득이 얼마인지 계산한다.
3단계: 작년 소득을 총 노동 시간으로 나누어 평균 시간당 임금을 계산한다.

3단계까지 마쳤다면, 이제 평소 즐겨 듣는 음악을 틀어놓고 1분 30초 동안 가만히 음악을 감상한다. 여러분이 최근의 실험에 참가한 사람들과 별반 다르지 않다면, 여러분의 시간당 임금을 계산해보고 나서는 음악을 제대로 감상하기 어려울 것이다. 실험 참가자 400명이 아름다운 음악을 들었는데, 위 3단계를 거치기 전후의 결과는 확연히 차이가 났다. 실험 참가자들은 위 3단계를 다 거치고 나서는 음악에 제대로 집중하지 못했다.[72] 시간당 임금을 계산해본 탓에 벤저민 프랭클린의 시간관념에 빠져, 시간을 돈으로 바라보게 되었기 때문이다. 또한 **시간을 돈으로 바라보면, 음악 감상처럼 즐겁지만 돈이 되지 않는 활동을 하는 동안 조급증이 일어난다.** 자신의 시간당 임금을 계산했던 사람들은 음악 감상이 시간 낭비라는 말까지 했다. 그들은 음악 감상을 빨리 끝내고 회사로 돌아가고 싶어 할 정도로 초조하고 불안해했다.

월급을 받고 일하고 있다면, 시간당 임금을 계산하는 일이 생소하게 느껴졌을지 모른다. 하지만 시간당 보수를 받고 일하고 있다면, 아마도 매 시간의 가치가 어느 정도인지 잘 알고 있을 것이다. 사실 시간제 근로자들은 시간을 돈으로 볼 가능성이 크다.[73] 그래서 신입 바리스타부터 영향력 있는 변호사에 이르기까지 정해진 시간에 일하는 사람들은 돈을 더 버는 대신 시간을 포기하는 경향을 많이 보인다.[74] 미국에서 실시한 어느 전국적인 여론조사에서 시간제 근로자들의 32퍼센트는 시간 대신 돈을 선택하겠다고 말했다. 반면에 샐러리맨들 중 시간을 포기하고 돈을 벌겠다고 말한 사람은 17퍼센트밖에 되지 않았다.[75] 그런데 현재 시간제로 일하고 있지 않다 해도, 과거 시간제 보수를 받았던 경험에 여전히 영향을 받을 수 있다. 그런 체험의 효과가 사라지기까지 2년 정도가 걸린다고 한다.

시간당 보수를 떠올리면 일을 더 하고 싶은 마음이 생기지만, '돈은 안 되지만 정서적으로 좋은 활동'에 참여하려는 의지가 약해진다. 그래서 시간제 근로자들은 자원봉사활동에 잘 참여하지 못하는 경향이 있다. 시간제 근로자들과 비시간제 근로자들이 보이는 여러 성향 차이를 고려하더라도 그런 현상을 확인할 수 있다.[76] 이와 같이 **시간과 돈을 교환 가능한 자원으로 보는 태도는 경제의 관점에서 볼 때 바람직하지만, 행복의 관점에서 볼 때 역효과를 불러일으킨다.**

시간을 돈 버는 수단으로 보지 말고, 좀 더 행복한 시간을 보내는 일, 그 자체를 중요시하라는 말을 우리 두 저자는 늘 입에 달고 산다. 마이클은 임시 컨설팅 일을 자주 제의받지만 그런 제의를 받는 즉시 거절한다. 내가 말했듯이 그런 일을 계속 하다 보면 '백수'로 오인될 수 있기 때문이다. 그래도 마이클은 그의 모범생 같은 성격에 맞는 일(이 책을 쓰는 일)을 하려는 취지로 그렇게 하는 것이다. 마이클처럼 돈보다는 시간에 가치의 초점을 맞추는 연습을 해나가다 보면, 두 자원을 더더욱 행복한 방식으로 활용해나갈 수 있게 된다.

'시간을 구매하기' 위해 기억할 것!

- 몇 푼 아껴보겠다고 소중한 시간을 버리는 실수를 반복하지 말라.
- 일부러 바쁘게 움직이는 사람들도 시간적 여유를 느껴야 행복을 느낀다는 것을 기억하라.
- 시간을 기부함으로써 시간 여유를 느끼듯이, 약간의 변화만 주어도 행복을 얻는 뜻밖의 효과를 거둘 수 있다.
- 긴 통근거리를 감수해 좋은 직장과 집을 얻을 수 있다 해도, 장거리를 통근하다 보면 좋은 집도 싫증나고 자신의 일에도 그다지 만족하지 못하게 된다는 것을 기억하고, 이를 생활 속에서 적용하라.

4장

먼저 돈을 내고
나중에 소비하라

당신이
지갑을 열기 전에
알아야
할 것들

후불 결제의 탄생

 1949년 한 중년의 사업가가 뉴욕의 어느 음식점에서 즐거운 저녁식사를 마치고 계산을 하려던 찰나였다. 그는 호텔방에 지갑을 두고 나온 사실을 알아차렸다.[1] 그의 아내가 급히 달려와 계산을 해주어 위기를 모면했지만, 그는 자신처럼 곤혹스러운 경험을 한 사람이 많다는 걸 알고 현금을 대체할 수 있는 카드를 만들어야겠다고 생각하게 되었다. 이후 그는 친구이자 변호사인 랄프 슈나이더Ralph Schneider와 '다이너스클럽 카드Diners Club card'를 만든다. 이 최초의 신용카드를 만든 주인공이 바로 사업가였던 프랭크 맥나마라Frank Mcnamara이다.

 다이너스클럽 카드의 회원은 처음엔 200명에 불과했는데, 꾸준히 회원 수가 늘어나 몇 년 사이 20만 명을 훌쩍 넘어섰다. 곧이어 아메리칸 익스프레스American Express와 마스터카드MasterCard가 탄생했다. 이후 온갖 종류의 카드가 줄을 이어 나와 현대인들의 지갑을 차지했다. 그런데 목전의 문제를 해결한 덕분에 장기적인 효과까지 더해졌다. 신용카드가 탄생하여 현금 없이 결제를 하게 되었을 뿐만 아니라 결제 대금을 나중에 낼 수 있게 되었다. 어찌 보면, 대금 결제를 무기한 연기할 수 있게 된 것이다.

저녁식사 자리에서 곤혹을 치른 한 사업가의 경험에서 기술 혁신이 비롯된 이래, 빨리 소비하고 나중에 돈을 내는 경향이 널리 퍼졌다. 미국의 우편제도에 대한 대중의 엇갈린 감정은 차치하고, 전 세계에서 구매된 물품들이 소비자의 손에 들어가는 속도가 꾸준히 증가하고 있다. '당일 배송 서비스'와 '다음 날 발송 서비스'도 유행하고 있다. 또한 디지털 기술 혁신으로 정보 상품이 인터넷을 통해 순식간에 소비자에게 전달되고 있다. 2010년 소비자가전협회Consumer Electronics Association, CEA가 실시한 여론조사에서는 평화와 행복이 크리스마스 소원 리스트에서 최고 순위를 기록했다. 그런데 2011년 이 두 가지 소원은 모두 아이패드iPad에 밀려나버렸다.[2] 소비자들은 아이패드 같은 디지털 기기를 이용해 책, 게임, 영화, 음악에 이르기까지 온갖 콘텐츠를 즉시 다운로드한다. 몇 번의 클릭으로 눈 깜짝할 사이에 자신의 욕구를 채울 수 있는 세상이 온 것이다. 그런데 세계적으로 유행하는 이런 '선 소비, 후 지급' 패턴은 오히려 행복에 부작용을 일으킬 수 있다. 대신에 이와는 반대되는 '선 지급, 후 소비' 원칙에 따라 지출함으로써 행복감을 끌어올릴 수 있다.

당신이 금요일을 좋아하는 이유

    우리 제자인 뎁 발다렐리는 꼬마 시절 보기에 범상치 않은 멘토를 만났다. 바로 '선생님' 바비인형이었다. 당시 꼬마 뎁은 선생님 바비를 선물로 받고 싶다며 부모님을 졸랐고, 결국 소원을 성취했다. 뎁은 선생님 바비가 도착하기 몇 주일 전부터 그날만을 손꼽아 기다렸다. 다른 인형들에게는 선생님 바비가 곧 올 것이라고 소식을 전했다. 이에 인형들은 분명히 우울해했겠지만, 뎁은 미리 인형들의 수업 준비를 도왔다.

    그런데 아이를 둔 부모라면 다 알 듯이, 새로운 장난감에 대한 흥미는 대개 오래 가지 않는다. 뎁이 오랫동안 기다렸던 선생님 바비는 도착한 지 며칠 만에 다른 바비인형들 틈에 묻히는 신세가 되었다. 흔해 빠진 D컵의 바비인형 중 하나가 된 것이다. 뎁이 느꼈던 즐거움은 선생님 바비가 도착하고 얼마 안 되어 거의 모두 사라져버렸다. 뎁은 선생님 바비가 도착하자마자, 그녀가 얼마나 놀라운 일을 할지 공상할 수 있는 기회를 놓쳐버렸을 것이다. 선생님 바비는 책을 좋아하는 스타일인 데다 다른 바비들을 쥐락펴락하고 그들이 공부하고 성공하도록 도울 수 있었을 텐데도 말이다. 프랑스 사람들은 현재에서 미래를 기대하며 기쁨을 얻는 경험을 스 레주이르 *se réjouir*(기뻐하다, 즐거워하다)라는 동사를 사용하여 표현한다. '스 레주이르' 기간에 구매를 떠올리는 가운데 즐거움의 원천이 공짜로 생긴다. 거기다 실제 소비할 때 느껴지는 즐거움이 더해진다.

이미 가진 것보다 장차 가질 것에서 흥분을 더 느끼는 우리의 성향은 바비인형 같은 플라스틱 장난감의 범주를 훨씬 넘어선다. 이와 관련하여 네덜란드에서 1,000명 이상의 행락객을 대상으로 조사가 실시되었다. 조사 결과에 따르면, 행락객들은 여행을 떠난 지 몇 주 후보다 여행을 가기 몇 주 전에 더 행복감을 표출했다.³ 크리스마스나 새해를 보낸 사람들은 실제로 그날을 체험할 때보다 11월에 그날을 기다리면서 그날의 정서적 이미지를 강하게 느꼈다.⁴

이 조사 결과는 무엇을 암시할까? 동일한 사건이라 해도 과거의 일이 아니라 미래의 일로 떠올릴 때, 우리는 '시간의 주름wrinkle in time'(판타지 소설 《시간의 주름》에서 주름을 접어 긴 옷을 한곳으로 모을 수 있듯이 시간과 공간의 주름을 접어 순간 우주 먼 곳으로 이동한다는 의미다-옮긴이)을 체험하며 더한 정서적 이미지를 느낀다.⁵ 그래서 친구들에게 이삿짐 나르는 일을 시킬 계획이라면, 이 시간의 주름에 대해 기억해두는 게 좋다. 과거에 친구를 도와줬던 일을 떠올릴 때보다 앞으로 친구를 도와야 한다고 생각할 때 부정적 정서에 빠지기 쉽기 때문이다. 그런 경우 친구들은 이사를 도운 대가로 더 괜찮은 감사 선물을 요구한다. 이사를 도운 친구들에게 싸구려 맥주와 피자 정도로만 '보상'을 해줄 생각인가? 그렇다면 이사를 가기 전이 아니라 이사를 가고 난 후에 친구들에게 대접해보자. 친구들은 버드라이트 맥주와 도미노 피자 정도로도 만족할 것이다.

미래를 떠올리며 희미하게 느끼는 정서적 활력emotional power은 간혹 고통의 근원이 되기도 한다. 항암 치료를 받는 암 환자들은 흔히 치료를 하기 전 24시간 내내 구토 등의 부작용에 시달린다.[6] 이런 현상은 일요일만 되면 이상하게 머리가 지끈거리는 원인을 찾는 데 단서가 될 수 있다. 여러분은 이런 현상을 흔히 접한다. 새로운 한 주를 시작하기 전날, 블로거들은 세상에서 가장 기분 좋은 말로 찬사를 늘어놓는다.[7] 트위터와 페이스북 등의 SNS에서는 그날을 즐겁게 마무리하는 메시지로 넘쳐난다.[8] 그런데 일주일 중 가장 좋아하는 요일을 꼽으라고 하면, 대학생들은 휴일인 일요일이 아니라 수업이 있는 금요일을 꼽는다. 왜 그럴까?

일요일에는 하루 종일 월요일에 대한 생각에 사로잡히기 때문이다. 한 학생은 "죽음이에요. 월요일만 생각하면 가슴이 두근거리고 답답해요"라고 말했다.[9] 그럼에도 일상생활에서 우리의 마음은 대개 기분 찜찜한 일보다는 유쾌한 일에 이끌리며, 끔찍한 상상보다는 기분 좋은 상상으로 이어지는 경향이 있다.[10] 그렇다면 학생들은 왜 수업이 있는 금요일에 상대적으로 높은 점수를 매겼을까? 금요일은 아침 8시부터 한창 분자생물학 수업을 듣는 동안에도 금요일과 토요일 밤이 얼마나 환상적일지 상상할 수 있기 때문이다.

미래를 두고 즐거운 사고를 하는 태도는 심리적 건강psychological health의 전형적 특징이다. 자살충동을 느끼는 사람들이 일반 사람과 다른 점은 부정적인 사고에 빠져 있다는 것이 아니라 긍정적인 사고를 하지 않는다는 것이다.[11] 그래서 정상적인 사람이 불안감에 젖을 때는, 현재의 불안감에서 벗어나는 수단으로 미래에 대한 장밋빛 비전을 만들어 내는 경향이 있다.[12] 기분 좋은 일을 기대하면 즐거움과 보상의 체험을 관장하는 대뇌 측좌핵 nucleus accumbens의 활동이 활발해진다.[13] 그래서 기분 좋은 상상을 스스로 훈련해나가다 보면 실제로 효과를 보게 된다. 이와 관련하여 2009년 벨기에의 성인들을 대상으로 한 가지 실험을 진행했다. 실험에 참가한 사람들은 2주에 걸쳐 저녁마다 몇 분간 다음 날 일어날 몇 가지 즐거운 일을 상상했다. 이를테면, 아름다운 여성과 데이트를 한다거나 유명한 음식점에서 최고급 요리를 먹는다고 상상한 것이다.[14] 공상에 잠겼던 2주가 지나간 뒤에 그 '마음의 시간 여행자들 mental time travelers'은 전체적인 행복지수가 상당히 올라갔다.

앞서 소개한 마샤 피아멘고는 우주에서 6분을 보내는 영광의 대가로 버진 갤럭틱에 20만 달러를 냈다. 그런데 우주여행의 가치는 어느 정도 우주여행에 대한 기대감에서 비롯된다. 또한 버진 갤럭틱은 고객들의 기다리는 맛(기대하는 기쁨)을 최대한 높이는 면에서 탁월했다. 버진 갤럭틱은 새로운 소식을 즉시 공지할 뿐만 아니라 우주여행의 꿈이 점점 현실이 되고 있음을 우주비행사들(버진 갤럭틱의 고객들)이 확인하게 해준다. 또 우주비행사들을 서로 연결시켜주기도 한다. 그래서 마샤 피아멘고는 우주여행 항공권을 구매한 뒤 다른 우주비행사들과 친분을 쌓았고, 과학 교육 기금 100만 달러를 모으는 일에 동참했다.[15]

좀 더 현실적인 체험을 기대할 때 또한 행복감이 상승할 수 있다. 그래서 몇몇 혁신적인 기업들은 그런 측면에서 소비자의 기대감을 최대한 불러일으키는 쪽으로 상품의 기능을 소개한다. 여행 정보 사이트 트립어드바이저닷컴 TripAdvisor.com에 방문하는 여행객들은 호텔과 음식점, 이름난 관광지 등에 관한 사진과 리뷰를 볼 수 있다. 또한 여행객들은 주간 트립왓치 TripWatch 메일링에 가입하여 목적지에 관한 최신 정보를 얻을 수 있다. 아무런 정보도 없이 여행지를 정할 수는 없기 때문에 그런 기능들은 분명히 가치를 발휘한다. 그럼에도 수많은 여행객들이 그 외의 목적으로 사이트를 활용한다. 여행객들의 20퍼센트는 여행 준비를 다 마친 후 다시 사이트를 방문한다(수시로 사이트를 방문하기도 한다). 개인전용 해변과 뜨끈뜨끈한 돌 스파 사진을 보기 위해서다.[16] 답답한 사무실 칸막이에 갇혀 살다가 뜨거운 스파에 몸을 담구면 천국이 부럽지 않을 것이다.

마케팅 책임자 바바라 메싱의 말을 들으면 어느 정도인지 감이 온다. "우리 사이트는 행복 비즈니스를 하고 있다고 생각해요. 실제로 여행 계획 수립 단계에서 사이트를 방문하면 효과를 볼 수 있습니다. 계획 단계에서도 마치 여행을 떠난 것처럼 즐거움을 느낄 수 있다고 확신합니다. 꿈꾸는 단계, 공상하는 단계인 것이지요. 방문자들은 타파스(작은 접시에 바게트 빵과 엔초비, 새우, 샐러드 등을 올린 스페인식 전채요리-옮긴이)와 상그리아(적포도주에 과즙, 레모네이드 등을 넣은 음료-옮긴이) 맛이 얼마나 환상적일지 상상합니다."

미래는 왜 밝아 보일까?

아직 입에 대지도 않은 상그리아 포도주가 왜 그토록 달콤하게 느껴질까? 아직 그날이 오지 않았기 때문이다. 본래 사람의 마음은 알다가도 모르게 자기의 바람으로 하나하나 채워진다. 미래를 기대하는 사람들은 우주에서 지구를 응시하는 우주비행사와 약간 비슷하다. 록밴드 포스탈 서비스Postal Service의 벤 기버드Ben Gibbard와 지미 탬보렐로Jimmy Tamborello가 부른 노래 가사 중에 '멀리서 볼 때는 모든 게 완벽해 보여요'라는 말도 있지 않은가. 이런 마음의 속성을 보면, 나중에 먹을 상그리아가 변함없이 우리 입맛에 맞는 과즙으로 채워지는 이유를 이해할 수 있다.

마찬가지로 악몽 같은 데이트를 연이어 경험한 남자가 인터넷 채팅에서 만난 여자와 매혹적인 데이트를 하고 황홀한 밤을 보내는 꿈을 꾸는 이유도 이해할 수 있다.17 상상 속의 여자는 한껏 애교를 부리며 남자가 자신이 파티의 스타라고 여길 정도로 그를 즐겁게 해준다. 그리고 거기서 그치지 않는다. 남자는 이후 수년 동안 일어날 일도 상상한다. 남자와 여자는 부부가 되어 아들딸을 낳고 행복한 하루하루를 보낸다. 말 그대로 생김새와 옷차림만으로 서로를 알아볼까 말까 할 첫 데이트를 앞두고 그처럼 상상의 날개를 펴는 것이다.

새로이 선출된 정치인은 지긋지긋한 현실에 있는 대중이 장밋빛 미래를 꿈꾸도록 해준다. 그래서 영국의 한 국회의원이 토니 블레어Tony Blair 전 총리를 두고 "블레어는 달디단 푸딩 같습니다. 첫 한 입은 기분 좋지만, 그다음에는 지긋지긋해지죠"라고 말하지 않았을까?[18] 또 한 예로, 미국 대통령의 지지율이 대개 퇴임 때보다 취임 때 더 높게 나오는 것을 들 수 있다. 이는 퇴임할 때까지 이런저런 일을 저질러 자신의 명성에 먹칠을 했기 때문인지도 모르겠다(지지율 하락 현상의 예외 사례로 빌 클린턴Bill Clinton 전 대통령을 들 수 있다. 클린턴의 지지율은 시작부터 전적으로 낮았기 때문에 더 이상 떨어질 것도 없었다).[19]

미래에 내재한 불확실성으로 인해 우리는 미래를 더욱 긍정적인 시각으로 바라볼 뿐 아니라 관심의 초점을 미래에 유지하게 된다. 사고 싶지만 손에 아직 들어오지 않은 상품은, 렌즈의 초점에 들어오는 먼 이미지 같은 것이다. 실제로는 어떤지 정확히 알 수 없어서 관심을 빼앗길 수밖에 없다.

버지니아대학교에서 실시한 어느 실험에서 학생들은 고디바 초콜릿, 버지니아대학교 머그잔 등 작은 선물 여러 개를 보고 가장 마음에 드는 두 가지를 골랐다.[20] 이어서 첫 번째 집단 학생들은 두 가지 선물 중 어떤 선물을 받을지 이야기를 들었고, 두 번째 집단 학생들은 두 가지 선물을 다 받는다는 기분 좋은 소식을 들었다. 세 번째 집단 학생들은 좀 더 불확실한 상황에 놓였다. 그들은 잠시 후 두 가지 선물 중 하나를 받지만, 어떤 선물을 받을지 어떤 말도 듣지 못했다. 그리고 학생들은 선물 사진을 보면서 기다렸다. 이후 학생들은 어떤 반응을 보였을까? 어떤 선물을 받을지 모르는 세 번째 집단 학생들은 사진을 한동안 뚫어져라 쳐다보았다. 그들은 선물을 하나만 받았어도 선물을 두 개 다 받은 학생들보다 행복감을 더 많이 느꼈다.

버치박스Birchbox라는 화장품 회사는 불확실성이 주는 즐거움을 활용하여 화장품 견본품 시장을 개척했다. 기존에 미니 튜브 마스카라와 리퀴드 블러셔 견본품은 화장품 매장에서 덤으로 쇼핑 가방에 던져넣어주는 것이었다. 창업자인 카티아 뷰첨Katia Beauchamp과 헤일리 버나Hayley Barna는 그냥 쓰고 버려지는 견본품의 가치를 높여 '기분 좋은 상품'으로 만들고 싶었다고 한다. 이들은 한 달에 10달러만 내면 신제품이나 최고 인기 상품이 담긴 조그만 분홍색 상자를 회원들에게 배달해준다.

헤일리 버나는 매달 이메일로 회원들에게 배송정보를 알려주는데 이에 대한 회원들의 반응을 이렇게 전한다. "트위터가 폭발할 지경입니다. 하나같이 자신의 뷰티박스가 도착한다는 말에 흥분을 감추지 못하고 있습니다."[21] 비결은 무엇일까? 바로 불확실성이다. 사업 초기에 회원들은 견본품을 선택할 수 없었다. 뷰티박스의 내용물을 사전에 알 수도 없었다. 버치박스가 배송확인 이메일을 발송하면, 회원들은 내용물이 무엇인지 알아내려고 애쓴다. 회원들은 웹사이트와 유튜브 등을 돌아다니며 사소한 단서라도 찾으려고 한다. 배송이 빨라서 뷰티박스를 일찌감치 받은 회원들은 즉시 블로그에 글을 올린다.

그런데 그 순간에 긴장감이 흐른다. 뷰티박스의 내용물을 확인하여 불확실성을 줄이고 싶은 충동에 이끌리는 탓이다. 하지만 목표를 달성하면(불확실성을 없앤다면), 재미가 반감될지도 모른다. 불확실성이 해소되는 순간, 무언가를 기대할 때 반응하는 뇌 부위(대뇌 측좌핵)에서 관심이 사라지기 때문이다.[22] 버치박스는 뷰티박스가 회원들의 손에 들어가고 난 후에 자세한 제품 정보를 배포하려고 애쓴다. 그런데도 아니나 다를까 뷰티박스를 받기도 전에 어쩌다 내용물을 알아채는 사람들이 있다. 그럴 때 회원들이 보이는 반응을 두고 카티아 뷰첨은 이렇게 말한다. "당장이라도 몽둥이를 들고 달려올 것처럼 우리에게 서슬퍼런 메시지를 보냅니다." 놀라움이 없다면, 뷰티박스 내용물은 그냥 쇼핑 가방에 던져넣는 낡은 견본품에 지나지 않는다. 그래도 버치박스는 불확실성이라는 결정적 요소를 가지고 한 회원의 말처럼 '매달 크리스마스 기분'을 느끼게 해준다.

불확실성 자체는 좋지도 나쁘지도 않은 느낌이다. 그보다는 이미 실재하는 특성을 강화한다고 할 수 있다. 버치박스 고객들은 뷰티박스가 최신 화장품과 최고 인기 상품으로 채워져 있음을 잘 안다. 그럼에도 터프머더처럼 긍정적인 감정과 부정적인 감정을 복합적으로 유발하는 것에 지출을 한다. 한번 생각해보자. 터프머더는 기분 좋은 자극과 두려움을 함께 느낄 수 있다. 경주 당일 진흙탕을 뒹굴 일을 기대하면 흥분이 되기 마련이다. 하지만 그러면서도 힘든 장애물을 넘어야 한다는 것이 두려워지면 흥분이 사그라질지도 모른다. 이처럼 불확실성으로 인해 긍정적인 감정과 부정적인 감정이 모두 확대될 수 있다. 때문에 먼저 돈을 내고 나중에 소비하여 순전히 긍정적인 기분을 자극하는 구매('복합적인 감정' 따위가 아닌 '기분이 좋아지는 구매')를 무난히 실천할 수 있다.

∴ 왜 군침이 돌면 더 맛있을까? ∴

우리가 기쁨부터 절망에 이르는 다양한 정서적 반응을 체험하는 것은 일정 부분 우리 자신의 불확실한 미래를 고민하며 살아가기 때문이다.[23] 이를테면, 하와이 여행 중인 친구들에게 합류할지 말지 고민하고 있다면, 순식간에 마음속에서 여행에 관한 온갖 그림이 그려진다. 여러분이 느끼는 기쁨의 정도는 여러분의 결정을 이끌 단서가 된다. 지금 바로, 유니콘을 타고 토성의 띠를 도는 상상을 해보자. 인간만이 그처럼 영화에나 나올 법한 기막힌 장면을 상상해낼 수 있다. 그런 신비스러운 힘을 발휘하기 때문에 우리는 마음속으로 어디든 갈 수 있다.

미래를 여행할 때 우리의 정신은 흔히 골치 아픈 문제를 없애고 기분 좋은 것만 계속 떠올리면서 믿을 만한 방식으로 현실과 다른 곳에 도달한다. 하지만 너무 기대했다가 스스로를 실망의 구렁텅이에 빠지게 하지는 않을까? 누구나 한 번쯤 예상 밖의 일로 기대가 무너졌던 기억을 가지고 있을 것이다. 내가 몇 년 전 오하우 섬으로 휴가를 떠났을 때의 일이다. 섬에 도착하기 전만 해도 나는 북부 해안에서 따스하고 푸르른 파도를 헤치며 한껏 서핑을 즐겨야겠다고 다짐했었다. 하지만 목숨을 건진 것만 해도 다행이었다. 3미터 대형 식인 상어의 밥이 될 뻔했기 때문이다. 한편 마이클의 경우에는 한껏 기대하며 라임 맛 다이어트 콜라를 마셨다가 땅을 치며 후회한 적이 있다.

이처럼 기대와 현실 사이에 엄청난 차이가 날 수 있다는 점을 기억해야겠지만, 이 정도 차이는 우리 삶에서 비교적 드물게 나타난다(인터넷 채팅과 실제 만남이 다른 경우는 많지만 말이다). 그럼에도 거의 매일 우리 자신이 상상하는 것과 기대하는 것 사이에 비교적 가벼운 차이가 생긴다. 다행스러운 점은 우리의 뇌가 우리 자신을 돕기 위한 다른 묘안을 가지고 있다는 것이다. 그래서 그처럼 가벼운 불일치가 일어나더라도, 그 틈이 긍정적인 기대로 채워져 기대했던 현실을 체험할 수 있게 된다. 한 실험에서도 만화가 웃길 것이라고 확신했던 사람들은 마지막에 더 많이 웃었다.[24] 또 다른 실험에서도 한 대통령 후보의 뛰어난 토론 실력을 확신한 사람들은 그의 건강이 별로 좋지 않다는 소식을 들었던 사람들보다 그의 업적을 훨씬 더 높이 평가했다.[25]

또한 소비를 나중에 하면 긍정적인 체험을 만들어낼 시간이 생기기 때문에 상상과 현실의 차이를 좁히는 능력이 높아진다. 이런 특성은 비디오게임처럼 단순한 활동에서도 확인할 수 있다. 이와 관련된 실험이 서던캘리포니아대학교에서 진행되었다. 실험에 참가한 학생들은 비디오게임이 얼마나 재미있을지 1분간 상상했다. 학생들은 이후 게임을 하면서 무척 즐거워했다.[26] 이런 대기 시간은 게임에 관한 정보를 구체적으로 아는 참가자들에게 특히 이롭다. 이들은 게임 참여를 기다리면서 트립어드바이저닷컴을 방문한 예비 여행객들처럼 긍정적인 기대감을 가지기 때문이다. 즉 게임의 질적 수준이 기대보다 낮았다 해도, '스레주이르' 기간이 생기면서 게임에 참가한 학생들의 체험은 향상되었다. 마찬가지로 트립어드바이저닷컴에서 아름다운 풍경 사진과 별 다섯 개짜리 리뷰를 봄으로써 나중에 하와이 휴가를 가서 느낄 즐거움이 커질 수 있다. 설사 수영장이 기대와 달리 형편없고 상그리아의 과일 맛이 제대로 안 난다 해도 즐거움은 어느 정도 유지된다. 아무리 그래도 식인 상어가 나타나면 말짱 도루묵이 되겠지만 말이다.

　소비를 지연하면 긍정적인 경험을 만들어낼 기회를 가질 뿐만 아니라 이른바 '군침 돌게 만드는 인자'를 강화하여 소비의 즐거움을 늘릴 수 있다. '군침 돌게 만드는 인자'를 연구하기에 가장 좋은 자극제는 무엇일까? 바로 초콜릿이다. 얼마 전 한 실험에서 대학생들은 허쉬 키스나 허쉬 허그 초콜릿 중 하나를 선택했다.[27] 초콜릿을 선택한 학생들은 그것을 즉석에서 먹어치우지 않고 30분을 기다렸다. 어떤 일이 벌어졌을까? 30분을 기다렸다가 초콜릿을 먹은 학생들은 그렇지 않은 학생들보다 초콜릿을 더 맛있게 먹었고 허쉬 초콜릿을 더 사 먹고 싶다는 의향을 표시했다. 학생들은 초콜릿에 관해 어떤 정보도 갖고 있지 않았다. 그럼에도 초콜릿 섭취가 지연되면서 본능적인 욕망이 생길 기회가 오고 약간의 군침이 돌았다. 사실 30분을 기다린 학생들은 기다리는 동안 초콜릿 먹는 모습이 머릿속에서 잘 그려질 것 같다고 말하기도 했다.

　탄산음료를 먹을 때도 유사한 효과가 나타난다. 두 번째 실험에서는 소비자들로 하여금 평소 즐겨 마시는 탄산음료 브랜드를 선택하게 했다. 단 첫 번째 집단은 하루를 기다렸다 마시게 하고, 두 번째 집단은 즉시 마시게 했다. 실험 결과, 첫 번째 집단 소비자들이 탄산음료를 더 맛있게, 더 많이 마셨다. 그런데 이런 지연의 효과는 말린 자두를 갈아

주스를 만든 경우에는 나타나지 않는다. 레몬과 달리, 삶이 당신에게 마른 자두를 준다면 그걸로 '자두에이드'를 만들 수 없다는 것은 분명한 사실이다('삶이 당신에게 레몬을 준다면, 레몬에이드를 만들어라'라는 격언이 있다. 인생이 기회를 줄 때 기회를 놓치지 말라는 의미다-옮긴이).

그렇다면 소비 지연의 효과가 극대화되어 투자 대비 최고의 행복감을 누리게 되는 것은 언제일까?

소비를 지연하면, 매력 있는 것들을 찾는 기회가 생긴다.

대기하는 사이 앞으로의 체험에 대한 긍정적 기대감과 흥분감이 생긴다. 트립어드바이저닷컴과 버치박스의 사례를 생각하면 이해하기 쉽다.

구매에 대한 기대감으로 '군침이 돌 때', 최종적인 소비의 즐거움이 커진다.

허쉬 허그 초콜릿의 사례를 생각해보자. 그에 반해서 엔진오일 교환 또는 치과 치료 같은 썩 내키지 않는 지출 등은 달갑지 않은 형태로 군침이 돌게 만든다. 그처럼 중립적인 필수품의 구매를 지연하는 것은 바람직하지 않다.

소비 체험 자체는 잠깐이면 끝난다.

우주여행을 생각해보자. 우주여행의 경우, 체험을 연기함으로써 그 체험 자체 말고도 즐거움을 끌어낼 수 있는 소중한 기회가 생긴다.

∴'지금의 힘'이 가진 모순∴

 소비를 미룬 효과에 대해 깨달은 사람들은 오로지 소비를 지연시킬 기회를 찾아다닐 것이다. 하지만 이런 지혜를 깨닫는 사람은 의외로 많지 않다. 앞에서 얘기한 실험에서 허쉬 키스 초콜릿을 기다렸다가 먹은 학생들은 초콜릿을 즉시 먹어치운 학생들보다 초콜릿을 더 맛있게 먹었다. 하지만 전자의 학생들은 소비를 지연시켜 얻는 혜택을 인식하지 못했다. 그들은 평소보다 초콜릿을 더 많이 먹었다고 생각하지 않았다.[28] 기다림 자체는 썩 유쾌하지 않기 때문에 그들은 다음번에는 초콜릿을 즉석에서 먹고 싶다고 말했다. 더 심각하게는, 초콜릿 먹는 일만 상상했던 학생들은 초콜릿을 기다렸다 먹으면, 즉시 먹을 때보다 별로 맛이 없을 것이라고 생각했다.

 소비를 나중에 해야 즐거움이 커진다는 사실을 우리는 왜 알지 못할까? 이와 관련된 연구 조사에 따르면, 어떤 멋진 일을 지금 당장 할 수 있다면, '지금의 힘'이 다른 모든 것을 작아 보이게 만든다고 한다. 그렇다. 미래는 과거보다 더 흥미로워서 지나온 날들보다 기대감으로 가득한 하루하루가 더욱 소중하게 느껴진다. 그럼에도 지금 이 순간이 좋은 생각을 떠올리기에 가장 좋은 시간이다.

 이를테면 지금 누군가가 여러분에게 25달러짜리 스타벅스 상품권을 선물했다면, 얼마나 기분이 좋을까? 지금으로부터 석 달 안에 그런 깜짝 선물을 받는다면, 기분이 어떨까? 날짜가 흘러도 프라푸치노에 대한 애정이 식지 않는 한, 여러분은 상품권을 지금 당장 받든 석 달 안에 받든 상관없이 금세 행복감에 젖어야 할 것이다. 공짜로 커피를 마실 수 있어서 좋지만, 상품권을 받는다고 한다면 사람들은 석 달을 기다리지 않고 지금 당장 상품권을 받으면 기분이 더 좋을 것이라고 생각한다.[29] '지금의 힘'으로 인해 사람들은 현재를 과대평가하게 된다. 그러다 보니 나중에 소비하여 얻을 수 있는 혜택을 잘 인식하지 못하게 된다(나중에 먹을 프라푸치노의 가치를 낮잡아 보는 또 다른 이유는 자신의 현재 모습에 관심을 가지는 것만큼 미래의 모습에는 별로 관심을 갖지 않기 때문이다. 지금의 마이클은 미래의 자신을 완전히 딴사람으로 바라볼지도 모른다. 그렇다면 마이클은 주름이 쪼글쪼글한 자신에게 프라푸치노를 사주지 말고 지금의 자신에게 프라푸치노를 사주는 편이 더 나을 것이다).

소비를 미뤄서 얻는 혜택을 인식한 경우에도 사람들은 그로 인해 생기는 부가가치에 대해 비용을 치르지 않으려 할지도 모른다. 예컨대 평소 선망하는 가수의 콘서트에 내일 갈지 2주 후에 갈지 선택하라고 했더니, 응답자의 60퍼센트 정도는 2주를 기다리면 기대감이 더해져 콘서트를 더욱 재밌게 즐길 수 있을 거라고 생각했다.[30] 하지만 비용을 치를 의향이 있는지 물었더니, 응답자의 19퍼센트만이 2주 후에 가는 콘서트에 비용을 더 쓰겠다고 말했다. 사람들은 지출을 고려할 때, 소비 지연에 대한 비용을 치르지 않는 것이 합당하다고 생각한다. 이와 같은 합리적 원칙을 따르다가도 자기절제에 의한 소비 지연에 대한 확신이 약해지는 상황이 간간이 벌어진다. 이런 원칙을 의식하고 지키려 하는 경우, 의식의 단절은 심하게 일어나고 콘서트를 나중에 관람해야 더 즐겁다는 것을 이해하면서도 그에 따르는 비용 지급은 거부하게 된다.

이런 유형의 비용 지급을 거부하는 성향과 관련하여 분명한 예외도 있다. 평소 좋아하는 스타와 키스하는 기회를 제공한 실험에서 실험 참가자들은 키스를 3일 뒤로 미루는 대가로, 비용을 50퍼센트 이상 더 내려 했다. 짐작컨대 순간으로 끝날 환상적인 체험을 72시간 동안 떠올리고 음미하기 위해서였다.[31] 그러나 유명 인사들이 이런 실험에 참여할 일은 거의 없기 때문에 이 실험의 결과는 가정일 뿐이라는 점을 유의하자. 영화배우 콜린 퍼렐과 스칼렛 요한슨이 이리저리 거닐며 키스를 해주기 시작한다면, 3일간의 기대감을 즐기려 했던 사람들은 당장 그들과 키스하고 싶은 욕망을 떨쳐버리지 못할 것으로 짐작된다.

요컨대, 소비를 지연시키면 즐거움이 커진다. 하지만 사람들이 늘 지연의 혜택을 인식하지는 않는다. 지연의 혜택을 인식하더라도 그에 따르는 비용을 치르지 않으려 한다. 이런 모순 때문에 수익 창출과 고객의 만족, 이 두 마리 토끼를 잡으려 하는 기업들이 벽에 부딪힌다. 그런데 한편으로는 실제 대기실과 가상의 대기실, 이 두 곳을 두고 혁신할 수 있는 상당한 여지가 있다.

예컨대 최저 가격 비교 사이트인 카약닷컴 Kayak.com은 스페인의 톨레도에서 미국의 투손으로 가는 항공편을 검색해주면서 '현재 아메리칸 항공을 검색했다'라든가 '델타 항공을 검색 중이다'라는 식으로 검색 작업

현황을 실시간으로 알려준다. 이와 관련된 한 연구 결과에 따르면, 고객들은 기다리는 동안 자신을 대신하여 일이 처리되고 있다는 인상을 받으면 기다리면서도 높은 만족감을 느낀다고 한다.[32] 이런 '노동의 착각' 효과는 동일한 수준의 서비스를 두고도 고객들이 즉각적인 서비스보다 대기해야 하는 서비스를 더 선호하게 만들 정도로 매우 강력하다.

∴ 즉각적인 지출의 고통 ∴

당장 소비를 하고자 하는 동인, 나중에 비용을 치르고자 하는 동인, 이 두 동인은 모두 '지금의 힘'에 이끌린다. 현재 순간처럼 좋은 생각이 환기되는 시간은 없기 때문에 우리는 기분 좋은 것(소비)을 빨리 처리하고 찜찜한 것(비용 지급)을 연기하려는 마음을 가진다. 미국의 시트콤 〈사인펠드Seinfield〉에 나오는 조지 코스탄자George Costanza처럼 우리는 신중히 우리의 본능을 인정하고, 우리의 본능에 완전히 반대되는 행동을 하여 좋은 결과를 얻을 수 있다. 우리는 소비를 지연시켜 어떤 혜택을 얻는지 확인했다. 하지만 그러한 공식의 절반, 즉 당장 비용을 치르는 부분에 대해서는 어떠한가?

온갖 고생 끝에 번 돈을 지출하는 기분은 찜찜하고 불편해서 지출을 회피하고 싶은 생각이 든다. 이에 행동경제학에서는 지출이 고통을 유발한다는 의미로 '지출의 고통'이라는 용어를 쓴다.[33]

이 용어는 단지 비유적인 의미에 그치는 게 아니다. 최근 지출한 일을 떠올리는 경우, 실제 육체의 고통을 쉽게 느낄 수 있다.[34] 이런 현상과 관련된 몇 가지 근거를 신경경제학자들neuroeconomists들이 발견했다. 아주 비싼 비용을 치러야 하는 상황에서 이를테면 '발가락을 차일 때 느끼는 고통'과 연결된 뇌 부위가 활성화된다는 것이다.

스탠퍼드대학교에서도 관련 실험을 진행했다. 먼저 실험 참가자들은 두뇌 스캐너 안에서 '쇼핑 가는' 생각을 했다.[35] 이어서 연구진은 고디바 초콜릿, 스탠퍼드대학교 티셔츠, MP3 플레이어처럼 보기만 해도 탐나는 물품들을 컴퓨터 화면에 띄운 다음, 실험 참가자들에게 상품의 가격을 보여주었다. 실험 참가자들은 컴퓨터 스크린을 보며 각 상품을 구매할지 말지 결정했다. 그러자 매력적인 상품을 본 실험 참가자들의 대뇌 측좌핵(쾌락과 관련된 뇌 부위)이 활성화되기 시작했다. 하지만 너무 비싸다고 생각될 정도의 가격을 보여주자 다양한 형태의 임박한 고통에 반응하는 신경 부위인 뇌섬엽insula이 활성화되었다. 그래서 초콜릿 한 상자 같은 간단한 상품을 사더라도 이렇게 **구매의 쾌감과 지출의 고통을 저울질**하여 지갑을 열지 말지 결정하게 된다고 한다.

지출의 고통이 없다면 순전히 소비의 쾌감만 느끼게 된다. 때문에 소비의 쾌감과 지출의 고통을 분리할 수 있는 방법이 있다면, 소비의 즐거움이 높아질 것이다. 많은 사람들이 즉시 소비하고 나중에 지출하는 방식으로 그런 수수께끼를 해결한다. 하지만 지출을 나중에 하여 문제를 해결하더라도 또 다른 문제가 발생한다.

∴ 카드 빚의 유혹 ∴

수백 년 전, 태평양 서부의 얍Yap 섬에 사는 주민들은 매우 구체적인 형태의 화폐를 사용했다. 그것은 20명 정도가 달라붙어야 이동시킬 수 있는 거대한 돌 바퀴였다.36 얍 섬의 주민들은 멀리 떨어진 섬에서 그런 돌을 캐고 조각내서 중요한 물건을 구입하거나 결혼 승낙을 얻기 위한 지참금으로 사용했다고 한다. 모든 화폐는 그 가치가 오르락내리락한다. 그런데 얍 섬의 돌 화폐는 화폐 자체가 바닷물에 가라앉아버렸다. 전설에 따르면, 얍 섬의 한 주민이 거대한 돌 화폐 하나를 싣고 바다를 건너다가 끔찍한 폭풍우를 만났다고 한다. 그런데 이 거센 풍랑 속에서 그 귀한 화폐가 사라지고 말았다. 그가 빈손으로 섬에 돌아오자, 주민들은 바다에 가라앉은 돌의 시장가치를 그대로 인정해주기로 했다. 그 돌은 바다 밑에 있었음에도(사실상 주민들의 마음에만 남아 있었지만) 여전히 화폐 가치가 있었다. 그래서 이 머나먼 섬에서 돈은 구체적 실체에서 추상적 개념으로 옮겨갔다.

이 이야기는 최근의 미국 역사와 맥을 같이 한다. 20세기 들어 미국에서는 차갑고 단단한 화폐(금)의 사용이 감소했다. 이후 미국 닉슨 정부는 금본위제를 폐지했다. 그리고 여러 형태의 신용거래가 날이 갈수록 늘어났다. 우리가 너무도 잘 알고 있듯이, 변화가 일어나자 결국에 여러 문제가 발생했다. 미국의 풍자 주간지 〈어니언〉은 2011년 '엄청난 신용카드 사기로 드러난 비자Visa Exposed As Massive Card Scam'라는 제목의 머리기사에 당시의 시대정신을 담아냈다.**37** 〈어니언〉의 가짜 기사에 따르면, '비자는 평판 좋은 대출 기관인 양 행동했다. 그러면서 은행들을 통해 그럴싸해 보이는 가지각색의 신용카드를 퍼뜨려서 소비자들이 형편에 상관없이 과도한 지출을 하도록 사기를 쳤다.' 비자카드의 최고재무책임자를 지낸 R. 닐 윌리엄스R. Neil Williams의 말은 신용카드의 폐해가 어느 정도였는지 짐작케 한다. "물론입니다. 돈 한 푼 없이 무엇이든 사게 해주는 마법의 카드, 그것을 믿을 정도로 소비자들은 어리석지 않습니다. 하지만 비자에서 우리는 깨달았습니다. 사람들은 무엇이든지 간절히 원하는 것이 있으면 그것을 믿는다는 것을요. 정말 천재적인 수법이었습니다."

여러 연구 조사 결과는 신용카드가 지출을 늘리게 만드는 기발한 혁신 상품(혹은 여러분의 관점에서 볼 때 신용사기)임을 보여준다. 그와 같은 플라스틱 조각을 사용하다 보면 즉각적인 지출의 고통에 무감각해진다. 예컨대 좌석이 매진된 스포츠 경기의 관람권 두 매를 입찰할 수 있게 해주자, 현금을 가진 학생들은 다음 날까지 입찰가로 평균 26달러를 내겠다고 했다. 반면에 신용카드를 사용한 학생들은 입찰가로 평균 60달러를 제시했다.**38**

실험에 참가했던 학생들은 경제 개념이 부족한 신입생들이 아니었다. 세상 물정에 밝은 MBA 학생들이었다. 이들은 굳이 신용카드를 쓰면서 수수료를 왕창 낼 정도로 어리석지 않았다. **신용카드를 사용하면, 구매하는 순간에 느끼는 지출의 고통이 경감된다.** 신용카드로 인해 일종의 분리감 detachment 이 생겨 현명하고 상식 있는 사람들도 쉽게 지름신의 유혹에 빠지게 된다. 또한 그런 분리감으로 인해 지출에도 무감각해진다. 이와 관련하여 실험 참가자 30명에게 월말 청구서를 확인하기 전에 카드 대금을 계산해보라고 했다. 그랬더니 각 개개인은 카드 대금을 평균 30퍼센트가량 낮게 계산했다.[39]

시간이 지나면서 문제는 더 심각해질 수 있다. 2010년 기준으로 미국 가정의 평균 신용카드 빚은 6,000달러 이상이나 된다고 한다.[40] 또한 신용카드 사용자들의 약 3분의 1이 카드 대금을 월말에 결제하지 않고 이월한다고 밝혔다.[41] 한편 신용카드를 분별 있게 사용하다가도 신용카드의 잠재적 덫에 걸리기도 한다. '지금의 힘'은 지금 지급하는 것보다 지급을 미루는 것이 고통이 덜하다고 믿게 만든다. 지급을 회피하고자 한다면, 분명히 지급을 최대한 연기하는 것이 현명하다. 문제는 정반대로 하는 것이 옳다는 것이다.

미국 사람들의 거의 절반은 빚 때문에 고민이 많다고 밝혔다.[42] 미국인들의 경우, 소득과 행복의 관계성은 꽤 미미하다. 하지만 개인의 행복, 그리고 카드 대금 연체 여부, 이 두 요소 사이에는 아주 강력한 관계성이 있다.[43] 개인이 성취한 것보다 빚을 진 상태를 보고 행복 수준을 훨씬 더 잘 예측할 수 있다는 말이다. 영국에서는 빚이 많은 가정일수록 낮은 행복 수준을 보인다고 한다.[44] 빚은 특히 결혼생활에 해가 된다. 빚이 많은 부부는 성관계로 갈등하는 등 결혼생활의 모든 면에서 갈등을 심하게 겪는다는 연구 결과도 있다.[45]

지급을 미루면, 즉각적인 소비의 즐거움이 커질 수 있다. 하지만 어느새 즐거움은 사라지고 지급을 해야 한다는 압박감에 두려운 하루하루를 보내게 될지도 모른다.[46] 카드 대금을 이월했다 압박감에 시달리다가 그 빚을 청산하고 나면, 다른 어떤 일에 지출했을 때보다 충만한 행복감을 맛볼 수도 있다. 그렇지만 빚 청산으로 인한 정서적 혜택 때문에 저축의 혜택이 미미해 보일 수 있다[47] (저축도 정서적 혜택에 중요한 영향을 미치는데 말이다).

∵. 모히토 칵테일을 공짜로 즐기는 비결 .∵

지금까지 사례로 든 모든 연구는 공통된 결론에 이른다. 구매의 순간, 혹은 채무가 누적된 상황에서 비용 지급의 문제가 가장 두드러지는 경우, 소비의 즐거움은 반감될 수 있다. 야간에 택시를 타고 시내로 나가본 적이 있을 것이다. 그럴 때 택시 안에서 미터기가 올라가는 모습을 보고 있노라면, 매 분, 매 킬로미터마다 택시비가 올라간다는 생각에 마음이 초조해진다. 게다가 밤새 보모를 쓰는 데 비용이 발생하고 있다면, 택시에서 내린 후 데이트를 하는 동안 매 시간마다 머릿속에서 '돈 빠져나가는 소리'가 들리고, 여러분의 '정신 미터기'도 계속 올라갈 것이다.

이제 택시비와 보모 비용을 일주일 전에 다 지급했다고 가정해보자. 비용을 치르는 순간에 여러분은 여전히 지출의 고통을 느낄 것이다. 그런 감정을 적절한 시점에 잘 다스리고 받아들여야 한다. 그런데 비용을 미리 지출했다면, 그날 저녁이 어떻게 바뀔까? 미터기 올라가는 소리에 별로 신경이 쓰이지 않고, 연인과 함께 보내는 시간에도 비용이 덜 들어간다.

엘리자베스 하인즈와 그녀의 남편 테리는 '일괄 지급의 마법'에 의존하고 '당장 비용을 치르는' 영리한 전략을 통해 육아 문제를 해결했다. 부부는 평일에 아이들을 돌봐줄 사람이 필요했다. 이에 평일 오후, 그리고 밤 데이트를 하는 동안 아이들을 돌봐줄 사람을 구했고, 보수는 일주일 치를 한번에 지급했다. 엘리자베스 하인즈는 이렇게 말한다. "평일 오후, 하루는 밤늦게 일할 수 있는 사람을 구한다고 공고를 냈어요. 그랬더니 남편과 밤에 데이트를 나가도 별도의 비용이 들어갈 일은 없다고 생각하게 됐어요."

나도 멕시코의 휴양 리조트에서 결혼식을 올릴 때 비슷한 방법을 썼다. 나는 하객들에게 결혼식에 온 김에 리조트에서 며칠 쉬고 가라고 권유했다. 리조트 비용에 모든 것이 포함되어 있었고, 숙박비도 하객들이 몇 달 전에 다 냈기 때문에 부대 비용 없이 식사와 음료를 즐기고 여러 시설을 이용할 수 있었다. 하객들은 리조트에서 지내는 내내 마르가리타, 모히토 등 여러 칵테일을 마음껏 즐겼다. 하객들의 표정에 "공짜라서 더 맛있네!"라는 말이 다 쓰여 있었다. 물론 음료는 공짜가 아니었다(억척스러운 하객들은 본전 이상을 뽑겠다며 작정하고 덤벼들었지만 말이다). 그럼에도 몇 달 전에 모든 비용을 다 냈기에 모든 것을 '공짜'로 맛볼 수 있었다(다시 말하지만, 지급을 언제 하든지 이내 주머니에서 돈이 나가는 고통을 느낄 수밖에 없다. 일부 하객들은 휴가 비용을 내면서 뒷골이 쑤시는 기분을 느꼈음이 분명하다. 하지만 그런 기분은 지출의 고통이 소비의 즐거움과 동시에 일어날 때 어쩌다 느끼는 아쉬움 같은 것으로 보인다. 비용을 내고 즐겨야 하는 바로 그것에서 행복감을 얻어야 하는데, 그러지 못하도록 방해를 받는 것이다).

버치박스를 공동 창업한 카티아 뷰첨과 헤일리 버나도 고객들로부터 비슷한 반응을 확인했다. 헤일리 버나의 말처럼 '소비자들은 늘 버치박스가 공짜인 것처럼 말한다.' 대개 매달 초에 비용을 치르고 대략 2주 후에 뷰티박스를 받으니 소비와 지급을 잘 분리해놓은 것이다. 소비자들의 20퍼센트는 매년 초에 1년 치 비용을 일괄 지급하기 때문에 1년 내내 지출의 고통을 겪지 않으면서 매달 뷰티박스를 받고 즐거워한다.

즉각적인 지급의 효과를 고려한다면, 그런 효과는 최근의 경기침체기에 긍정적인 면이 있을지 모른다. 요즈음 신용카드 대신 '사용 금액을 즉시 결제'하는 직불카드가 소비자들의 인기를 얻고 있다. 거대 소매업체인 타깃^{Target}은 2008년 2/4분기에 금융위기가 닥친 이래 소비자들의 신용카드 결제 비율이 사상 처음으로 떨어지고 직불카드 사용이 늘었다고 발표했다.[48] 최근 들어 미국 중부[49]부터 말레이시아[50]에 이르는 세계 여러 지역에서 직불카드 사용이 급증했다. 이처럼 '즉시 지급하는' 카드를 사용하면 지출이 줄어든다. 이와 관련하여 미국에서 대규모 조사가 실시되었다. 그에 따르면, 소득, 신용 기록 등 개인의 특성

을 고려하더라도 직불카드 사용자들이 직불카드 비사용자들보다 부채 비율이 약 네 배나 낮았다.[51]

이처럼 직불카드를 사용하면, 비용을 즉시 지급하기에 빚질 일이 없어지고 행복감이 높아진다. 반면에 하루가 멀다 하고 나오는 혁신적인 기술들은 새로운 형태의 후 지급 방식을 사용하도록 우리를 부추긴다. 2011년 출시된 카드 케이스Card Case(이후 페이 위드 스퀘어Pay with Square로 이름을 바꾸었다)라는 애플리케이션은 휴대전화와 신용카드를 연결하여 지갑을 열 필요 없이 모바일로 결제를 하게 해준다. 고객은 가맹점에 들어가 얼굴과 이름만 확인하면 그만이다. 결제는 자동적으로 이루어진다.

언론인이자 작가인 파하드 만주Farhad Manjoo는 이 애플리케이션을 보고 경탄을 금치 못했다. "휴대전화를 꺼내지 않아도 되고, 애플리케이션을 열지 않아도 됩니다. 사인할 필요도 없고, 카드를 인식기에 댈 필요도 없습니다. 잔돈을 기다릴 필요도 없습니다. 가게에 있는 동안 휴대전화를 몸(호주머니나 지갑)에 지니고만 있으면 됩니다. 그러면 카드 케이스가 결제를 인증합니다. 따로 할 일은 없습니다."[52] 파하드 만주는 샌프란시스코의 한 빵집에서 카드 케이스를 사용해 컵케이크를 샀다. "마법 같은 체험이었습니다. 소름이 끼칠 정도였으니까요. 눈 깜짝할 사이에 끝나버려서 흔한 거래를 할 때 느끼는 번거로움이 전혀 없었습니다. 컵케이크를 들고 가게를 나설 때는 도둑질한 기분이 확 들 정도였습니다."

이런 유형의 결제가 정말로 끝내주는 방식임은 인정해야 한다. 하지만 이번 장에서 논의한 연구 조사 결과는 한 가지 사실을 암시한다. 카드 케이스 같은 혁신 기술로 인해 장기적으로 지출을 많이 하게 된다는 점이다. 그것이 컵케이크를 또 사 먹을 수 있다는 착각을 불러일으키기 때문이다.

∴ 선 지급, 후 소비 원칙을 적용하라 ∴

'선 지급, 후 소비' 습관을 들이면, 기다리는 즐거움과 소비하는 즐거움이 배가되는 데 더해 그 밖의 지출 원칙을 잘 지켜나갈 수 있다. 여러분도 아마 물리적 구매보다는 체험적 구매를 많이 해야겠다고 다짐했을 것이다. 그런데 이런 다짐도 고가의 인기 토스터기나 고급 침대 매트리스 앞에서는 약해지기도 한다. 그런 물품들은 즉각적이고 구체적인 혜택을 주기 때문이다. 그럼에도 즉시 소비하고 싶은 마음을 억누르면, 체험의 추상적인 장점이 더 자세히 보이게 된다.[53] '선 지급, 후 소비' 방식을 실천함으로써 또한 장기적인 관점에서 행복을 쌓아가는 사람으로 바뀔 수 있다.

사람들은 상점에서 카드가 아닌 현금으로 물건 값을 낼 때, 과일이나 견과류 같은 건강식 위주로 장을 보는 경향이 있다. 되도록 과자, 치즈 케이크 등 살찌는 음식을 충동구매하지 않으려 하는 것이다.[54] 즉 현금으로 물건 값을 계산하면, 지출의 고통이 심해지는 등 즉각적인 고통이 일어나 과자 매장을 돌아다니는 즐거움이 반감된다. 소비를 미루어도 비슷한 효과가 나타난다. 예컨대, 사람들은 배송이 오래 걸리는 인터넷 쇼핑몰에서 건전한 구매 행위를 하는 경향이 있다.[55]

그런데 자, 가만히 생각해보자. 생각만 해도 군침이 도는 쿠키와 치즈케이크를 '특별한 체험으로 만들면' 어떻게 될까? 소비를 지연시킨다고 해서 말할 수 없는 자제심을 발휘하는 수준으로까지 가지는 않는다. 그보다는 어떤 형태로든 행복감이 최고조에 달하게 된다. 사실상 비교적 먼 미래에 소비를 하는 경우, 사람들은 '선 지급, 후 소비' 원칙을 실천하며 특별한 체험의 기회를 잡으려 애쓸 것 같다. 예컨대, 미국의 한 공항에서 수백 명의 여성에게 경품 응모권을 하나씩 나눠주고 다음의 두 경품 중 하나를 선택하게 했다.[56]

- 1시간 얼굴 피부 미용 치료 또는 1시간 팸퍼링 마사지 서비스 이용권
  (시중 서비스 가격 최대 80달러 상당. 경품기간 내에 자신이 선택한 지역의 스파에서 서비스를 받을 수 있다.)

- 현금 85달러
  (현금은 마음대로 사용해도 된다. 이를테면 슈퍼마켓에서 물품을 사거나 주유를 해도 된다. 혹은 경품 기간 내에 자신이 선택한 지역의 스파에서 서비스를 받아도 된다.)

여성들은 경품으로 무엇을 선택했을까? 다음 주에 응모권 당첨 발표

가 있다고 생각한 경우, 소수(18퍼센트)만이 스파 패키지를 선택했다. 반면에 두 달 후에나 응모권 당첨 발표가 있다고 생각한 경우, 전자의 여성들보다 두 배나 많은 여성들(36퍼센트)이 스파 패키지를 선택했다. 왜 현금 85달러 대신에 80달러짜리 스파 패키지를 선택하는 걸까? 현금 85달러로 스파 여행을 가도 되지 않을까? 한 여성은 현금을 선택하지 않은 이유를 이렇게 설명했다. "저라면 아마도 제가 정말로 즐길 수 있는 일이 아니라 필요한 것을 사는 데 그 돈을 썼을 거예요! 스파 마사지를 받으러 가겠다고 한 지가 4개월에서 5개월은 되었으니까요."[57] 우리는 멀리 거리를 두고 나중의 소비에 초점을 맞춰볼 때, 흔치 않은 체험을 만끽하는 일이 얼마나 가치 있는지 이해하게 된다.

사람들은 먼 미래를 추상적으로 바라보며 특정한 행동 방침이 얼마나 바람직한지 따지려 한다. 그러면서 가까운 장래를 생각할 때는 실행 가능성에 초점을 맞추는 경향이 있다.[58] 정신없이 바쁘게 사는 워킹맘은 잠깐 짬을 내 휴식을 취하고 팸퍼링 마사지를 받는 일이 얼마나 가치가 있는지 개념적으로는 이해할지 모른다. 하지만 당장 마사지를 받아야 한다고 하면, 그녀는 그 타당성을 골똘히 따질지도 모른다. 이런 이유로 미리 돈을 내고 나중에 소비를 하면, 행복 증진에 좋은 것을 좀 더 수월히 선택할 수 있다. 건강에 좋은 채식은 물론 마사지 같은 특별한 체험이 좋은 예다.

상품을 소비할 시간이 오면, 한참 전에 했던 지출의 결실이 이루어지게 된다. '매몰비용-sunk cost(이미 써버려서 회수할 수 없는 비용-옮긴이)의 부담감'에서 자유로워진다는 말이다.**59** 1년에 한 번 있는 카운티 페어 축제(북미 주 최대의 축제 중 하나-옮긴이)의 첫날 밤 개막식 입장권을 샀다고 상상해보자. 카운티 페어 입장권은 환불이 되지 않는다. 그런데 저녁이 무르익어 갈 때쯤 창자가 꼬이는 것 같고, 점심에 먹었던 기름진 튀김 빵과 획획 돌아가는 틸트어월Tilt-A-Whirl(예측 불가능한 방향으로 회전과 정지를 반복하는 회전형 놀이기구-옮긴이)을 생각하니 뱃속에 있는 모든 것을 다 쏟아내고 싶어졌다고 해보자.

만일 그날 아침에 모든 비용을 치렀다면, 5시간 내내 복통에 시달린다 해도 환불을 받지는 못한다. 여러분은 어쨌든 움직여보기로 마음먹을 것이다. 얼핏 보면 이런 문제는 막판까지 지급을 미루어야 한다고 주장하는 사람들에게 좋은 빌미가 될 것 같다. 선 지급 방식의 타당함을 보여주려고 흥미 잃은 일을 억지로 하는 사람은 없다. 그럼에도 오래전에 비용을 냈다면, 또한 문제를 해결할 수 있다. 일찌감치 지급을 마친 경우, 입장권의 매몰비용은 기분 찜찜한 손실 같은 것으로 보이지 않는다. 오래전에 비용을 치렀다면, 마음이 덜 불편하다. 때문에 배를 꽉 부여잡고 찻잔 놀이기구를 타지 않아도, 오히려 더 행복한 방식으로 시간을 자유로이 보낼 수도 있다(특히 우리가 잘 실천하지 못하는 활동의 경우, 일찌감치 비용을 치르면 여러모로 도움이 된다. 이를테면 사람들은 헬스클럽 이용료를 몇 달 치나 미리 내고 나서, 며칠은 열심히 운동을 나가는 경향이 있다. 하지만 매몰비용이 과거 속에 묻힘에 따라 운동을 나가는 횟수가 점차 줄어든다*).

'선 지급, 후 소비' 방식은 매몰비용 문제를 해결하는 데 도움이 되긴 하지만, 일부 돈 개념이 확실한 독자들은 이번 장의 주제에 반기를 들지도 모르겠다. 한 콘퍼런스에서 지출의 원칙을 주제로 강연을 한 적이 있다. 당시 내 강연에 참석했던 아미 서머빌Amy Summerville은 내 이야기에 고개를 끄덕이며 웃음을 띠었다. 하지만 '선 지급, 후 소비' 원칙에 관한 이야기를 꺼내자 그녀는 끔찍한 기억이 떠오른 듯 얼굴을 찌푸렸다. 아미 서머빌은 자라면서 회계사인 아버지로부터 돈의 시간적 가치에 관한 교육을 단단히 받았다고 한다. 그녀의 아버지가 알려준 금전에 관한 핵심 교리는 시간이 갈수록 돈이 돈을 번다는 개념에 기반을 두고 있다. 지금 100달러를 3퍼센트 이자율로 계좌에 넣어둔다면, 1년이 지나 100달러는 103달러가 된다. 가급적 지급을 연기하고 수중의 돈을 꽉 쥔 채 가능한 한 이자를 오래 올려야 한다고 그녀는 배웠다.

모든 조건들이 다 똑같다면, 이론상 그녀가 아버지로부터 배운 계산 원리는 완벽하다. 여러분의 돈을 최대로 불리는 게 목적이라면 말이다. 하지만 그런 것만을 목적으로 삼아야 할까? 돈을 불린다는 목표에 '올인'하는 태도는 과대평가될 소지가 다분하다. 이제는 돈을 많이 버는 것도 중요하지만, 더한 행복을 얻기 위한 지출 원칙을 고민해야 하지 않을까?

---

* 참고문헌 존 T. 고빌John T. Gourville과 딜립 소먼Dilip Soman의 《지출 비용 감소, 지출과 소비의 일시적 분리로 인한 행동효과Payment depreciation: The behavioral effects of temporally separating payments from consumption》, 〈소비자 연구저널Journal of Consumer Research〉 제 25권 제 2호(1998년 9월) 160쪽 74줄

그렇다고 해도 매번 소비를 미루기는 어렵다는 사실을 우리는 잘 알고 있다. 너무 배가 고파서 견디기 어려우면, 과자든 채소든 당장 무언가를 먹어야 한다. 그래도 사탕봉지에 표시되어 있는 현명한 조언에 주의를 기울이는 게 좋다. '나우앤레이터스Now and Laters 사탕'은 '지금 먹고 나중에 먹을 것을 남겨둘 것'을 사탕 애호가들에게 권장한다. '지금의 힘'에 현혹되더라도 적어도 어느 정도는 소비를 연기하라고 명시해둔 것이다. '선 지급, 후 소비' 원칙을 습관이 몸에 배면, 소비생활이 어떻게 달라질까?

아이튠즈iTunes를 예로 들어보자. 아이튠즈는 대표적인 '선 소비, 후 지급' 방식의 서비스이다. 아이튠즈에서는 즉시 콘텐츠를 구매하여 즉각 다운로드할 수 있다. 그래서 사용자들은 애플에 신용카드 정보를 제공하고 한참 뒤에 결제 알림을 받는다. 그런데 만약 소비자들이 음악을 다운로드한 후 일부러 시간을 끌다가(몇 분 이상, 몇 시간이면 더 좋고, 며칠이면 가장 좋다) 감상하면, 투자 대비 높은 행복감을 얻을 수 있을 것이다. 이런 이유로 마이클은 아이튠즈에서 앨범을 '사전 주문'하는 버릇이 생겼다. 앨범을 사전 주문한 이후 구매 시의 들뜬 기분이 가라앉고, 며칠이나 몇 주가 지나서 '공짜' 앨범이 도착하기 때문이다.

'지금의 힘'을 극복하는 것은 여간 힘든 일이 아니지만, 우리는 그 힘을 활용할 수 있다. 마음의 눈mind's eye에서 현재의 즐거움과 고통이 유독 강렬해 보일 때를 가정해보자. 지출의 고통이 임박하고 소비의 즐거움이 멀어질 때, 우리는 지출의 고통을 아주 꺼리게 된다. 이런 심리 현상을 기업들은 훤히 들여다보고 있다. 그래서 소비자들이 즉시 소비하고 이후에 지급하도록 부추기려고 재정적, 기술적 혁신을 추진해왔다. 이런 기본 원리를 역으로 이용하면 어떨까? 그러면 지출을 줄이면서 행복을 늘리는 구매를 할 수 있다.

> **'먼저 돈을 내고 나중에 소비하기' 위해 기억할 것!**
>
> – 신용카드를 사용하면, 구매하는 순간에 느끼는 지출의 고통이 경감된다.
>
> – 직불카드를 사용하면, 비용을 즉시 지급하기에 빚질 일이 없어지고 행복감이 높아진다.
>
> – 돈을 불린다는 목표에 '올인'하는 태도는 자신의 행복을 떨어뜨리게 된다. 이제는 돈을 많이 버는 것도 중요하지만, 더한 행복을 얻기 위한 지출 원칙을 고민해야 한다.

5장

다른 사람에게 투자하라

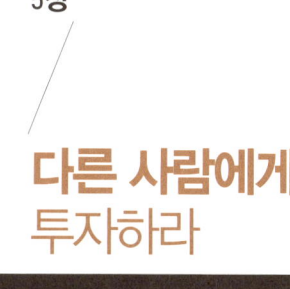

당신이
지갑을 열기 전에
알아야
할것들

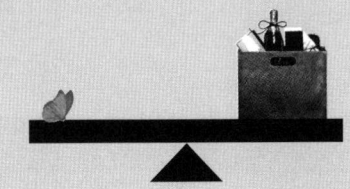

∴ 기부 체험 ∴

마이클에 관한 이야기 두 개로 시작해보자. 먼저 첫 번째 이야기. 대략 4년 전 어느 날로 기억한다. 마이클은 이메일 박스를 열었다. 메일함에는 흔한 스팸메일 여러 통, 또 내가 논문 작업을 서둘러야 한다며 반¥ 협박조로 보낸 메시지가 있었다. 마이클은 평상시처럼 메일을 휴지통에 집어넣었다. 그런데 그날은 특이한 이메일 한 통이 기다리고 있었다. 얼마 전 마이클이 은수저 세트를 구입했던 업체에서 상품권을 보내왔는데, 이는 선행을 베풀 수 있는 보기 드문 기회를 제공하는 것이었다. 어떻게 된 일일까?

그 업체가 마이클에게 보내준 50달러짜리 상품권은 물건을 사기 위한 것이 아니라 기부금 중개 사이트인 도너스추즈DonorsChoose.org에 지원금을 기부할 때 사용하는 것이었다. 궁금증이 일어난 마이클은 곧장 도너스추즈 사이트에 접속했다. 사이트를 살펴보니, 주로 저소득층 지역에서 일하는 미국의 공립학교 교사들이 수업에 필요한 학습도구나 특별활동 경비 등을 요청하면 사이트 방문자들이 지원금을 기부하여 직접 학생들을 돕고 있었다. 아이들이 훌륭한 고전도 읽지 못하고 있는 상황이 이해가 되는가? 매사추세츠 주의 린에 사는 5학년 학생들을 위해 《톰소여의 모험 Tom Sawyer》 같은 고전을 여러 권 구입하는 건 어떨까? 또 자신이 아마추어 과학자가 되었다고 생각한다면 현미경을 사서 뉴올리언스의 9학년 학급에 기부해도 된다. 마이클은 선뜻 도너스추즈의 활동에 참여하기로 하고 지원금을 기부했다. 그러자 잠시 이 세상을 다 가진 것 같은 기분이 들었다. 마이클은 인생에서 한 걸음 더 앞으로 나아갔다.

두 번째 이야기는 3년 6개월 전의 어느 날 일인 것 같다. 마이클은 의자를 하나 들여놓기로 마음먹었다. 가구를 별로 사본 적이 없었던 그는 평소 눈여겨봐두었던 크레이트앤배럴 Crate&Barrel 매장으로 향했다. 수개월 전 그 매장에서 은수저 세트를 샀던 그는 매장을 둘러보다가 의자를 하나 골랐다. 그러고는 의자가 생기니까 커피 탁자도 하나 있으면 좋겠다고 생각했다. 그리고 소파 옆에 붙여놓으면 좋을 만한 작은 탁자도 사면 어떨까 생각했다. 그런데 다행스럽게도 그는 (대부분 그렇지만) 금세 제정신을 차렸다.

두 번째 이야기는 첫 번째 이야기에 비해 여러분도 일상에서 아주 흔히 겪을 수 있는 사례다. 그런데 두 이야기에서 아주 중요한 공통점 하나를 발견할 수 있다. 바로 크레이트앤배럴이다. 가구를 잘못 사서 고

생했던 기억이 있는 마이클은 매장을 둘러보면서도 기부했던 일은 미처 떠올리지 못했다. 그런데도 크레이트앤배럴 매장에서 이것저것 사들인 이유가 평소 크레이트앤배럴에 호감이 있어서였는지, 아니면 이 업체를 통해 기부할 수 있는 기회를 얻어서였는지 궁금할 수밖에 없었다. 크레이트앤배럴은 50달러짜리 기부상품권 하나로 마이클을 평생 고객으로 만들었다. 50달러짜리 할인쿠폰을 가지고는 절대로 할 수 없는 일이었다.

크레이트앤배럴과 도너스추즈가 상거래와 자선활동을 접목한 사례는 예외적인 게 아니다. 얼마 전부터 비즈니스의 아이콘 워런 버핏도 재산의 50퍼센트 이상을 기부할 것을 서약하라고 부자들을 독려하며 자선활동을 활발히 펼치고 있다(버핏은 생전이든 사후든 기부활동을 해야 한다며 융통성을 발휘한다). 버핏은 재산의 99퍼센트를 기부하겠다고 스스로 서약했다. 그가 기부 서약을 괜히 했다고 후회할까? 절대 그렇지 않다. 그는 그런 결정을 내려서 '세상을 다 가진 듯 행복하다'고 자신 있게 말한다.[1]

마이클과 버핏의 기부 체험을 보면 두 가지가 궁금해진다. 버핏은 기부를 하면 행복해진다고 주장하는데, 그렇다면 행복해지기 위해 우리 같은 사람들도 수십억 달러를 기부해야 할까? 또 기부활동을 상거래에 접목한다면, 즉 기업이 고객과 직원들을 자선활동에 참여시킨다면, 어떤 일이 벌어질까? 이는 고객들에게 할인쿠폰을 제공하거나 직원들에게 연말 보너스를 지급하는 등 고객과 직원들을 위한 장려책을 실시하는 것과는 대조되는 경우다.

　이와 관련하여 얼마 전 실시된 연구에서 흥미로운 점이 발견되었다. 소액이라도 기부를 하면 우리의 행복감이 상당히 증가한다는 것이다. 다른 사람들에게 투자할 수 있는 기회(먼 이웃 나라의 아이들에게 기부하거나 옆자리의 동료를 돕는 일도 포함된다)를 고객과 직원들에게 보상으로 제공하는 경우, 고객과 직원 개개인의 행복감이 향상될 뿐만 아니라 회사의 수익도 증가하는 현상을 확인하게 될 것이다.

　더 넓게 봐서, 이번 장은 지금까지 논의했던 부분과는 꽤 다른 원칙에 대해 설명한다. 우주여행 항공권을 구매하라고 권유하든, 매일 라테를 즐기며 휴식을 취해보길 장려하든, 지금까지는 스스로에게 지출하는 방식을 바꾸는 측면에서 각 원칙을 다루었다. 지금부터는 좀 더 급진적인 개념을 다루고자 한다. 자신의 행복을 극대화하기 위한 지출 방식을 고민하기보다 다른 사람들을 위한 지출을 생각해보자. **다른 사람을 위해 지출함으로써 자신을 위해 지출할 때보다 여러분의 행복감을 한층 더 향상시킬 수 있다.** 다만 그런 혜택을 얻기 위해서는 스스로 더 가난해질 각오를 해야 한다.

∴ 최고의 투자 원칙이란? ∴

　어느 화창한 여름날, 캐나다 브리티시컬럼비아 주 밴쿠버에서 아침을 맞은 우리 학부생 라라 애크닌 Lara Aknin (현재 사이먼프레이저대학교의 심리학 교수로 재직 중)은 지나가는 사람을 하나둘 붙잡았다. 그녀는 봉투가 가득 든 상자를 들고 사람들에게 이상한 부탁을 하고 있었다. "실험에 참여하시겠어요?" 승낙하는 사람들에게 그녀는 얼마나 행복한지 묻고 연락처를 받았다. 그러고는 그들에게 정체 모를 봉투 한 장을 내밀었다.[2] 사람들이 봉투를 열어보니 5달러짜리 지폐 한 장과 간단한 메모지 한 장이 나왔다. 사람들은 각각 다음과 같이 적힌 메모지를 받았다.

> 오늘 오후 5시 전까지 이 5달러로 여러분을 위한 선물을 사거나 생활비(이를테면, 집세, 공과금 비용, 대출 비용 등)에 지출하세요.

> 오늘 오후 5시 전까지 이 5달러로 다른 사람을 위한 선물을 사거나 자선단체에 기부하세요.

또 일부 사람들도 비슷한 봉투를 받았는데, 거기에는 5달러가 아니라 20달러가 들어 있었다. 그처럼 사람들은 소정의 돈과 지출 설명서를 받고 각자 가던 길을 향했다. 그리고 그날 저녁, 사람들은 전화 한 통을 받았다. 아침에 받았던 돈을 어떻게 지출했으며, 얼마나 행복했는지 물어보는 내용이었다. 사람들은 어떻게 지출을 했을까? 쉽게 상상할 수 있듯이, 사람들은 지출 설명서의 내용에 따라 각자의 사정과 상황에 따라 지출을 했다. 사람들의 지출 방식은 저마다 제각각이었다. 귀걸이를 산 사람이 있는가 하면 스타벅스 같은 커피전문점에서 커피나 음료를 사 먹은 사람들도 있었다. 초밥을 사 먹는 등 식사를 한 사람들도 있었다.

그런데 자선단체에 기부하거나 다른 사람에게 선물을 사주는 등 다른 사람에게 투자하는, 이른바 '친사회적 지출'을 한 사람들은 어디에 돈을 썼을까? 친사회적 지출을 한 사람들은 사촌 조카에게 장난감을 사주었다고 하거나 노숙자에게 돈을 주었다고 말했다. 그들 중 일부는 음식이나 음료를 샀다고 한다. 그런데 여기서 중요한 반전이 일어났다. 그들은 다른 사람을 위해 그처럼 특별한 선물을 산 것이다.

'친사회적 지출'을 하는 사람들은 어떤 기분에 빠질까? 그날 다른 사람에게 지출했던 사람들은 자신에게 지출했던 사람들보다 더 많은 행복감을 느꼈다. 그날 아침부터 두 집단 간에 다른 조건의 차이는 하나도 없었는데도 말이다. 또한 봉투에 들어 있었던 돈의 차이(5달러 또는 20달러)도 그날 밤 두 집단이 행복감을 느끼는 데 전혀 영향을 미치지 않았다. 지출을 많이 한다고 해서 만족감이 높아진다는 법은 없다. 그보다는 어떻게 지출하는가가 훨씬 더 중요하다.

이 실험의 결과는 다른 사람에게 5달러라는 적은 돈을 써도 우리의 행복감을 증진시킬 수 있다는 사실을 보여준다. 이제 궁금증이 생길 것이다. 나는 다른 사람들에게 충분히 지출하고 있을까? 잠시 아래 표의 빈 칸을 채우고 각각의 지출 범주에서 자신이 대체로 얼마를 지출하고 있는지 확인해보자.

생활비, 집세, 공과금, 대출금	○○원
자신을 위한 선물	○○원
다른 사람을 위한 선물	○○원
자선단체 기부	○○원

이제 위에서 두 번째 범주(생활비/집세/공과금/대출금, 자신을 위한 선물)까지 지출 내역을 합한 다음, 여러분의 총 개인 지출을 계산해보자. 이어서 나머지 두 범주의 지출 내역을 동일한 방식으로 계산하여 여러분의 총 친사회적 지출을 계산해본다. 마지막으로 개인 지출을 친사회적 지출로 나누어본다. 여러분의 개인 지출 대 친사회적 지출의 비율은 어떻게 되는가?

600명 이상의 미국 사람들을 대상으로 한 대표 표본조사에서 거의 모든 응답자들의 지출 비용에서 개인 지출이 큰 몫을 차지했다.[3] 개인 지출 대 친사회적 지출의 평균 비율은 10 대 1 이상이었다. **주목할 점은 자신에게 지출한 액수가 전반적인 행복감과 관계가 없다는 것이다.** 그렇다면 무엇이 행복과 관련이 있을까? 바로 다른 사람에게 지출한 액수이다. 즉, 다른 사람들에게 투자를 많이 한 사람일수록 더 많은 행복감을 느꼈다. 이와 같은 친사회적 지출과 행복의 관련성은 개인의 소득을 고려한 경우에도 마찬가지로 나타났다. 놀랍게도 그런 단일 지출 범주의 효과는 행복 수준을 예측하는 측면에서 소득의 효과만큼 광범위하게 나타났다. **소득을 늘리려고 애쓰고 있다면,**

하나만 기억하면 된다. 소득의 일부를 다른 사람을 위해 지출하면, 소득이 늘어나는 만큼의 보상을 얻을 수 있다.

한 번 더 얘기하자면, 우리는 버핏이 제시한 최고의 투자 원칙을 확인한 것이다. 그런데 이번 경우를 보면, 다른 사람에게 투자하라는 버핏의 조언은 금전이 아니라 행복의 형태로 보답이 돌아온다는 말이다. 물론 버핏은 그의 관대한 태도가 실제 자신을 희생하는 방식과는 별로 관계가 없음을 맨 먼저 인정했다. 어마어마한 재산을 가진 덕분에 그와 그의 가족은 '99퍼센트 기부 서약을 준수하더라도 우리가 필요로 하거나 원하는 것을 하나도 포기하지 않을 것'이라고 버핏은 강조했다.[4]

앞서 라라 애크닌에게서 돈 봉투를 받은 사람들은 '작은 버핏'이라고 할 수 있다. 그들은 횡재를 했다고 해서 자신의 기본적 욕구를 채우지 않았다. 그들은 거저 생긴 돈으로 초밥이나 스타벅스 커피 같은 것을 사 먹었지만, 그런 것들은 우리들의 기본적 욕구를 채우기 위한 필수품이 아니라 특별한 체험에 가깝다. 그렇다면 늘 돈에 쪼들리며 살고 있어도, 다른 사람에게 지출하면 행복감이 상승하지 않을까? 이 물음의 답을 찾기 위해 동아프리카로 떠나보자.

∴ 전 세계 공통의 행복 원칙 ∴

이번 장에서는 미국과 캐나다에서 실시된 연구 위주로 사례를 들었다. 미국과 캐나다는 인류 역사상 유례가 없을 정도로 일반 대중의 생활 수준이 상당히 높은 부유한 국가들이다. 두 나라 사람들은 오늘날 누릴 만큼 다 누리고 살고 있다고 할 수 있다. 그렇다면 상대적으로 빈곤한 국가에 사는 사람들은 어떨까? 하루 벌어 하루 먹고살기 바쁜 사람들도 다른 사람에게 투자하여 큰 행복을 느낄 수 있을까? 그런 사람들은 다른 사람에게 투자하려면, 자신의 기본적 욕구를 포기해야 할 것이다.

얼마 전 캐나다 및 동부 아프리카의 우간다 지역 사람 800명 이상을 대상으로 실험을 실시했다. 실험에 참가한 사람들은 자비로 소액을 지출했던 때를 떠올렸다. 즉 캐나다 사람들은 20달러, 우간다 사람들은 1만 우간다 실링(20달러에 거의 상응하는 액수)을 지출했던 체험을 떠올렸다.[5] 그리고 각 나라의 사람들 중 일부는 자신을 위해 지출했던 때를 떠올렸으며, 나머지 일부는 다른 사람에게 투자했던 때를 떠올렸다.

캐나다와 우간다는 역사와 종교, 기후, 문화 등의 면에서 비슷한 것이라곤 하나도 없다. 두 나라에 대해 더 주목할 점은 1인당 국민소득의 수준이 극과 극에 있다는 것이다. 캐나다가 세계에서 상위 15퍼센트 수준이라고 한다면, 우간다는 하위 15퍼센트 수준이라고 할 수 있다. 동일한 실험에 참여하여 동일한 지시사항을 전달받은 두 나라 사람들은 각자 지출했던 체험을 떠올렸다. 한 젊은 캐나다 여성과 우간다 여성은 각각 다음과 같이 다른 사람에게 투자했던 경험을 떠올렸다. 차례로 살펴보자.

여동생과 함께 어머니 생일 선물을 사러 갔었지. 백화점의 한 액세서리 매장에 들러 보라색 스카프를 샀어. 15달러 정도 썼던 것 같아. 알도 액세서리 Aldo Accessories 브랜드였어.

일요일이었어. 산책을 하다가 오랜 친구를 만났어. 아들이 말라리아에 걸려서 고생하고 있다고 했어. 당시 아이 아빠는 수중에 한 푼도 없다고 했어. 친구 가족은 고향을 떠나 가까운 병원을 찾기로 했지. 그때 나는 친구에게 병원비와 교통비로 쓰라고 1만 실링을 주었지.

캐나다 여성이 떠올린 기억은 다른 사람에게 투자한 사례로 우리에게 아주 익숙하고 기분 좋은 내용이다. 그 젊은 여성은 아마도 자가용을 몰고 백화점까지 가서 스카프를 산 뒤 치즈케이크 팩토리 Cheesecake Factory(미국의 패밀리 레스토랑-옮긴이)에서 식사를 하고 집으로 향했을지 모른다. 그녀의 기억은 다른 사람의 생명을 구하려고 자신의 돈을 지출한 우간다 여성의 기억과 비교해 판이하진 않다. 사실 실험에 참여한 우간다 사람들 중 약 15퍼센트가 불행한 일(건강과 관련된 일)을 겪는 사람을 도우려고 돈을 썼다고 밝혔다. 그런데 이런 유형의 지출은 캐나다 사람들의 기억에는 사실상 하나도 없었다.

그렇긴 해도 다 같은 사람이다. 그래서 사람들이 떠올린 친사회적 지출 유형에서 몇 가지 확연한 유사점이 발견되었다. 다음 한 우간다 남성의 기억을 들여다보자.

> 한눈에 반한 여성에게 데이트 신청을 했어. 저렴한 음식점에서 식사 2인분과 1리터짜리 소다수를 마셨지. 총 1만 실링이 들어갔어. 하지만 아직까지도 그녀를 내 여자로 만들지 못했어.

다시 말하지만, '1만' 실링은 20달러 정도 되는 금액인데, 정말로 사랑하는 여자를 '얻고' 싶은 사람이 지출한 것치고는 조금 적은 금액으로 보인다. 위 사례와 비교해서 이번에는 성향이 낭만적인 한 캐나다 남성의 체험을 들여다보자.

> 생일을 맞은 여자친구를 데리고 근처 음식점에 저녁식사를 하러 갔었지. 저녁식사를 마치고 영화를 봤고(너무 형편없어서 중간에 자리를 뜨고 말았지만), 그러고는 그녀의 방으로 돌아갔지….

여러분과 이 젊은 캐나다 친구는 다 같이 '생일 케이크의 촛불'을 끄는 현실적인 것보다 좀 더 흥미로운 결말을 기대했을지 모른다. 앞의 우간다 청년처럼 이 캐나다 청년도 아직 여자친구를 완전히 '자기 여자'로 만들지 못한 것처럼 보인다. 두 사람을 보면, 문화는 서로 달라도 다른 사람에게 투자하는 방식은 유사하다는 것을 알 수 있다.

여기서 눈여겨봐야 할 점이 있다. 즉 캐나다와 우간다라는 지역을 넘어서 행복에 관한 결말은 비슷했다는 것이다. 두 나라 사람들은 자기 자신보다 다른 사람을 위해 지출했던 기억을 떠올린 후 행복감에 빠졌다. 늘 돈에 쪼들리는 빈곤한 나라에서는 친사회적 지출이라 해도, 흔히 백화점 유랑을 다니는 일이 아니라 하루 한 끼도 못 먹는 사람들을 돕는 일 같은 것을 말한다. 이처럼 빈곤한 나라 사람들도 다른 사람에게 지출하고 나서 더한 행복감을 느끼는 것을 알 수 있다.

확실히 친사회적 지출과 행복의 관련성은 세계 어디를 가나 매우 비슷하게 나타난다. 2006년에서 2008년에 실시된 갤럽 세계 여론조사에서 136개국 사람들을 대표 표본으로 하여 설문을 실시했다. 이를 통해 지구상에 인류가 출현한 이래 가장 분명한 심리적 정보를 얻었다. 10만 명이 넘는 응답자들은 지난달에 자선단체에 기부를 했었는지, 자신의 삶에 얼마나 만족했었는지 등 여러 문항에 점수를 매겼다.[6] 그리고 136개국 중 120개국에서 지난달에 기부활동을 했던 사람들은 삶에 상당히 만족한다고 밝혔다. 이와 같은 기부와 행복감의 관련성은 빈곤한 나라와 부유한 나라에서 똑같이 나타났다. 또한 개개인의 소득을 감안한 경우에도 유효했다. 가계 소득이 두 배로 올라간 경우에도 기부활동과 행복감의 관련성은 비슷하게 나타났다.

그래서 강아지에게 꿀벌 옷을 입힐 때와는 달리, 다른 사람에게 투자하여 얻는 정서적 혜택은 단지 돈을 많이 써서 얻는 정서적 혜택과는 차원이 다르다. 다른 사람에게 투자하여 행복을 느끼는 성향은 인간 본성의 가장 기본적인 요소일지도 모른다.

∴ 유아들의 행복 성향 ∴

　베푸는 기쁨을 즐기는 것이 인간의 본래 성향이라면, 유아들도 자기 것을 베풀며 즐거움을 누릴 것이라 예상할 수 있다. 하지만 아이에게 다른 사람과 나누는 것을 가르쳐본 사람이라면, 아낌없이 베푸는 일이 아이들에게 늘 쉬운 일만은 아님을 잘 안다. 그렇다면 유아들의 경우는 어떨까? 유아들도 자기 것을 나누면서 행복감을 느낄 수 있을까?

　이를 알아보기 위한 실험에서, 두 살배기 유아 20명에게 각각 인형을 몇 개씩 나눠주었다. 그리고 인형들이 하나같이 골드피시Goldfish 크래커와 테디 그라함Teddy Grahams 쿠키를 좋아한다는 설정을 연출했다.[7] 즉, 실험 진행자는 각 인형에게 두 가지 특별한 선물 중 하나를 주고, '냠냠' 소리를 내며 인형들이 과자를 먹는 시늉을 해 보였다. 이어서 아이들은 새로운 원숭이 인형을 만났다. 원숭이 인형은 생김새에 맞게 몽키라는 이름을 가졌다. 그다음 아이들은 깜짝 선물 여덟 개를 얻었고, 이어서 재밌는 일이 시작되었다. 실험 진행자는 그의 비밀 공간에서 꺼낸 과자를 아이들에게 나눠주며 아이들에게 그것을 몽키에게 줄 것을 제안했다. 그런데 그다음에는 깜짝 선물 여덟 개 중 자신이 가장 소중히 여기는 것을 몽키에게 주라고 말했다.

　무엇이 아이들을 행복감에 젖게 만들었을까? 여러분이 추측하듯이, 두 살배기 아이들의 행복 척도를 진단하기에는 여러모로 무리가 있었다. 그래서 실험 진행자는 아이들의 얼굴 표정이 자연스레 드러내는 기색을 부호화하여 아이들의 행복감을 측정했다. 아이들은 얼마나 행복해 보였을까? 아이들은 깜짝 선물 여덟 개를 받고 나서 매우 행복해했다. 그런데 주목할 점은 자신을 위한 선물을 받았을 때보다 몽키에게 자신의 보물을 선물했을 때 더 많은 행복감을 느꼈다는 것이다. 자신만의 특별한 선물을 몽키에게 주고 나서 가장 행복해했다는 점은 정말로 놀라운 사실이 아닐까. 보물 같은 과자(골드피시 크래커)를 받은 상황에서 아이들은 그것을 더 얻을 때보다 나눠줄 때 더 많은 행복감을 느꼈다. 행복의 측면에서, 다른 사람에게 투자한 효과는 가장 가치가 있는 것, 즉 자신이 보물처럼 여기는 것을 베풀 때 가장 높게 나타난다.

아이들이 사실상 야생늑대처럼 동물적 본능이 강하여 그처럼 좋은 인간 본성의 한 부분을 놓치지 않았을까, 일부 부모들은 궁금해할 것이다. 물론 조그만 아이가 여러분에게 아장아장 걸어와서 시리얼 하나를 내밀고는 여러분이 그것을 받아줄 때 함박웃음을 터트릴 때도 있다. 하지만 그러다가도 시리얼을 나눠 먹자고 할라치면 얼굴이 시리얼 범벅이 되어 방 안을 아수라장으로 만들기도 한다. 세계 어느 나라를 가보더라도 베풂의 따뜻한 기분이 느껴지고, 유아들에게서도 그런 감정을 느낄 수 있다.

하지만 사실이 그렇다고 해서, 베풂을 통해 항상 순전한 행복감을 맛본다고 볼 수는 없다. 다른 사람에게 베푸는 성향, 그렇게 하면서 체험하는 즐거움, 이 두 가지에서 개인적 차이가 난다는 것은 두말하면 잔

소리다. 대학생 시절이었다. 당시 나는 자랄 대로 다 자란, 그게 아니라면 매력이 넘치는 남자친구 벤저민(2장에서 소개했던 남자친구)의 음식을 조금 뺏어 먹으려다 자주 퇴짜를 맞았다. 벤저민의 어머니는 그가 꼬마였던 시절을 떠올리며 고개를 가로저었다. 그러고는 침울한 표정으로 말씀하셨다. "자기 걸 건드리면 아주 난리가 났었어."

베푸는 성향의 개인적 차이를 제쳐놓더라도, 한 연구 결과에 따르면 **다른 사람에게 베푸는 상황의 본질이 중요하다고 한다.** 자선단체에 기부하는 일부터 먼 이웃 나라의 이름 모를 사람들을 돕는 일, 친구에게 점심식사를 대접하는 일까지 다른 사람에게 투자하는 일은 겉보기에 한도 끝도 없이 다양한 형태가 될 수 있을 것 같다. 그렇다면 다른 사람에게 도움의 손길을 내미는 경우, 최고의 행복감을 얻는 것은 언제일까? 이 복잡한 물음의 답을 이해하는 것이 친사회적인 노력을 통해 최대의 행복감을 얻는 길이다. 그리고 우리의 아이들, 의뢰인, 고객, 직원들이 베품의 아름다운 체험을 하도록 이끌 수 있다. 지금부터 베품의 효과를 높이는 세 전략(선택을 내려라, 관계를 만들어라, 영향을 주어라)을 설명한다.

∵ 선택을 내려라 ∴

코미디 작가로 활동했던 에밀리 스미츠는 분주한 거리의 모퉁이에서 행인들에게 자선기부활동 참여를 설득하며 20대 초반을 보냈다. 당시 그녀가 붙잡지도 않았는데 그녀와 마주치지 않으려고 일부러 길을 돌아 주차된 차로 도망간 회사원도 있었다고 한다.[8] 우리도 길거리에서 선거운동원이 극성스럽게 한 표를 구한다거나 회사 동료의 아이가 자신의 농구팀을 위해 말도 안 되는 가격으로 초콜릿을 사달라고 조르는 상황을 겪는다. 혹은 절친한 친구가 돈을 꿔달라고 애원하는 경우도 있다. 검색 사이트를 보면 친구와의 돈 관계에 관한 사례가 끝도 없이 나올 정도로, 수많은 사람들이 친구로부터 무리한 부탁을 받고 고민한다. 이처럼 사람들이 우리에게 도움을 구하는 경우, 우리는 대개 이러지도 저러지도 못하는 상황에 놓인다. 이런 상황에서는 베풂의 기쁨이 사라지기 마련이다.

이와 관련한 한 실험에서 대학생 138명이 다른 사람을 돕는 식의 가치 있는 활동을 하면서 느낀 점을 매일 일기에 적었다.[9] 학생들의 일기를 분석해보니, 학생들은 친사회적인 활동을 하되 자진하여 활동에 참여할 때 만족해했다. 의무적으로 활동에 참여했거나 잔소리 듣기가 싫어서 활동에 참여했던 학생들은 선행을 베풀어놓고도 그날 찝찝한 기분을 느꼈다.

선택의 중요성은 또한 뇌 스캔 사진에서 드러나기도 한다. 일례로, 오리건대학교 연구진은 실험 참가자들에게 100달러씩을 주고 그 돈을 푸드 뱅크food bank(소외 계층 식품 지원 복지 서비스 단체-옮긴이)에 기부하라고 했다. 이에 실험 참가자들은 모두 기부를 한 후 뇌 스캐너를 통해 뇌의 활동의 측정했다.[10] 실험 참가자들 중에는 자진해서 기부를 하는 사람들도 있었지만, 마치 세금을 내듯이 의무적으로 기부를 하는 사람들도 있었다. 그런데 의무적으로 기부를 하더라도 푸드 뱅크 같은 가치 있는 자선단체에 기부하는 경우 뇌의 보상 영역이 활발히 반응했다. **스스로 기부를 선택한 경우에 뇌의 보상 영역은 만족을 자기 평가하는 동시에 활동이 상당히 활발해졌다.**

여러분이 전문 기금 조성자라면, 혹은 터프머더에 참가하여 연계된 자선활동(부상당한 용사 프로젝트Wounded Warrior Project) 기금을 모으고 있다면, 어떻게 해야 효과를 볼 수 있을까? 그럴싸한 웹사이트를 만든 다음 사람들이 자선활동에 자발적으로 참여하도록 유도해야 할 것이다. 그런데 이런 전략에는 문제가 하나 따른다. 이렇게 한다면, 여러분은 기금을 별로 조성하지 못할 것 같다는 것이다. 사람들이 자선단체에 기부하는 가장 큰 이유는 누군가의 권유를 받았기 때문이라고 한다.[11] 그렇다면 해법은 억지로 기부했다는 생각이 들지 않게 만들어주는 것이다.

기부 요청 스타일을 조금만 바꿔도 상황은 확 달라질 수 있다. 한 실험에서 한 대학생이 약간의 도움을 호소하며 다음 둘 중 하나와 같은 방식으로 말을 마쳤다.[12]

- 도와주든지 도와주지 않든지, 전적으로 여러분의 선택에 달린 문제입니다.
- 정말로 여러분이 도와줘야 한다고 생각합니다.

두 경우 모두 개인적인 호소는 상당히 효과가 있었다. 도움을 요청받은 사람들이 거의 다(97퍼센트 이상) 도와주겠다고 했다. 이 대목에서 한 가지 주목해야 한다. 학생을 돕겠다고 한 사람들은 도움을 줘야만 한다는 말을 들었을 때보다 자진해서 도움을 주기로 했을 때, 더 많은 행복감을 느꼈다. 그에 더해, <u>스스로</u> 내린 선택이라고 생각한 사람들은 정성을 다해 학생을 도왔고 학생과의 끈끈한 유대감을 느꼈다.

∴ 관계를 만들어라 ∴

마흔일곱 살의 공장 노동자 데이브 도스는 여자친구인 안젤라와 4년째 교제 중이었지만, 결혼 자금을 모으느라 결혼식을 뒤로 미루었다.[13] 그러다 2011년 10월 꿈같은 일이 벌어졌다. 이 영국인 커플은 1억 100만 파운드(1억 6,300만 달러, 한화 약 1,780억 3,400만 원)의 복권에 당첨되었다.[14] 거액의 복권 당첨금을 받은 데이브는 안젤라에게 새 다이아몬드 약혼반지를 사주겠다고 약속했다. 두 사람은 생각했던 것보다 '조금은 더 화려한' 결혼식을 기대했다. 또한 앞에서 이야기했던 복권 당첨을 꿈꾸는 대다수의 사람들과 달리, 두 사람은 가치 있는 일, 특히 아이들의 자선사업에 당첨금의 일부를 기부하는 것을 고민하기 시작했다. 사실 처음에는 가족과 절친한 친구들을 백만장자로 만들어주겠다고 다짐했지 큰 욕심을 부리지는 않았다. 데이브의 이야기를 들어보면 그 의도가 이해

된다. "우리 부부는 15명에서 20명 정도의 명단을 작성했습니다. 지금까지 살아오는 동안 우리에게 힘을 주었던 사람들입니다." 두 사람은 그들에게 100만 파운드씩 주기로 약속했다(모든 게 지금 결정되었어도 당사자에게 직접 얘기를 듣기 전까진 장담해선 안 되는 일이지만 말이다). 안젤라는 "사람들은 너무 놀라 정신을 차리지 못했어요. 꿈인지 생시인지 모르겠다고 했어요"라고 말했다.[15]

도스 부부는 흔치 않게 어마어마한 금액으로 베풂을 실천했다. 그런데 가족과 친구를 제일 먼저 챙기기로 한 두 사람의 판단은 지금까지 세계 최대 규모의 복권에 당첨되지 못한 사람들의 지출 행태와 딱 맞아떨어진다. 두 사람이 복권에 당첨된 바로 그 주에, 갤럽이 여론조사를 실시했다. 갤럽 조사에서 미국 사람들은 크리스마스 선물을 사는 데 평균 700달러 이상을 지출할 계획이라고 밝혔다.[16] 그렇게 지출하는 비용의 대부분은 가족과 친구에게 줄 선물을 사기 위한 것이었다.[17]

경제학 교수 조엘 월드포겔Joel Waldfogel이 발표한 '크리스마스 선물의 자중손실deadweight loss' 연구에 따르면, 선물을 받는 사람은 주는 사람이 생각하는 것보다 선물의 가치를 낮게 생각한다고 한다.[18] 이를테면 연말에 100달러짜리 선물을 한다면, 선물을 받은 사람은 선물의 가치를 67달러에서 90달러 정도로 생각한다는 것이다. 흥미로운 점은 가족이나 친구로부터 선물을 받는 경우, 그와 같은 비효율성이 낮아진다는 것이다.

하지만 사실적인 경제 분석으로는 유대관계를 강화하는 선물의 핵심 기능을 간과할 수 있다. 장기간 연애를 해온 남자들은 평소 갖고 싶었던 물건을 여자친구가 선물로 선정했음을 알고 난 후 여자친구와의 관계가 지속될 것이라고 말하거나, 여자친구와 결혼까지 갈 것이라고 말하는 경우가 많다.[19] 뿐만 아니라 사람들은 '약한 유대관계(친구의 친구나 이복 삼촌 등)'보다 '강한 유대관계(직계 가족이나 절친한 친구 같은 소중한 사람들)'를 위해 지출함으로써 충만한 행복감을 느낀다.[20]

물론 선물을 받는 사람과의 관계가 전부는 아니다. 선물을 주는 방식도 중요하다. 이에 앞서 소개했던 라라 애크닌은 사람들에게 10달러짜리 스타벅스 상품권을 주고 그 반응을 살펴보기로 했다.[21] 먼저 첫 번째 집단의 사람들에게 지인을 데리고 스타벅스에 가서 상품권으로 커피를 마시라고 했다. 이어서 두 번째 집단의 사람들에게는 상품권을 지인에게 선물로 주되 그 사람과 함께 스타벅스에 가지는 말라고 당부했다. 이에 두 집단의 사람들은 모두, 구체적으로 말해 커피를 선물함으로써 다른 사람에게 투자할 기회를 얻었다. 단, 첫 번째 집단의 사람들만 상품권을 선물 받은 지인과 시간을 함께 보냈다.

그 사이 라라 애크닌은 사람들을 더 모집했다. 역시 그들에게 상품권을 선물하며 상품권에 당첨되었으니 자신을 위해 상품권을 사용하라고 말했다. 이에 그들 중 절반은 혼자서 스타벅스에 갔다. 나머지 절반은 친구와 함께 스타벅스에 갔지만, 상품권으로 자신의 커피를 사 마셨다.

그날 어떤 사람들이 가장 행복했을까? 바로 지인을 위해 상품권을 사용하고 그와 함께 시간을 보낸 사람들이었다. 다른 사람에게 투자하고 유대관계를 강화하다 보니 행복감이 증진된 것이다. 이제 여러분 자신의 경우 유대관계를 강화하는 차원에서 친사회적 지출을 얼마나 하고 있는지 생각해보자. 특히 자신이 소중히 하는 사람과의 관계를 향상시키는 방향으로 지출을 한다면, 대개는 친사회적 지출 대비 최대의 행복감을 맛보게 된다.

그런데 생판 모르는 사람과도 유대감을 형성할 수 있다.[22] 도너스추즈(앞서 마이클이 크레이트앤배럴에서 준 50달러짜리 상품권으로 기부한 단체)가 추구하는 기부의 개념은 공립고등학교 사회학 교사생활을 했던 창립자 찰스 베스트Charles Best의 경험에서 비롯된 것이다. 찰스 베스트는 학교 측의 지원이 턱없이 부족했던 탓에 다른 공립학교 교사들처럼 수업에 필요한 물품을 직접 구입하곤 했다.[23] 그러던 어느 날 친구(그보다 부유했던 친구)에게 사정을 이야기했더니, 그 친구는 찰스 베스트의 수업에 필요한 물품의 일부를 기꺼이 사주겠다고 했다. 그처럼 특별한 기부자와 특별한 수업 사이에 연결고리가 생기면서 차가운 금전 거래가 되었을지 모르는 부분에서 정서적 유대감이 생겨나게 되었다.

오늘날, 찰스 베스트가 만든 웹사이트에서는 기부를 원하는 사람들이 아주 다양한 방식으로 기부를 하고, 기부할 학교와 지원활동을 직접 선택할 수 있다. 기부자들은 거주지에 소재한 학교를 검색할 수 있으며, 자기 출신 학교의 수업에 대해 알아볼 수도 있다. 또 집에서 가까운 학교에 기부금을 전달할 수도 있다. 뿐만 아니라 자신의 관심사에 따라 다양한 방식의 기부를 선택할 수 있다. 이를테면, 평소 즐기는 마크 트웨인의 저서를 지원하기도 하고, 천문학에 관심이 많은 사람은 망원경을 지원하기도 한다. 아니면, 학교의 소재지나 교사가 게시한 활동 내용에 상관없이 도움이 절실한 학생들을 찾아 나름의 방법으로 지원할 수도 있다. 이처럼 도너스추즈는 구체적으로 어떤 학생들을 돕고 어떤 수업을 지원할지 기부자들이 직접 선택하도록 해준다. 또한 웹사이트에서는 기부자들이 기부 체험에서 흔히 놓치는 감정적 유대감을 실제로 형성할 수 있다.

연결은 거기서 그치지 않는다. 교사들은 기부자들에게 감사편지를 보내고, 학생들도 직접 감사편지를 보내곤 한다. 찰스 베스트의 이야기를 들으면 쉽게 이해가 된다. "기부자에게 처음으로 감사편지를 보낼 때, 우리는 돈 얘기부터 꺼내지 않습니다. 그보다는 답장을 교실로 보내달라고 기부자에게 부탁하지요. 기부자와 학생들이 편지를 얼마나 주고받는가를 보고 우리는 성공을 판단합니다."

도너스추즈 같은 단체들은 기부자들이 그들의 선물을 차별화하도록 도와준다. 더 넓게 보자면, 여러분이 스타벅스에서 친구들을 만나 커피를 대접하거나 아이들이 과학에 흥미를 느끼도록 도와줄 때, 여러분은 자신의 친사회적 투자에서 효과를 체험한다. 지금부터 살펴볼 테지만, 선행을 베풀어 더한 행복감을 누리게 하는 결정적 요인이 하나 더 있다. 우리가 다른 누군가에게 영향력을 발휘하고 있다는 사실을 인지하는 것이다.

∴ 영향을 주어라 ∴

샌프란시스코에서 의사로 일하는 케빈 스타Kevin Starr가 우연히 자선 활동에 발을 들여놓게 된 이야기를 해보자. 얼마 전 케빈 스타의 친구이자 멘토인 레이너 안홀드Rainer Arnhold가 볼리비아에서 함께 일하다가 갑자기 세상을 떠났다. 친구가 죽고 나서야 케빈 스타는 친구에 대해 자세히 알게 되었다. 그는 이렇게 말했다. "레이너에게는 사랑하는 가족이 있습니다. 알고 보니 레이너의 가족은 몇 대에 걸쳐서 은행업에 종사하고 있었어요. 하나같이 일에서 두각을 나타냈습니다."24 레이너 안홀드는 평생 가난한 아이들의 삶을 개선시키려고 애썼다. 가족도 그의 뜻을 이어가고자 했다.

그러던 어느 날 레이너 안홀드의 가족은 케빈 스타에게 물라고재단Mulago Foundation(임팩트 투자를 진행하고 있다. 여기서 말하는 임팩트는 사회, 환경적 임팩트를 의미한다. 임팩트 투자는 경제적인 성과를 중시한 기존의 투자와 달리 자선 목적의 재단이나 비영리단체의 개념에 금융시장의 투자 개념이 결합된 혁신적인 접근법이다-옮긴이) 설립에 참여해달라고 부탁했다. 이에 케빈 스타는 그들의 요청에 못 이겨 물라고재단의 상임 이사직을 수용했다. 얼마 전 케빈 스타는 '최빈곤국들의 가장 시급한 문제를 해결할 최선책을 물라고재단이 찾고 있다'는 소식을 전했다.25 물라고재단은 '임팩트를 평가, 확대하고, 임팩트 있는 대상에 투자하는 등' 자나깨나 임팩트 투자에 열을 올리고 있다. 또 엄격한 시스템에 따라 잠재적 임팩트를 평가한 후 투자 대상을 선정한다. 즉, 사명문에 나올 법한 진부한 슬로건 말고 예측 가능한 결과에 초점을 맞춘다.

우리의 기부활동이 물라고가 인정하는 임팩트 같은 것을 발휘하길 우리는 모두 바란다. 하지만 10달러나 20달러, 소액을 기부하여 그 효과를 확인한다는 것은 어려울 것이다. 유니세프에 기부하면, 전 세계 아이들을 도울 수 있다. 이런 목적을 부인할 수는 없다. 하지만 유니세프 같은 대규모 단체에 막연히 소액을 기부하고 나서 아이들의 삶에 실제 변화가 어떻게 일어나는지 확인하긴 어렵다. 그와 대조적으로 스프레드더넷Spread the Net은 기부자들이 10달러를 기부하여 사하라 이남 아프리카 지역에 말라리아 모기장 하나를 전달하게 하고 있다. 스프레드더넷의 목표는 슬로건에서 명확히 드러난다. "1분마다 아이 한 명이 헛된 죽음을 맞이합니다. 침대 모기장 하나면 5년 동안 아이들을 다섯 명까지 보호할 수 있습니다. 모기장 하나. 10달러. 생명을 구하세요."[26] 유니세프와 스프레드더넷은 모두 아이들의 행복을 지키는 소중한 단체다. 또한 두 단체는 파트너 관계에 있다. 그럼에도 스프레드더넷에 기부할 때 그 영향력을 훨씬 더 쉽게 확인할 수 있다. 또한 스프레드더넷에 기부하는 사람들은 유니세프에 기부했을 때보다 기부 금액 대비 큰 행복감을 맛본다.[27]

다른 사람에게 영향을 미치면, 또한 여러분의 직장생활에도 변화가 생긴다. 노스캐롤라이나대학교의 발전 기금 수백만 달러를 조성하고 있는 기금 조성자 82명을 조사한 결과는 꽤 흥미로웠다. "내 일이 다른 사람의 삶에 긍정적 영향을 미치는 것 같아요"라는 식의 말을 한 사람들은 직장에서 감정적 소진emotional exhaustion을 겪는 일이 드물었다.[28]

하지만 기업이 중요한 변화를 일으키는 것이 늘 쉬운 일만은 아니다. 케빈 스타는 비영리 사회적 기업인 킥스타트Kickstart를 모범 사례로 든다. 킥스타트는 '관개용 펌프를 개발, 판매하여 아프리카 농민들이 고부가가치의 농작물 수확을 늘리도록 돕는다.'[29] 케빈 스타는 킥스타트를 이렇게 평가한다. "그들은 진정한 영향력을 발휘합니다. 가난한 아프리카 농민들이 소득을 10배나 올리도록 돕고 있으니까요. 그런 상품을 마케팅하는 데는 비용이 만만치 않게 들어갑니다. 건실한 농가에 펌프 한 대를 보급하는 데 킥스타트는 250달러 정도를 씁니다." 농가 한 곳만 지원하더라도 비용이 꽤 많이 들어갈 것처럼 보일지도 모른다. 그렇지만 케빈 스타의 말을 들어보면 생각이 바뀌게 된다. "당신이 우리에게 250달러를 주면, 우리는 그 돈으로 한 가족을 빈곤으로부터 영원히 구해낼 것입니다."

기부자들에게 자선활동의 효과를 확실히 보여줄 수 있다면, 그로 인한 엄청난 수확을 올릴 수 있다. 더 나아가 베풂의 정서적 혜택을 최대로 높인다면, 기부자들이 후일에도 베풂의 태도를 지향하게 할 수 있다. 최근의 한 실험에서 베푸는 태도와 행복감은 상호 강화효과를 낸다는 결과가 나왔다. 그에 따라 긍정적 피드백 고리feedback loop가 형성된다고 한다. 이 실험의 결과는 여름 캠프의 인기곡인 '행복은 돌고 도는 것Happiness Runs in a Circular Motion'의 실증적 근거가 된다.

실험에 참가한 학생들은 자신 또는 다른 사람에게 지출했던 일을 떠올린 후 현금이 들어 있는 봉투를 받았다.[30] 그런데 이번 실험에서는 이 공돈을 마음대로 쓸 수 있도록 해주었다. 그 결과, 학생들은 다른 사람에게 지출했던 때를 떠올리며 큰 행복감을 느꼈다. 또한 과거의 지출 경험에 따른 행복감이 높아질수록 횡재한 돈을 자신보다 다른 사람에게 지출하는 경향이 두드러졌다.

한편 단돈 1달러를 기부하더라도 긍정적 영향을 주는 기쁨을 맛보게 할 수 있을까? 여러 사람과 힘을 합치면 모르겠지만, 그런 소액 기부로 변화를 일으킨다는 것은 감이 잘 오지 않는다. 2012년 대니얼 호킨스Daniel Hawkin라는 사람이 만든 달러 컬렉티브Dollar Collective: www.payitsquare.com를 예로 들어 보자. 달러 컬렉티브 회원들은 각자 1달러를 기부한다. 그리고 회원 그룹은 자금원을 가지고 어떤 선행을 할지 임의대로 결정한다.[31] 그들은 첫 시도로서, 발렌타인 데이를 맞은 한 젊은 남녀에게 깜짝 선물로 식사를 제공했다. 회원 몇 사람이 다른 회원들과 체험을 나누기 위해 두 사람에게 선물 주는 장면을 영상으로 기록하기도 했다. 뜻하지 않게 공짜 식사를 한 두 사람은 어떻게 했을까? 그들은 애초에 식사비로 지출하려 했던 돈을 현지 자선단체에 기부하기로 했다(자신들의 고양이에게 줄 특별 선물도 사기로 했다).[32]

요컨대, 친사회적 지출이 제대로 이루어질 때(선택을 내리고 관계를 만들고 확실한 영향을 미칠 때), 작은 선물을 가지고도 행복감을 증진시킬 수 있으며, 어쩌면 베풂의 도미노 효과를 촉진시킬 수도 있다.

∵ 자선활동이 건강에 미치는 영향 ∵

다른 사람에게 지출을 하면 그 혜택은 기분이 좋아지는 일에서 그치지 않는다. 자신의 돈을 기부하여 신체의 건강을 증진하고 금전적으로 풍족해졌다는 기분까지 느낄 수 있다. 노인 1,000명 이상을 대상으로 실시한 실험이 그 점을 잘 보여준다. 이 실험에서 자신과 관계가 있든 없든 상관없이 다른 사람에게 금전을 비롯한 다양한 유형의 후원을 해준 사람들은 건강이 전반적으로 나아졌다. 이런 관계성은 소득, 활동성 등 다른 변수를 감안하더라도 그대로 적용된다.[33]

이처럼 다른 사람을 후원하여 얻는 건강상 혜택은 시간이 지날수록 줄어들 것처럼 보이지만, 친사회적 지출을 단 한 번만 하더라도 후속 결과를 얻을 수 있다. 이와 관련한 한 실험에서 사람들은 10달러를 받고 나서 많든 적든 원하는 만큼 다른 사람(한 푼도 받지 않은 사람)과 함께 지출을 하라는 말을 들었다.[34] 여러분이 얼마를 지출하든 상대가 수긍해야 하고 여러분이 한 푼도 지출하지 않아도 상관이 없다면, 여러분은 상대를 위해 얼마를 지출할까? 실험 참가자들은 10달러의 절반도 안 되는 금액(정확히 말하자면, 4달러 48센트)을 지출하기로 마음먹었는데, 지출을 많이 한 사람일수록 행복감을 더 많이 느꼈다. 또한 지출을 많이 한 사람일수록 마음이 별로 찜찜하지 않다고 밝혔다. 횡재한 돈을 쓰지 않고 보관만 하다간 좋지 않은 사회적 낙인이 따라붙어서인지 모르겠다.

연구진은 실험 참가자들에게 기분이 어떤지 물어보고 나서 좀 색다른 요청을 했다. 모든 실험 참가자들에게 면구(싸스테드Sarstedt의 쌀리베트Salivette〔싸스테드는 독일 눔브레히트 외곽에 위치한 회사로 생물학 연구 분야 및 임상 분야 제품 및 소모품을 판매하고 있다-옮긴이〕)를 부드럽게 씹어보라고 했다(지금까지의 설명으로 여러분의 흥미를 자극했다고 우리 두 저자는 확신한다. 때문에 여러분이 직접 싸스테드의 제품을 구매하여 실험을 할 수도 있을 것이다). 질문을 하며 기분대로 웃어보라고 해도 됐을 텐데, 왜 면구를 씹으라고 했을까? 코르티솔cortisol(부신피질에서 분비되는 스테로이드 호르몬의 일종. 스트레스를 받을 때 분비된다-옮긴이)의 수준을 측정하기 위해서였다. 이 코르티솔은 타액을 통해 측정할 수 있다. 실험 결과에 따르면, 자신을 생각하며 돈을 얼마나 많이 보관할까 고민한 사람들은 마음속으로 찜찜함을 느꼈다. 이후 그들의 타액 내 코르티솔 수치가 높게 올라갔다. 이런 현상은 베풂의 태도라든가 돈에 인색한 마음이 신체에 영향을 미친다는 점을 암시한다. 코르티솔 수치가 약간 올라갔다고 해서 몸에 해롭지는 않지만, 이와 같은 스트레스 호르몬의 수치가 높아지면 시간이 갈수록 신체 건강이 나빠질 수 있다. 코르티솔 수치는 심장병을 비롯한 여러 건강상 문제를 일으키는 원인이 되기도 한다.[35]

자원봉사활동에 참여하는 등 다른 사람을 위해 시간을 쓰는 사람들이 시간 여유를 더 많이 느낀다는 연구 결과를 기억하는가? 돈을 쓸 때도 유사한 효과가 나타난다. **자선단체에 기부한 사람들은 다른 사람들에 비해 금전적으로 더 여유를 느꼈으며, 돈 관리도 더 잘했다.**

1달러 정도의 소액을 기부하더라도 여러분도 부자가 된 기분을 느낄 수 있다.[36] 한 실험에서 실험 참가자들은 1달러가 들어 있는 봉투 한 장을 받았다. 1달러는 그냥 보관해도 되고, 자선단체에 기부해도(도너스추즈의 학교 기부활동 참여) 상관이 없었다. 혹은 연구진에게 돈을 반납해도 상관이 없었다. 누가 더 부자가 된 기분을 느꼈을까? 논리적으로 따져보면, 1달러를 반납했거나 자선단체에 기부한 사람들이 하나같이 가난해진 기분을 느껴야 한다. 돈을 다 썼으니까 말이다. 그런데 결과는 예상을 완전히 벗어났다. 1달러를 기부한 사람들이 1달러를 반납한 사람들보다 금전적 여유를 훨씬 더 많이 느꼈다. 마치 벼락부자가 된 기분을 느낄 정도였다. 시간을 기부함으로써 다른 사람에게 쓸 시간을 많이 가져야 한다고 생각하듯이, 돈을 기부함으로써 돈을 많이 가져야 한다고 생각하게 되는 이치라고나 할까.

종합해보면, 다른 사람에게 투자하면 여러 혜택이 돌아온다. 행복감에 젖을 뿐만 아니라 건강도 좋아지고 경제적 여유로움을 느낄 수 있다. 그런데 기부를 하면, 부자가 되었다는 기분만 느끼는 게 아니라 실제로 부를 창출할 수 있다. 이어서 자세히 알아보자.

∴ 자선활동과 수익의 연관성 ∴

2010년 2월에 열리는 슈퍼볼 결승전을 앞둔 2009년 12월, 펩시는

23년 동안 계속해온 슈퍼볼 광고를 중단하겠다고 발표하여 광고계를 충격에 빠트렸다. 2010년 슈퍼볼 기간 동안 펩시는 그들의 브랜드 광고를 모두 포기했다.37 대신에 슈퍼볼 광고에 책정했던 2,000만 달러의 예산을 '펩시 리프레시 프로젝트Pepsi Refresh Project'라고 명명한 획기적인 사회 참여적 사업에 투자하겠다고 발표했다. 이 사업은 일반 대중이 그들의 지역사회를 '새로이 개선할' 아이디어를 제시하고 보조금을 지원받는 형태로 진행되었다. 펩시는 투표를 통해 일반 대중의 추천을 가장 많이 받은 프로젝트에 보조금을 지원했다. 이 사업의 투표수가 2008년 미국 대통령 선거의 투표수보다 더 많았다는 사실은 참 놀랍다. 그런데 펩시는 슈퍼볼 광고를 하지 않겠다는 놀라운 결정을 내린 덕에 그 광고에 투자한 기업들에 비해 광고 효과를 더 톡톡히 보았다. 게다가 30만이나 되는 페이스북 팬을 거느리게 되었다.

펩시는 또 다른 효과도 보았다. 이 사업은 일반 소비자들이 핵심 역할을 했지만, 직원들도 정서적으로 강한 영향을 받고 사업에 자발적으로 참여한 것이다. 펩시의 마케팅 수석 담당자이자 펩시 리프레시 프로젝트 책임자인 아미 이라자발Ami Irazabal의 말을 들어보면, 그 효과가 실감난다. "우리의 다른 브랜드 직원들이 '제가 도울 수 있는 방법이 있을까요'라고 묻습니다."

펩시 브랜드팀에서는 직원 집단끼리 경쟁을 벌이는 특별한 대회를 열었다. 10만 달러의 보조금을 두고 각 집단이 아이디어를 내고, 전 직원이 투표를 하는 방식이다. 그리고 CEO인 인드라 누이Indra Nooyi가 전체 회의에서 수상자를 발표한다. 펩시의 내부 조사에 따르면, 이를 통해 직원들의 97퍼센트가 회사에 자부심을 갖게 되었다고 한다. 펩시 베버리지 컴퍼니 커뮤니케이션Pepsi Beverages Company Communications의 책임자 크리스틴 힝크Kristine Hinck는 한 직원이 남긴 글을 우리에 들려주었다. 직원은 이런 말을 남겼다고 한다. "펩시에서 일한 30년 동안 이렇게 자랑스러웠던 적이 없습니다!"[38]

친사회적 지출의 혜택을 보고 있는 또 다른 기업을 소개한다. 내셔널오스트레일리아은행National Australia Bank, NAB은 그런 측면에서 좀 더 엄격한 제도를 시행하고 있다. NAB는 무작위로 선정한 직원들에게 100오스트레일리아 달러를 주고, 자선 웹사이트 카르마커런시닷컴 karmacurrency.com.au에서 직접 원하는 자선활동을 선택하여 기부하도록 하고 있다.[39] 이후에 실시된 설문조사에서 자선활동에 참여한 NAB 직원들은 평소보다 더 많은 행복감을 느꼈을 뿐 아니라 업무에 더 만족하게 되었다고 밝혔다.

몇몇 기업들은 자선기부활동에 참여할 뿐 아니라 직원 간에 서로 도울 수 있는 기회를 제공하고 있다. 구글의 인력운영 담당 부사장인 라즐로 복은 어느 직원이나 특별 기금 중 150달러를 동료 직원에게 지원할 수 있다고 말한다.[40] 그의 설명을 들어보자. "관리도 필요 없고, 감독도 필요 없고, 승인도 필요 없습니다. 왜 돈이 필요한지에 대해 한 줄만 쓰면 그만이지요." 라즐로 복의 말처럼 '공격적으로' 수익을 올리는 회사에서 150달러는 직원들의 소득에 비해 티도 안 나는 금액이다. 그럼에도 구글의 자체 조사에 따르면, 그와 같은 소액의 지원금이 관리자나 경영진이 지급하는 금일봉보다 더 큰 효과를 발휘한다고 한다. 150달러가 구글 직원들을 행복하게 만들어주는 것이다.

팀 구성원들에게 소액의 상여금을 주고 서로 도움을 주고받도록 한다면, 도움을 받은 사람이 행복해질 뿐 아니라 팀 전체의 성과도 향상될까? 이 질문의 답을 구하기 위해 한 연구진이 회사의 관계자인 척하며 레크리에이션 피구 리그를 진행했다.[41] 일부 팀의 선수들은 20달러를 받고 나서 팀 동료 중 한 사람에게 20달러를 쓰라는 말을 들었다. 나머지 팀의 선수들도 20달러를 받았는데, 그 돈으로 각종 청구서 비용과 생활비를 해결하거나 자신을 위한 선물을 사라는 말을 들었다.

이에 '개인적 지원금'을 받은 선수들은 주스와 피타 빵, 파이어볼Dr. McGillicuddy's Fireball 위스키를 비롯해 (외관상 보기에) 개인적으로 좋아할 만한 것들을 샀다. '친사회적 지원금'을 받은 선수들도 음식과 술을 잔뜩 사기는 했지만, 자신들보다는 동료들이 좋아할 만한 것들을 샀다. 한 선수는 팀 동료들을 위해 피냐타(미국 내 스페인어권 사회에서 파티 때 쓰는 사탕으로 속을 채운 모형. 공중에 매달아 눈을 가린 채 막대기로 쳐서 터트리도록 만들어졌다-옮긴이)를 샀다. 자신이 즐기는 위스키를 구입한 동료, 피냐타를 구입한 동료, 두 사람이 어떤 점에서 다른지 생각해보자(동료들이 화려한 빛깔의 당나귀 피냐타를 손으로 쳐대자 사탕이 우수수 떨어지는 그림이 그려진다).

'친사회적 지원금'을 활용하면 팀의 성과가 향상될까? 리그 경기 결과를 종합해보니, '개인적 지원금'을 받은 팀은 기존에 50퍼센트였던 승률이 지원금을 받고 나서 43퍼센트로 떨어졌다. 반면에 '친사회적 지원금'을 받은 팀은 기존에 50퍼센트의 승률로 압도적 우세를 보이다가 지원금을 받은 후 무려 80퍼센트의 승률을 기록했다.

우리 모두가 알다시피, 피구 경기에서 이기는 것도 아주 중요한 인간 활동 중 하나다. 그런데 이렇게 친사회적 지원금을 지급하는 방식이 다른 조직에서도 효과가 있을까? 그래서 피구 경기 실험을 다른 상황에 그대로 적용해보았다. 이번에는 벨기에에서 14개 제약 영업팀에 지원금을 지급했다.[42] 각 팀은 여덟 명 정도로 구성되었다. 연구진은 각 팀의 구성원 몇 명에게 15유로를 지급했고, 이후에 지원금을 지급하기 전과 지급한 후 각 팀의 영업 실적이 어떻게 달라졌는지 측정했다. 또한 팀들의 절반을 대상으로 하여 지원금을 자신을 위해 쓰라고 팀 구성원들에게 지시했다. 반면 나머지 팀들의 구성원들에게는 지원금을 팀 동료들을 위해 쓰라고 지시했다.

이후 각 팀의 영업 실적은 과연 어떻게 되었을까? '개인적 지원금'을 지출한 팀의 실적은 여전히 저조했다. 반면에 '친사회적 지원금'을 받은 팀의 실적은 급등했다. '개인적 지원금'으로 15유로를 지급한 경우, 회사는 4.5유로밖에 회수하지 못했다. 순손실이 발생한 것이다. 즉 '개인적인 지원금'을 지급해놓고도 실적을 높이지 못했기 때문에 자금을 낭비한 꼴이 되었다.

소수의 팀을 대상으로 관측했기에 이번 실험을 액면 그대로 받아들이는 것은 무리가 있다. 하지만 실험에서 확인된 효과의 규모 자체는 중요한 사실을 암시한다. 최선의 직원 보상책에 대해 오래전부터 의문시되었던 전제를 눈여겨봐야 한다는 말이다. 기업들은 실적 수당부터 수수료, 연말 상여금에 이르기까지 직원들의 동기를 자극하는 획기적인 보상책을 마련해왔다. 그와 같은 제도는 매우 폭넓고 다양하게 운영되고 있다. 그러한 사실에 공통의 전제가 깔려 있다. 직원들의 동기를 자극하는 최선의 방법은 직원들에게 금전으로 보상하여 개인적으로 지출하게 한다는 것이다. 그런데 직원들에게 지원금을 지급하여 자선활동이나 동료를 돕는 일 등 친사회적 활동에 참여하게 한다면, 그간에 보지 못한 수익 상승 효과를 거둘 수 있다.

지금까지 살펴본 바와 같이 기업들은 직원들이 다른 사람들에게 투자를 하도록 권장하여 수익을 높일 수 있다. 고객들에게도 같은 방법을 적용하면 어떨까? 미국에서 가장 촉망받는 사회적 기업가인 자비에르 헬게슨Xavier Helgesen과 크리스 푹스Christopher 'Kreece' Fuchs는 노트르담대학교에 다니던 시절 독창적인 사업 모델을 창안했다. 두 사람은 친구들의 전공서적을 모아 인터넷을 통해 판매하면서 돈이 되는 방법을 찾았다. 또한 사업에서 수익을 벌어들이는 동시에 판매 수익금의 일부를 사회에 환원하기로 다짐했다.

이 아이디어에서 그들의 회사 베터월드북스Better World Books가 탄생했다. 이 회사는 기부받은 책을 인터넷에서 판매하고 수익의 일부를 북스포아프리카Books for Africa와 전국가족문해센터National Center for Family Literacy,

^{NCFL} 같은 문맹퇴치 자선단체에 기부한다. 또한 이 회사는 관계 창출의 원칙을 따른다. 베터월드북스를 이용하는 소비자들은 그들이 도울 사람들의 얼굴을 알 길이 전혀 없다. 그럼에도 사이트에서는 책을 읽고 그 내용을 아는 소비자들과 세상 어딘가에서 또한 책을 읽게 될 수혜자 사이에 밀접한 관계가 형성된다.

사실 이런 관계 형성은 사업 모델의 핵심을 이루고 있다. 베터월드북스는 이를 두고 '돌고 돌게 만드는 것'이라고 표현한다. CEO인 데이비드 머피^{David Murphy}는 회사가 '소비자들의 마음속에 있는 것들을 연결하고자' 애쓰고 있다고 말한다. 즉 '한 권의 책을 구입할 때마다 책이 필요한 사람에게 똑같이 한 권의 책을 기부하는 것', 이런 행동 하나하나가 도움이 필요한 사람들에게 힘이 된다는 사실을 알게 해주는 것이다.[43] 자동차 회사에 비유하여 생각해보자. 여러분이 자동차를 샀다가 나중에 무상으로 자동차를 되돌려준다. 그리고 이런 활동을 되풀이한다. 이것이 바로 베터월드북스의 사업 모델이다. 이는 소비자들이 책을 구매하면서 문맹퇴치에 기여했다는 감성적 욕구를 충족하기에 그 효과를 보고 있다.[44]

오늘날 사회공익 마케팅이 유행처럼 번지고 있다. 그렇게 한다고 해서 늘 수익이 상승한다거나 소비자들의 만족이 충만해진다고 장담할 수 없다. 소비자들이 일반 소비재를 구매하고 자선활동에 참여하게 하는 경우, 잘못하면 역효과가 날 수 있다. 이와 관련된 현장조사에서 연구진은 미시간대학교에 자선활동 부스를 세우고 미국암학회 기금을 모금했다.⁴⁵ 며칠간 지나가는 사람들에게 잔돈을 뜻깊은 일에 기부하라고 간단히 부탁했다. 그렇게 총 52달러 27센트가 모였다. 이어서 며칠 동안은 행인들에게 기부를 부탁하고, 또 2달러 50센트짜리 레드불 Red Bull (오스트리아 에너지 음료-옮긴이)을 사라고 권유하며 50센트를 자선단체 기금으로 쓸 것이라고 설명해주었다. 그렇게 하여 레드불 15캔(자선활동 기금 총 7달러 50센트 모금)을 팔았고, 기부금은 10달러 55센트가 모였다. 사람들에게 기부를 하라고 단순히 요청한 경우, 물건을 팔았을 때보다 기부금이 세 배나 많이 모였다.

무엇이 문제일까? 사회공익 마케팅으로 인해 자선적 기부활동이 위축될 수 있다. 물품 가격에서 빠지는 기부금이 아주 소액이라 해도 물품을 구매해서 이미 할 일을 다 했다는 기분이 들게 된다. 더욱 심각하게는, 사회공익 마케팅으로 인해 소비자들이 자신의 기부("누군가가 이 돈으로 혜택을 얻겠지?")가 미칠 영향력보다 자신의 욕구("어떤 아이팟이 좋을까?")에 치우칠 수 있다. 그 때문에 소비자들이 기부를 통해 얻는 행복감이 줄어들 수 있다.⁴⁶

사회공익 마케팅은 적어도 1970년대부터 시행되었다. 그렇지만 이런 활동의 폭넓은 결과를 두고 정밀한 연구를 시작한 지는 얼마 되지 않았다. 또한 바이레스크랩 www.buylesscrap.org 같은 웹사이트에서는 자선활동 관련 물품에 지출하기보다 자선활동에 직접 기부하라고 소비자들에게 권유한다. 그렇다면 사회적 책임이 있는 기업들은 어떻게 해야 할까? 우선, 기업들이 기부에서 비롯되는 훈훈한 감정을 고취하고 그런 환경을 발전시켜야 한다고 본다. 또한 사회공익활동을 잘 만들어 소비자들이 스스로 자선활동에 참여한다고 느끼게 해주어야 한다. 뿐만 아니라 소비자들이 수혜자들과 유대감을 느끼고, 그들에게 실질적 도움을 주고 있다고 생각하도록 해주어야 한다.

∴ 앎과 실천 ∴

2~3년 전 마이클이 캐나다 앨버타대학교에 강연을 갔다가 겪은 일이다. 캐나다를 방문한 여느 미국 사람들처럼 마이클도 공항에서 통관수속을 밟아야 했다. 이유가 어찌됐든 간에 세관원이 이것저것 물어볼 때마다 마이클은 어쩔 줄 몰라 허둥지둥한다(아무래도 뭔가 잘못된 일을 저질렀다고 생각하는 아일랜드 가톨릭교도의 죄의식 탓인지 모른다). 참 애석하게도 여권사진에는 머리숱이 무성하고 턱수염이 없었던 예전 모습이 담겨 있는데, 당시의 마이클은 덥수룩한 턱수염과 빡빡 머리를 자랑하고 있었다. 세관원은 여권사진을 보고 다시 그를 쳐다봤다. 그러더니 또다시 여권사진을 보고 마이클의 얼굴을 다시 유심히 바라보았다. 마이클의 대머리에서 땀방울이 송골송골 맺히자 세관원은 몇 가지를 묻기로 했다.

세관원 일로 왔나요? 관광 목적으로 왔나요?

마이클　일 때문에 왔습니다. 관광은 아니에요! 제 말은 일도 하고 관광도 하고, 아시다시피, 다들 그러잖아요.

세관원　(한참 가만히 있다가) 무슨 일을 하시죠?

마이클　저는 교수입니다.

세관원　(아까보다 한참 더 침묵하더니 노숙자처럼 기른 마이클의 턱수염과 찢어진 청바지를 유심히 쳐다보며) 교수요? 엥? 어디 교수입니까?

마이클　하버드 경영대학원입니다.

세관원　(아무 말 없이 3분이나 지난 것 같은데, 마이클의 사진과 복장, 수염을 아까보다 더 유심히 살피더니) 어디로 가십니까?

마이클　앨버타대학교입니다. 초대를 받았어요. 마케팅 강의를 할 예정입니다.

세관원　(마이클을 안전실safe room에 들여보낼 생각을 하며) 강의는 어떤 내용이죠?

마이클　다른 사람에게 지출을 하면 자신에게 지출할 때보다 더 행복해진다는 내용입니다.

세관원　(못 믿겠다는 듯, 이제는 마이클이 모든 걸 지어내고 있다고 확신하며) 그래요. 그렇기야 그렇지요!

마이클의 잠재적인 사회공포증을 들여다본 것은 차치하고라도, 위 일화는 이번 장의 주요 원칙에 관한 것을 보여준다. 우리는 그것을 이미 알고 있지 않은가? **다른 사람들에게 베풀고 나누어야 한다고 우리는 어렸을 때부터 부모님에게서 배우며 자랐다.** 세관원은 마이클의 얘기를 들을 사람이 없다고 확신할지도 모른다. 그렇다면 우리는 우리가 아는 원칙에 주의를 기울여야 할까? 그렇다. 우리는 잘 먹고 운동을 열심히 해야 한다고 생각하면서도 소파에 늘어져 과자를 우걱우걱 씹어 먹는다. 마찬가지로 다른 사람에게 투자해야 함을 안다고 해서 항상 그 생각을 행동으로 옮기지는 않는다. 혹은 우리가 할 수 있거나 해야 하는 만큼도 실천하지 못한다. 사람들은 대부분 다른 사람에게 베풀면 기분이 좋아진다는 사실을 적어도 머릿속으로는 이해한다. 하지만 당장 지출에 대해 생각해보라고 하면, 거의 모든 사람들이 다른 사람이 아닌, 자신에게 돈을 써야 더 행복해진다고 생각한다.[47]

그렇다면 자신과 다른 사람에게 지출하는 비율을 정확히 어느 정도에 맞춰야 할까? 개인적 지출 대 친사회적 지출의 평균 비율이 10대 1 이상으로 나왔던 한 여론조사 결과를 떠올려보자. 이 여론조사 결과를 소개했을 때, 여러분의 경우 그 비율이 10대 1 이상 나왔다면, 친사회적 지출을 늘리는 방안을 반드시 고려해야 한다. 여러분의 비율이 그보다 낮다고 하더라도, 자선단체나 친구, 동료에게 5달러나 15유로를 더 써보길 권한다. 그 돈을 호주머니에서 썩히다가 습관적으로 써버릴 때보다 더 큰 행복을 느끼게 될 것이다.

여러분의 돈을 다 기부하는 것이 현명하다는 뜻이 아니다. 거듭 말하는데, **돈은 행복감을 어느 수준까지 높인다. 돈이 많으면, 특히 생활 수준이 상당히 올라간다.** 그럼에도 지금까지 강조했듯이, 지갑 속의 푼돈이라도 평소와 다른 방식으로 지출해보길 권한다. 가끔은 다른 누군가를 위해 어떻게 지출을 하면 좋을지 생각해보라는 말이다.

별다른 방법이 떠오르지 않는다면, 인디애나폴리스에서 익명의 기부자가 사용했던 기발한 방식을 참고해보자. 그녀의 이야기를 들으면 남편을 잃고 버진 갤럭틱의 우주항공권을 산 마샤 피아멘고의 사연이 떠오른다. 마샤 피아멘고는 달에 가는 계획을 세웠는 데 반해, 인디애나폴리스의 그 여성은 케이마트Kmart에 가는 계획을 세웠다. 케이마트 매장에 간 그녀는 얼굴도 모르는 사람 50명을 무작위로 뽑아서 그들을 위해 예약주문을 했다. 그리고 매장을 떠나면서 마지막으로 50달러짜리 지폐를 건넸다. 매장 직원의 말을 들어보니 그녀가 왜 그랬는지 알 수 있었다. "손님은 얼마 전 돌아가신 남편 분을 생각해서 그렇게 하신 거래요. 돈을 쓸 수 없을 것 같다고 하시면서 그 돈으로 사람들을 행복하게 만들어주고 싶다고 말씀하셨어요." 그녀는 한 가지 부탁을 했다. 남편 '벤을 기억해달라는' 것이었다.[48]

'다른 사람에게 투자하기' 위해 기억할 것!

- 자신에게 지출한 액수는 전반적인 행복감과 관계가 없다.

- 지출을 많이 한다고 해서 행복감이 높아진다는 법은 없다. 그보다는 어떻게 지출하는가가 훨씬 더 중요하다.

- 소득을 늘리려고 애쓰고 있다면, 하나만 기억하면 된다. 소득의 일부를 다른 사람을 위해 지출하면, 소득이 늘어나는 만큼의 보상을 얻을 수 있다.

- 행복의 측면에서, 다른 사람에게 투자한 효과는 가장 가치가 있는 것, 즉 자신이 보물처럼 여기는 것을 베풀 때 가장 높게 나타난다.

- 자선단체에 기부한 사람들은 다른 사람들에 비해 금전적으로 더 여유를 느꼈으며, 돈 관리도 더 잘했다.

마치며

∴ 관점의 범위를 확대하라 ∴

자, 지금까지 행복한 지출을 위한 다섯 가지 원칙을 살펴봤다. 지금껏 설명한 원칙들이 서로 개별적인 것이라고 생각하지 말자. 체험을 구매하든지 다른 사람에게 지출하든지 둘 중 하나를 선택하라는 의미가 아니다. 일상생활에서 지출을 할 때 되도록 많은 원칙을 적용할 방법을 고민하라는 말이다. 단 한 개의 물건을 구매하더라도 여러 원칙을 적용할 수 있다는 뜻이다. 기억하자. 지출을 할 때는 항상, 단 5달러를 쓰더라도 행복감을 최대한 끌어올리는 것을 목표로 삼아야 한다. 다섯 원칙을 최대한 적용할수록 행복감은 최대한 커진다.

마지막 장의 내용을 떠올려보자. 사람들은 지인을 스타벅스 매장에 데리고 가서 그에게 상품권으로 커피를 사주면서 더할 나위 없는 행복감을 맛보았다. 다른 사람에게 투자했고(5장. 다른 사람에게 투자하라), 체험을 구매했으며(1장. 체험을 구매하라), 그날 자신의 시간 관리 방식을 바꿨기 때문이다(3장. 시간을 구매하라). 또한 일상생활에서 두 번째 원칙과 네 번째 원칙을 지켜나가도 된다. 가령, 주초에 상품권 비용을 미리 치르고(4장. 먼저 돈을 내고 나중에 소비하라) 월요일부터 목요일까지 일반 커피 마시는 비용을 충분히 적립해두었다가 금요일에 프라푸치노를 마셔도 좋다. 크림 가득한 카페인 섭취를 특별한 체험으로 만들라는 말이다(2장. 특별하게 만들어라). 이처럼 커피에 지출하는 방식을 바꾸는 측면에서 유연성을 한껏 발휘할 수 있다. 그렇다면 또한 행복한 지출을 위한 다섯 원칙의 적용 범위를 확대하여 생각해봐야 한다. 여러분은 살아가면서 수많은 물품을 구입하고 다양한 체험을 한다. 신중히, 그에 대해 생각해본다. 행복한 지출의 다섯 원칙을 다시 한 번 새겨보자.

1. 체험을 구매하라.
2. 특별하게 만들어라.
3. 시간을 구매하라.
4. 먼저 돈을 내고 나중에 소비하라.
5. 다른 사람에게 투자하라.

그렇다. 프라푸치노 이외의 것으로 관점의 범위를 확대해보자. 잠시 프라푸치노 같은 것을 떠나서, 예컨대 일반 가정의 지출 행태를 한번 생각해보자. 2010년 미국 노동통계청에 따르면, 미국 가정(전문용어로 '소비 단위')의 평균소득은 세금을 포함하여 6만 2,000달러에 이르렀으며, 그중 총 지출은 다음 표*(지출 범주별 지출 내역, 반올림하여 100달러 단위로 표시)에서 보는 바와 같이 4만 8,000달러에 달했다.

주택	16,500달러
교통	7,700달러
개인 보험 및 연금	5,300달러
식비(외식 제외)	3,600달러
기타 지출	3,400달러
의료	3,200달러
외식	2,500달러
의복	1,700달러
기부(자선단체, 교회 등)	1,600달러

이런 범주에 있는 지출을 어떻게 변화시키면 될까? 그게 아니면, 행복한 지출의 다섯 가지 원칙에 따라, 지출의 범주를 어떻게 확대하면 될까? 앞서 지출이 가장 많은 부분을 최소한 줄이라고 주문했었다. 위 표에서 보다시피, 규모가 제일 큰 두 범주인 주택과 교통은 우리의 행복감을 높이기에 특별히 좋은 요소는 아니다(앞에서 소개한 실험 결과를

---

* 참고사이트 http://www.bls.gov/opub/focus/volume2_number12/cex_2_12htm#table1. http://www.bls.gov/opub/focus/volume2_number16/cex_216.htm. 이 사이트를 방문하면 아래 지출 내역을 영국, 캐나다, 일본과 비교하여 살펴볼 수 있다.

떠올려보자. 큰 집을 사고 멋진 자동차를 산다고 해서 더 행복해진다는 보장은 없다. 끝없는 출근길을 가기 위해 주유비를 지출하는 것은 말할 것도 없다). 또한 보다시피 사람들이 가장 적게 지출한다고 밝힌 부분, 즉 기부활동과 같이 다른 사람에게 투자하는 활동은 참다운 행복의 근원이 된다.

여기서 오해하지 않길 바란다. 주택과 교통에 지출하는 비용을 모두 다 기부활동 같은 체험에 재분배하는 것이 현실적으로 어렵다는 점을 우리 두 저자도 잘 알고 있다. 그럼에도 잊지 말아야 할 점은 특정한 날에 소규모 구매로도 자신의 행복감을 높일 수 있다는 말이다. 다만 "집을 팔고 전 재산을 다 적십자에 기부할까?"라는 식이 아니라 "일주일에 5달러라도 다른 부분에 지출해볼까?"라는 식으로 고민해야 한다.

그리고 지출을 재분배하는 일만큼 중요한 일인데, 행복감을 상실하는 일 없이 지출을 줄일 수 있는 부분을 찾아본다. 이 책은 지출에 관해 이야기하려고 썼지만, 저축을 통해서도 행복감을 높일 수 있다. **특히 부자들 사이에서 드러난 사실인데, 저축은 우리의 행복 수준을 형성하는 데 강력한 효과를 발휘한다.**[1] 왜 그럴까? 사람의 키가 자라는 현상과 약간은 비슷하다고 할까. 우리의 유전자는 우리를 어느 정도까지 자라게 하지만, 질적으로 나쁜 환경에서는 그 과정에 제동이 걸리기도 한다. 마찬가지로 이 세상을 살면서 겪을 유쾌하지 않은 충격을 저축을 통해 완화할 수 있다. 저축은 어려움을 극복하고 우리의 DNA에 얽혀 있는 행복 수준을 달성하게 만드는 대비책이 되는 셈이다.

그렇지만 저축을 늘리겠다고 결심만 하고 만다면 아무 소용이 없다.

머릿속으로만 저축 목표를 세우면, 실제 얼마를 지출할지 알기 어렵고 대략적인 지출을 예상하는 일에 그친다.[2] 머릿속으로만 생각하지 말고 이 방법을 써보자. 일주일 동안 지출한 내역을 모두 정리해본다. 이어서 미국 노동통계청의 지출 범주에서 벗어나 행복한 지출을 위한 다섯 원칙에 따라 지출 내역을 분류해본다. 마지막으로 그렇게 정리한 지출 범주 밖에서 지출한 내역을 주의 깊게 살펴본다. 그 내역들을 다음 주에 얼마나 포기할 수 있는지 확인한다.

∴ 시민들의 행복을 증진하는 정부의 역량 ∴

지금까지는 두 유형의 지출, 즉 개인이 행복감을 극대화하는 지출, 그리고 관리자들이 직원과 고객들의 행복을 극대화하는 지출에 관해 알아보고 그러한 지출 행태를 바꾸는 법을 집중해서 살펴보았다. 이제 여기서 범위를 확대하여 최대 지출자라고 할 수 있는 정부의 지출을 생각해보자. 정부가 납세자들의 세금을 거두고 지출하는 방식, 또 납세자들의 지출을 유도하는 방식은 납세자들의 행복감을 높이는 데 엄청난 요인으로 작용한다.

물론 정부가 시민들의 행복에 관심을 가진 것은 새삼스러운 일은 아니다. 미국 헌법 제정자들은 1776년, 빼앗을 수 없는 세 권리 중 하나로 '행복을 추구할 권리'도 독립선언문에 포함시켰다. 현대로 접어

들어서는 1972년 부탄 제4대 국왕인 지그메 싱기에 왕추크Jigme Singye Wangchuck가 '국민행복지수Gross National Happiness, GNH' 개념을 고안했다. 국민행복지수 개념에는 국내총생산GDP 등 '좀 더 일반적인 경제 매트릭스를 보완하고 불교적 전통문화에 기초하여 국민의 행복감을 높이는 방향으로 경제를 발전시켜야 한다는 취지가 담겨 있다.[3]

비단 부탄뿐 아니라, 최근 들어 시민들의 행복을 측정하고 증진하는 정부의 역량에 관심이 고조되었다. 이 책을 쓰고 있는 사이, 그와 같은 일이 처음으로 국제적 수준에서 일어났다. 2012년 4월 2일 유엔총회 산하의 유엔행복위원회United Nations Conference on Happiness가 최초로 열렸다. 영국 다우닝 스트리트 10번지에서 활동하는 넛지 유닛Nudge Unit(정식 이름은 행동분석팀Behavioural Insights Team), 매사추세츠 주 서머빌 같은 소도시에서 일하는 공무원들, 이처럼 각계각층의 정책 입안자들이 우리 같은 보통 사람들의 행복을 측정하고 증진하려는 시도를 하고 있다.

∴ 안정된 소득 보장 ∴

시민들이 지출을 통해 행복을 누리도록 하는 가장 확실하고도 우선시되는 방법은, 먼저 시민들이 어느 정도 안정된 소득을 벌어들이도록 보장하는 것이다. 예부터 정부는 경제 성장을 도모하면서 그러한 목표를 추구해왔다. 이는 비유하자면, 솟구치는 파도가 모든 보트를 들어 올리는 식의 접근법이다. 하지만 사회심리학자 데이비드 마이어스David Myers는 최근 들어 솟아오르는 파도가 '소형 보트보다 대형 보트를 더 많이 들어 올렸다'고 지적한다.⁴ 소형 보트와 대형 보트 간의 차이가 커지는 현상은 미국을 비롯한 전 세계에서 시급한 정치적 이슈가 되었다. 다음 두 가지 물음을 간단히 살펴보자.

- 미국 사람들 중 가장 부유한 20퍼센트는 미국 전체 부의 몇 퍼센트를 소유하고 있을까?
- 미국 사람들 중 가장 빈곤한 40퍼센트는 미국 전체 부의 몇 퍼센트를 소유하고 있을까?

대충 짐작이 되는가? 이제 답을 알아보자. 미국에서 가장 부유한 20퍼센트는 전체 부의 85퍼센트가량을 소유하고 있으며, 가장 빈곤한 40퍼센트는 전체 부의 거의 0퍼센트를 차지하고 있다.⁵ 이는 절대 착오가 아니다. 반복하지만, 미국 사람들의 하위 40퍼센트는 미국 전체 부의 거의 0퍼센트를 차지하고 있으며, 상위 20퍼센트는 미국 전체 부를 거의 다 소유하고 있다. 요컨대 행복한 지출을 하도록 시민들에게 안정된 소득을 보장한다면, 이와 같은 기본 전제조건을 충족시키는 것만으로는 부족하다.

그럼에도 반가운 소식이 있다. 그것을 알아보기 전에 서로 다르지만 관련 있는 다음 두 가지 물음에 답을 생각해보자. 이번에는 절대적으로 옳거나 그른 답이 나올 수 없다. 이상적인 국가에 대한 여러분의 신념을 알아보고자 하는 것이다.

- 미국에서 가장 부유한 20퍼센트는 미국 전체 부의 몇 퍼센트를 소유해야 할까?
- 미국에서 가장 빈곤한 40퍼센트는 미국 전체 부의 몇 퍼센트를 소유해야 할까?

최근 약 5,000명의 미국 사람들을 대상으로 실시한 여론조사에 따르면, 이들은 가장 부유한 20퍼센트가 전체 부의 32퍼센트를 소유하고, 가장 빈곤한 40퍼센트가 전체 부의 25퍼센트를 소유하는 것이 이상적이라고 생각한다.[6] 달리 말해, 미국 사람들은 부의 불평등을 어느 정도는 환영한다. 부자가 계속 부를 쌓고 가난한 사람이 계속 가난할 수 있지만, 그럼에도 미국 사람들은 부자가 부의 축적을 줄이고 가난한 사람들이 지출에 필요한 수입을 가지길 바란다.

더 놀라운 사실이 있다. 공화당 지지자든 민주당 지지자든, 부자든 가난한 사람이든 상관없이 미국 사람들은 부의 분배를 두고 놀라울 정도로 의견 일치를 보인다. 가난한 사람들이 현재보다 더 부유해지고 부자들이 지금보다 덜 가지기를, 모든 사람들이 원한다. 사람들에게 행복한 지출 기회를 제공하는 일과 관련하여 좋은 소식이란 무엇일까? 이런 물음이 암시하는 사실이 하나 있는데, 미국 사람들은 대부분 부의 분배가 더욱 평등하게 이루어지길 바란다는 점이다. 하지만 완전한 평등을 바라는 것은 아니다. 전체 경제 성장에 비해 부의 분배가 과도하게 이루어지면 경제에 악영향을 미칠 수 있기 때문이다.

또한 미국 사람들은 소득의 분배가 개선될수록 시민들의 행복 수준이 향상될 수 있다는 것을 알고 있는 것 같다. 이제 미국을 벗어나서 살펴보자. 한 연구 결과에 따르면, 세계 여러 나라에서 부의 평등한 분배가 강화되는 현상은 평균 행복 수준과 관련이 있다고 한다.[7] 또한 54개국에서 5만 9,000명 이상을 대상으로 한 설문조사에서 부유한 국가의 시민들(1인당 GDP 기준)이 대체로 빈곤한 국가의 시민들보다 더 많은 행복을 누린다는 결과가 나왔다. 이는 그다지 놀라운 사실이 아니다. 그런데 국가의 부가 관리되는 경우에도 소득 분배의 불평등이 심하면 대체로 시민들의 행복도가 낮았다. 달리 말해, 국가가 부유하든 빈곤하든 시민들의 행복 수준은 상대적 소득격차에 따라 달라진다(불평등과 행복의 관련성이 국가에 따라 상당히 다양하게 나타난다는 점은 흥미롭다. 예컨대, 유럽 사람들이 느끼는 행복은 미국 사람들의 행복에 비해 불평등과 훨씬 더 밀접하게 관련이 있다. 아마도 미국 사람들이 스스로 소득 분배의 기회를 더 많이 가지고 있다고 (잘못) 믿고 있기 때문인 것으로 보인다*). 왜 그럴까?

한 연구 결과에 따르면, 소득의 불균형은 여러 불행한 행태와 관련된

---

* 참고문헌 알베르토 알레이나Alberto Aleina, 라파엘 디 텔라Rafael Di Tella, 로버트 맥쿨로치Robert MacCulloch의《불평등과 행복, 유럽 사람들과 미국 사람들은 다른가?Inequality and happiness: Are Europeans and Americans different?》, 〈공공 경제학 저널Journal of Public Economics〉 제 88권, 제 9/10호(2004년 8월). 리사 카이스터Lisa A. Keister의《부자가 되는 법, 미국의 벼락부자들, 그들이 부를 쌓는 방식Getting Rich: American's New Rich and How They Got That Way》, 뉴욕 케임브리지대학교 출판사, 2005년

다고 한다. 한 국가에서 소득의 불균형이 심해지면, 그 국가의 빈민들은 소득의 불균형이 덜한 국가의 빈민들에 비해 상대적으로 경제적 고통을 더 심하게 느낀다. 또한 경제적 고통이 심해질수록, 이혼율이 높아지고 통근 시간이 늘어난다. 가난한 사람들이 싼 집을 찾느라 직장에서 먼 지역으로 이사를 가기 때문이다.[8] 그래서 그리 놀라운 사실도 아니지만, 사회 안전망이 탄탄한 국가의 시민들이 그렇지 않은 국가의 시민들보다 더 행복해지는 경향이 있다.[9]

이제 종합하여 생각해보자. 지금까지의 연구 결과들은 소득 분배가 공평한 국가의 시민들이 소득 분배가 불공평한 국가의 시민들보다 행복감을 더 많이 느낀다는 점을 암시한다. 그리고 소득 분배의 불공평 정도가 심한 미국 같은 국가에서도 지출에 필요한 재력을 어느 정도 갖춰야 한다고 대다수의 시민들은 생각한다. 물론 시민들에게 안정된 소득을 보장해야 하겠지만, 시민들이 지출을 통해 행복감을 최대한 높이게 하려면 안정된 소득만 가지고는 어림도 없다. 시민들이 어느 정도의 재력을 갖췄다고 가정한다면(물론 심한 가정이지만), 정부는 어떻게 행복감을 높이는 지출을 하도록 시민들을 유도할 수 있을까?

재력이 문제의 해법일까?

수십 년간 심리학자와 경제학자, 정책 입안자들을 괴롭힌 수수께끼가 하나 있다. 정부는 경제 성장을 촉진시키려고 애쓴다. 그렇게 해야 시민들의 행복이 증진된다는 전제를 가지고 말이다(또 그렇게 해야 재선이 될 테니까). 국가가 부유해질수록 시민들이 더 행복해지는지 아닌지 하는 것, 그와 관련된 자료들이 혼재되어 있다.[10] 그럼에도 이와 관련된 자료에서 아주 흥미로운 경향 하나가 드러난다. 즉 덴마크와 네덜란드, 이탈리아 같은 국가들의 경우, 미국과 중국 등의 국가들과 비교해 경제 성장이 일반 시민들의 행복 수준에 더 많은 영향을 미친다는 것이다.[11] 버락 오바마 Barack Obama 대통령이 백악관 경제자문위원회 위원장으로 임명한 바 있는 알란 크루거 Alan Krueger는 이런 차이가 긴급한 수수께끼를 불러일으킨다고 넌지시 말한다. "소득을 행복으로 전환하는 일에서 어떤 국가들이 다른 국가들보다 훨씬 더 뛰어난 이유는 무엇일까요?"[12]

지출 방식에 따라 행복 수준이 달라진다고 한다면, 이런 현상은 국가적 수준에서도 동일하게 나타날까? 정부가 어떻게 지출을 하고 시민들로 하여금 어떤 방식으로 지출을 하도록 조장하는지, 이 부분에서 나타나는 차이를 보면, 유독 일부 국가들이 지출을 행복으로 전환하는 일에서 탁월한 능력을 발휘하는 이유를 알 수 있다.

개인과 달리 국가가 심리 실험에 지원할 일은 거의 없다. 그렇게 하도록 정부를 납득시켜야 인과관계가 분명한 결론을 낼 수 있기 때문에, 국가들 간의 차이를 논의하는 것은 현재로서는 '사고 훈련' 정도로 생각하면 좋겠다. 또한 유의할 점이 있다면, 우리 두 저자는 특히 시민들의 행복에 관한 정책 변화가 어떠한 영향을 가져오는지에 주목하고 있다는 것이다. 지금부터는 정부가 자가 주택 소유가 만연하도록 유도하는 것이 어리석은 일임을 보여주겠다. 거시 경제적 결과를 더 다루기보다 개인 주택 소유자들의 행복에 초점을 맞춰서 이야기를 풀어가겠다.

체험을 구매하라

2008년 미국에 경제 위기가 닥친 원인은 무엇일까? 물론 이에 관해서는 의견이 분분하지만, 사람들은 대개 서브프라임 모기지 사태와 함께 주택 거품의 붕괴를 주요 원인으로 지목한다. 페니메이Fannie Mae와 프레디맥Freddie Mac 등의 정부보증기관들과 서브프라임 모기지 대출자들이 경제 위기에 기여했던 바가 수십 년 동안 사람들의 입방아에 오르내릴 테지만, 거품의 요인 하나만큼은 분명하다. 가난한 사람들이 빚을 내면서까지 집을 사도록 부추김을 당했다는 것이다(미국 사람들의 90퍼센트 정도가 주택 소유를 아메리칸 드림으로 여긴다는 사실을 떠올려보자).[13]

그런데 캐나다는 미국과 다르다. 캐나다의 주택 담보 대출기관들은 철저히 대출자들의 자산과 소득을 근거로 대출을 해준다. 또한 모기지 이자는 소득공제가 되지 않는다.[14] 비슷한 점이 많은 두 나라는 이런 점에서 극명한 대조를 보인다. 일례로 캐나다에서는 전혀 볼 수 없는 현상인데, 미국에서는 여타 자산의 보호와 세금 혜택 등의 장려책에 힘

입어 주택 구매가 조장된다. 서민들은 평생 모은 재산을 다 털어서 주택을 구매한다. 하지만 요즘은 집을 샀다고 해도 별로 행복해지지 않는다. 미국 정부는 집을 사도록 서민들을 부추겨서 알게 모르게 다른 것도 사도록 유도한다. 캐나다는 다르다. 캐나다 정부는 주택 구매와 관련된 장려책을 줄여 그런 유혹을 차단한다.

시민들로 하여금 주택 같은 것들의 구매를 줄이도록 유도하고자 한다면, 정부는 이를 대신할 다른 체험의 구매를 확대하기 위한 정책을 도입해야 할까? 매사추세츠 주 서머빌의 정책을 보면 그 답을 알 수 있다. 서머빌 시는 거주자 6,000명 이상을 대상으로 다양한 측면에서 도시 생활 만족도 평가 조사를 실시했다. 교통에서부터 교육, 제설작업(겨울에 매사추세츠 주에서는 아주 중대한 일이다)에 이르기까지 시민들이 서머빌에서의 삶에 얼마나 만족하는지 알아보는 조사였다. 서머빌 시는 왜 그런 일을 벌였을까? 도시생활의 어떤 측면이 시민들의 행복에 가장 큰 영향을 미치는지 밝히기 위해서였다. 나중에 밝혀진 바와 같이, '공원의 외관 및 유지'와 '도시의 미관 또는 도시의 물리적 환경'이 서머빌 시민들의 전반적인 행복 수준과 관련하여 중요한 예측변수가 되었다.[15] 지역의 환경이 적절히 설계되어 있어야 공원으로 소풍을 간다든가 도시의 밤을 즐기든가 하는 체험의 질이 높아진다.

정부는 흔히 박물관과 국립공원 등 여러 문화 시설에 지원을 해준다. 그렇게 하여 시민들이 편리하고 저렴하게 체험적 구매를 하게 하는 것이다. 그런 체험을 경험하기 위해서는, 당연히 그렇게 할 만한 시간이 있어야 한다. 그리고 세계 여러 나라들은 저마다 다양한 유형의 체험을 시민들에게 제공할 뿐만 아니라 정부가 지정한 휴일의 형태로 '여가 시간'도 제공한다. 세계에서 가장 행복한 국가에 속하는 덴마크에서는 휴가법Holiday Act에 따라 노동자들이 매년 5주 동안 휴가를 얻는다.[16] 그래서 덴마크 사람들은 법정 휴일이 부족한 미국 등의 다른 여러 나라 사람들에 비해 체험적 구매를 할 시간 여유를 충분히 누린다.[17] 당연히 노동 시간이 줄어들면 개인의 지출에 필요한 수입이 줄고, 거시 경제적 수준에서 경제 성장이 저하될 수 있다. 또한 여가 시간이 늘어난다고 해서 사람들이 꼭 체험적 구매의 원칙을 따른다는 법도 없다. 그럼에도 체험적 구매가 행복에 미치는 효과를 고려한다면, 사람들에게 체험적 구매의 기회를 제공하고 그에 따르는 시간 여유를 제공하는 것이 현명한 방법일 수 있다.

특별하게 만들어라

앞서 살펴본 희극인 사라 실버맨의 인생 철학을 국가 정부의 일에 적용하는 것은 결코 쉬운 일이 아니다. 시민들이 갈망하는 것을 얻을 기회를 제공하는 것이 정부의 역할인 반면, '특별하게 만들어라'라는 실버맨의 신조는 자신이 좋아하는 것을 한정시켜놓고 하면 된다는 의미다. 하지만 대형 상점을 자주 찾는 사람들은 '하나 사면, 하나 공짜Buy

One, Get One Free'라는 주문에 현혹되어 하나라도 더 얻으려고 자기도 모르게 거래를 하고 만다. 이런 점에서 우리는 지금 미지의 영역에 있다고 할 수 있다.

영국 내각 사무처에서 정책 결정을 지원하는 행동분석팀 수장, 데이비드 핼펀David Halpern의 말을 들어보면 문제의 심각성이 느껴진다. "어느 제품군의 경우, 원플러스원 행사를 하면 매출이 엄청나게 올라갑니다."[18] 데이비드 핼펀이 지적했듯이, 치약과 비누 등의 생활필수품을 비축하는 동시에 생활비를 어느 정도 절약할 때, 그런 구매는 문제가 되지 않는다. 어쨌든 그와 같은 생활필수품은 중요한 재산이 된다. 사람들은 그것들을 아주 유용하게 사용한다.

그런데 술이나 초콜릿처럼 과소비하기 쉬운 것들을 구매할 때는 문제가 복잡해진다. 이런 경우, '하나 사고, 하나 공짜로 받는' 거래를 한다고 해서 비용이 절약되지 않는다. 오히려 건강이 나빠질지도 모를 일이다. 행복한 지출의 관점에서 볼 때, 그런 거래에서 정서적 건강과 관련된 문제가 비롯된다. 우리 모두가 공감하듯이, 눈앞에 초콜릿이 한 개가 있든, 두 개가 있든, 열 개가 있든 상관없다. 눈앞에 초콜릿이 보이면 있는 대로 다 먹어 치우는 경우가 많기 때문이다. 그러다가 당과류 제품이 주는 즐거움이 감퇴될 수 있다.

그렇다면 초콜릿 먹는 양을 정부가 나서서 제한해야 할까? 말도 안 되는 소리라는 것을 우리 두 저자도 잘 알고 있다. 대신 정부는 과세를 통해 모든 유형의 제품 소비를 제한한다. 담배에 부과하는 세금을 생각해보자. 2011년 미주리 주는 미국에서 가장 낮은 담배 소비세(담배 한 갑당 17센트)를 부과했다. 반면에 뉴욕 시의 담배 소비세는 한 갑당 4달러 35센트로 미주리 주에 비해 25배 이상 높았다.[19] 이제 눈치챘겠지만, 세금은 소비와 관련이 있다. 뉴욕은 미주리 주에 비해 담배 소비율이 더 낮다. 또한 담배 소비세가 높은 주에서는 대개 흡연자 비율이 낮은 경향이 있다.[20]

정부가 나서서 소비를 특별한 체험으로 만들도록 유도하고자 한다면, 세금을 매긴다고 해서 다 되지는 않는다. 많은 지역에서 특정한 시간과 장소에서 주류 판매를 제한하는 법을 운영하고 있다. 그런데 흥미로운 점은 이로 인해 술 소비가 줄어들기는커녕 늘어났다는 것이다. 2010년 매사추세츠 주에서 통과된 전체주의적 성격의 음식점활성화법 Restaurant Rejuvenation Act을 예로 들어보자. 이 법이 발효되기 전에는 일요일 술 판매가 오후에만 허용되었다. 이 법이 발효되고 나서는 음식점에서 일요일 오전 10시부터 술을 판매할 수 있게 되었다. 술을 판매할 수 있는 시간이 두 시간이나 앞당겨진 셈이다.[21] 우리 두 저자도 누구 못지않게 미모사 칵테일을 즐긴다. 그런데 술 소비를 늘리기 위한 이러한 정책의 변화로 음주를 특별한 체험으로 만드는 경향이 줄어들어 오히려 술 소비율이 떨어질 수 있다.

예부터 과음은 나쁜 습관으로 통하지만, 최근 음료시장에서는 탄산음료가 골칫거리로 떠올랐다. 이에 미국에서는 학교에서 탄산음료 자동판매기 설치를 금지하는 정책이 확산되고 있다. 2003년 알칸사 주에서 그와 관련된 법안이 최초로 통과되었다.[22] 그와 같은 금지법이 아동의 건강 및 아동기 비만에 광범위한 영향을 미친다는 근거를 두고 의견이 분분하다.[23] 하지만 탄산음료를 하루의 상당 시간 금지시킴으로써 또 다른 효과를 불러올 수 있다. 탄산음료에 대한 아이들의 욕구가 되살아나 그것을 특별한 체험으로 바라보게 되는 것이다.

물론 흡연자와 음주자들이 담배 과세 또는 술과 탄산음료 소비 제한을 늘 환영할 리는 없다(마이클만 해도 매사추세츠에서 다이어트 콜라 소비를 제한하려고 한다면 거리로 나가겠다고 하니 말이다). 그럼에도 지금까지의 사례들을 보면 중요한 사실이 드러난다. 정부는 간단한 정책 변화로도 시민들이 소비를 제한하고 멈추도록 유도할 수 있다는 것이다.

∴ 시간을 구매하라 ∴

통근 시간은 국가별로 차이가 상당히 크게 나타난다. 아일랜드와 덴마크(행복지수 1위의 그 덴마크다)처럼 편도 25분으로 통근 시간이 짧은 나라들이 있는가 하면 한국과 남아프리카공화국처럼 통근 시간이 편도 50분이 넘는 나라들도 있다.[24] 그런데 정부는 시민들의 출퇴근 시간과 비용을 아주 잘 조정한다. 당근과 채찍을 적절히 활용하고 있다고나 할까.

먼저 채찍을 어떻게 쓰는지 알아보자. 런던, 밀라노, 싱가포르 등의 도시에서는 도로가 혼잡해지는 시간대에 그 도로를 이용하는 차량에 높은 통행료를 부과해왔다(뉴욕 시도 비슷한 정책을 시행했으나 실패했다). 형편이 좋지 않은 통근자들에게 혼잡 통행료는 큰 부담이 될 수밖에 없다. 그래도 한편으로 그런 정책을 잘 운영하면, 시민들이 교통체증을 피해가고 통근 시간을 줄이는 대안을 찾도록 유도할 수 있다.

이제 정부가 당근을 어떻게 활용하는지 알아보자. 워싱턴 정부가 도입한 '직주근접정책職住近接政策, Live Near Your Work'이라는 혁신적인 프로그램을 생각해보자.[25] 이 정책에 따라 직장에서 2마일(3.2킬로미터) 이내, 지하철로 0.5마일(0.8킬로미터), 또는 버스정류장까지 0.25마일(0.4킬로미터) 거리로 이사하는 사람들에게 1만 2,000달러까지 장려금을 제공한다. 또 높은 국민행복지수를 보이는 스웨덴에서는 '스톡홀름 시 자전거 대여 서비스'를 시행하고 있다. 이 제도에 따라 스톡홀름 시민들은 자전거 카드를 구매한 다음, 시내 67곳에 설치된 자전거 대여소에서 자전거를 자유롭게 이용하고 반납한다. 버스를 타고 지하철을 이용하듯 시민들은 자전거를 편안하고 저렴하게 이용하고 있다.

그런데 우리 모두가 스톡홀름에 사는 것은 아니다. 좋다, 그렇다면 자전거 구매를 한번 고려해보자. 자가용 말고 자전거로 출퇴근하면 시간이 너무 많이 걸릴까? 미국에서 전체 자가용 운전자들의 거의 40퍼센트는 3킬로미터 이하의 거리를 통근한다고 한다. 또한 전체 자가용 운전자들의 60퍼센트가량은 8킬로미터 이하의 거리를 통근한다고 한다.**26** 이 정도면 충분히 자전거로 다닐 수 있는 거리다(교통체증 때문에 허비하는 시간을 생각하면 자전거를 타는 게 더 낫다). 이 정도 거리를 통근하고 있다면 자전거를 타는 방안을 고려해보길 바란다.

통근 시간과 관련하여, 국가마다 시민들이 선호하는 교통수단이 아주 다양하다. 대중교통이나 자전거를 이용하거나 걸어서 통근하는 비율은 오스트레일리아 14퍼센트, 미국 11퍼센트 미만(그렇다. 미국 사람들의 89퍼센트가 자가용을 이용한다)에 이른다. 그리고 라트비아가 67퍼센트로 높은 비율을 나타내고, 네덜란드가 52퍼센트를 보이고 있다(암스테르담에서 자전거 떼에 거의 밟힐 뻔했던 여행객들에게는 별로 놀라운 수치가 아니다). SUV에 앉아 있을 때보다 걷거나 자전거를 탈 때 힘을 더 쓰게 된다는 사실을 고려할 때, 이런 비율이 비만과 부정적 상관관계에 있음을 예상할 수 있다.**27**

그런데 자전거를 타면 행복이 늘어날까? 미국 도시들의 경우, 자전거를 타고 통근하는 사람들의 비율은 도시의 평균 행복 수준과 긍정적인 상관관계가 있다(자전거 통근자들이 많은 도시는 대개 생활 수준이 높은데, 이런 경향은 행복 수준에 어느 정도 영향을 미칠 수 있다).**28** 운전하면서 보내는 시간은 행복에 독이 되는 반면, 운동하면서 보내는 시간은 약이 된다. 일주일에 한 번이라도 자전거를 타고 출퇴근해보자. 행복을 갉아먹는 통근 시간을 행복을 부르는 운동 시간으로 바꿔보자. 정부가 나서서 도와줄 수도 있다.

∴ 먼저 돈을 내고 나중에 소비하라 ∴

미국의 소득세 체계는 흔히 연중 세금을 많이 냈다가 돌아오는 4월에 세금을 환급받는 식이다. 미국 국세청장 더그 슐만 Dough Shulman에 따르면, 시민들의 80퍼센트는 평균 3,000달러를 환급받는다고 한다.[29] 세금을 초과로 내면 실제 비용이 발생할 수 있다. 초과로 낸 비용을 1년 동안 다른 곳에 투자하여 얻을 수 있는 이자가 사라지는 꼴이니까. 한편 영국은 미국과 대조적으로 오차를 최소한도로 줄여서 연말에 세금을 환급받는 사람들이 비교적 적게 나오도록 조세제도를 운영한다(빚을 지는 사람들이 나오지 않도록 하는 것이다).

얼핏 봤을 때, 영국의 세금제도는 훌륭해 보인다. 하지만 연중 세금이 과잉 징수되어 연말 납세자들의 세금 상환이 거의 일어나지 않는 경우 어떤 결과가 초래될지 생각해보자. 그게 아니라면 어떤 일이 일어날까? 미국 등의 여러 나라에서는 많은 사람들이 마치 표준적인 규칙을 따르듯 대금의 일부를 환불받거나 감면받는다. 이런 정책을 활용하면 어떨까? 납세자들이 '선 지급, 후 소비' 원칙을 따르게 만들면 어떻게 될까? 그러면 즉흥적인 소비에 돈을 물 쓰듯 썼다가 연말 세금 정산 때문에 정신없이 시간을 보낼 일이 사라지지 않을까?

자동차 매장이나 가전제품 매장에 가보더라도, 심지어 집을 알아보러 부동산에 가보더라도, '계약금 없음' '24개월 결제 없음' 같은 선전 문구가 전면에 붙어 있는 것을 볼 수 있다. 그러면서도 지급이 연장될

수록 비용이 불어난다는 시시콜콜한 내용은 눈에 띄지 않을 정도로 깨알 같은 글씨로 표기되어 있다. 소비자들은 금융소비자보호국 Consumer Financial Protection Bureau 같은 신생 기관을 여러모로 못마땅하게 볼 수도 있지만, 이런 기관의 목표는 아주 분명하다. 소비자들이 눈 가리고 아웅하는 식의 거래에 빠져들고 있음을 일깨워주는 것이다. 그래서 금융소비자보호국은 지급이 뒤로 미루어진 비용을 명시하여 '소비부터 하고 비용을 나중에 내려는' 충동을 억제시키고자 한다. '지금' 말고 '나중'에 돈을 내면 비용이 엄청나게 불어날 수 있음을 부각시키는 것이다.

예컨대 최근 유행하는 주택 대출이나 모기지 재융자(리파이낸싱) 형태의 거래를 보면, 주요 계약 사항들이 단 한 페이지로 요약되어 있고, 매달 대출 이자가 늘어나거나 대출 금리가 상승하는 가능성에 대해서는 간단한 예, 아니오 식의 질문으로만 구성되어 있다. 이런 정보는 이전의 거래에서도 포함되긴 했지만, 대개 깨알 같은 글씨로 눈에 들어오지 않게 기재되어 있었다.[30] 세금 공제에 관한 정확한 정보를 명시하고 새로운 대출 기관을 소개하는 식으로 정부가 다방면에서 나서준다면, 소비자들이 '선 지급, 후 소비' 습관을 기르도록 이끌 수 있다.

∴ 다른 사람에게 투자하라 ∴

소득 분배가 공평한 나라일수록 행복 수준이 높다. 또한 사람들은 부의 분배가 더욱 공평하게 이루어지길 바란다(적어도 미국은 그렇다). 그렇다면 정부는 모두가 행복한 지출을 해야 한다는 시민들의 바람을 충족시켜야 할까? 가장 흔한 방법이 있는데, 가장 덜 행복한 단어, 즉 세금을 이용하는 것이다. 그런데 누구나 다 높은 세금에 반대하는 것은 아니다. '다른 사람에게 투자하라'는 원칙의 대가인 워런 버핏은 막대한 부를 가진 그가 자신의 비서보다 낮은 세금을 내는 것은 터무니없는 일이라고 고발하기도 했다. 또 버핏은 〈뉴욕 타임스New York Times〉에 기고한 사설에서 부자들에게 높은 세금을 물려야 한다고 주장했다.**31**

버핏의 제안에 공감한 오바마 대통령과 민주당은 버핏의 이름을 딴 '버핏 룰Buffet Rule'을 도입했다. 이 법안과 관련하여, 민주당은 연소득 100만 달러 이상의 고소득자에게 최소 30퍼센트의 세율을 적용하는 방안을 제안했다. 또한 오바마 대통령은 국회의 공감을 이끌어내기 위해, 2012년 연두교서에서 버핏의 비서 데비 보사넥Debbie Bosanek을 영부인 미셸 오바마Michelle Obama의 옆 자리에 앉혔다.**32**

이처럼 타당한 이유가 있음에도 불구하고 세금을 많이 낸다고 생각하면 대개 기분이 썩 좋지 않다. '난 소득세가 싫어-미국인들이 직면한 최악의 재앙을 물리쳐야 하는 7가지 이유I Hate Income Tax- Seven Reasons to Remove the Greatest Evil Facing Americans'라는 제목의 블로그**33**에 올라온 글이나, '자유를 사랑하는 사람은 세금을 싫어합니다'라는 슬로건이 걸려 있는 '난 세금이 싫어I Hate Taxes' 페이스북 팬페이지**34**에 게재된 댓글들을 보면 그 이유를 알 수 있다.

그럼에도 관련 연구 결과에 따르면, 누진 과세를 하는 국가(스웨덴, 일본 등)의 시민들이 누진 과세를 하지 않는 국가(이탈리아, 싱가포르 등)의 시민들보다 행복 수준이 더 높다고 한다.[35] 누진 과세의 장점들을 고려한다면, 어떻게 해야 세금을 내면서도 행복감을 느끼게 할 수 있을까? 푸드 뱅크에 기부를 하겠다고 스스로 결심한 경우에 보상과 관련된 뇌 부위의 활동이 더욱 활발해졌던 사례를 떠올려보자.[36] 최근의 조사 결과에서 그와 비슷한 원칙을 바탕으로 '세금을 기피하는 문제'의 해법이 제시되었다. 세금 내는 일을 자선기부활동처럼 생각하면, 세금을 내더라도 행복감이 높아질 수 있다는 이야기다.

최근 미국에서 400명을 대상으로 전국 표본조사를 실시했다. 응답자들은 자신의 세금 정산 상태와 소득을 표시한 다음, 자신의 한계세율(과세등급)을 확인했다.[37] 이어서 일부 응답자에게 일련의 질문이 제시되었다. 소득세 지급에 대한 만족도, 세금의 혜택과 가치가 어느 정도일지 만족도를 평가하는 내용이었다. 한편 나머지 응답자들에게는 먼저 국방예산이나 빈곤퇴치제도 등에 들어가는 연방 예산을 세부적으로 살펴보게 했다. 이어서 선택권을 가진다면 소득세의 10퍼센트를 어떤 예산에 가장 할당하고 싶은지 생각해보라고 했다. 조사 결과는 어땠을까?

약간의 선택권을 가진 응답자들은 세금 지급에 대한 높은 만족도를 보였다. 또한 그들은 그들의 세금이 가치 있는 일에 쓰인다고 확신했다. 오바마 대통령도 2011년 연두교서에서 그와 관련된 취지의 발언을 했다. 오바마는 연방 세금이 어떻게 지출되는지 사상 최초로 볼 수 있도록 하겠다고 약속했다(www.whitehouse.gov/2011-taxreceipt에서 확인할 수 있다). 그런데 앞의 조사에서 주목할 점이 발견되었다. 단지 세금 지출 내역을 알았다고 해서 세금에 대한 관점이 바뀌지는 않았다는 것이다. 즉 사람들에게 선택권을 주는 것만이 비결이다. 여러분은 오래된 납세제도에 익숙해져 있을 것이다. 더불어 여러분이 가진 선택권이라곤 대통령 선거 후원금을 내겠다고 선거관리위원회에 신고하는 것밖에 없다. 그래서 소득에서 1달러를 기부하더라도 액수를 점차 늘려보길 권하는 것이다(응답자들은 전체 세금 중 단 10퍼센트를 어떻게 할당하고 싶은지 생각해보라는 요청을 받았다. 이 부분에 주목해야 한다. 그 수준을 100퍼센트까지 높이면, 필수적이지만 흥미롭지는 않은 영역에서 극심한 자금난이 일어날지 모른다. 유치원에 기부금을 보낼 수 있는데 하수관 관리에 돈을 쓰고 싶어 하는 경우라고 할까. 그럼에도 눈여겨봐야 할 사실이 있다. 조사 결과는 10달러당 1달러에 대한 선택권만 가져도 세금 만족도가 충분히 올라갈 수 있음을 암시한다).

한편 미국 사람들은 다른 사람에게 얼마나 투자하고 싶어 할까? 미국은 비슷한 환경의 국가들에 비해 소득세가 낮은 편이다. 미국의 최고 세율은 35퍼센트에 불과하다. 영국 50퍼센트, 네덜란드 52퍼센트에 비교하면 낮은 수치다.[38] 반면에 미국은 시민들의 자선단체 기부율 면에서 세계 10위권 안에 꾸준히 들어가고 있다. 2011년에는 기부율 65퍼센트라는 경이로운 결과가 나왔다. 결과적으로 다른 방식으로 소득 재분배가 이루어졌다.³⁹ 그래서 세금을 통한 소득 재분배를 싫어하는 사람들도 그처럼 선택의 힘을 활용한다면, 기꺼이 즐거운 마음으로 세금을 납부하려 할 것이다. 선택권을 가지고 다른 사람에게 투자하여 행복감을 얻도록 해주면 된다.

미국의 기부율이 높은 이유는 무엇일까? 어느 정도는 정부가 기부 빈도를 높이고 있기 때문이다. 미국만큼 기부액의 세금 공제 혜택이 큰 나라는 없다. 소득세, 부동산세, 또는 양쪽 부분에서 공제가 되는지, 전체 공제 한도가 얼마나 되는지 나라마다 그 차이가 크게 나타난다. 그래도 정부의 정책은 시민들의 기부 빈도와 관련이 있다.⁴⁰ 정부가 나서서 기부 장려책을 확대한다면, 다른 사람에게 투자하는 경향도 확대될 수 있다.

∴ 행복해지는 지출 비결 ∴

우리 두 저자는 종종 이런 질문을 받는다. 사람들은 왜 시행착오를 거듭하면서도 행복한 지출의 원칙을 이해하지 못하고, 행복한 지출을 하지도 못할까? 우리 두 저자는 중요한 이유가 하나 있다고 확신한다. 사람들은 그에 대해 필요한 '데이터'를 가지고 있지 않다. 그래서 매일 행복의 척도를 재보지도 않고, 결과를 돌아보며 그날 무엇

때문에 행복했고 불행했는지 따지기만 한다. 또 우리 두 저자는 케이크를 먹을 때 행복하다는 식의 이야기를 자주 듣지만, 이런 즉흥적인 의견만 가지고는 행복을 극대화하기 위한 적절한 '데이터' 같은 것을 뽑아내지 못한다. 인간이 자기이해 척도를 활용하지 못해서가 아니다. 우리 모두는 스스로 체중계에 올라가는 데 익숙해져 있다. 또한 먹고 운동하는 양에 따라 몸무게가 얼마나 올라가고 내려가는지 잘 안다. 그렇다면 행복에도 이런 개념을 적용해야 할까?

우리 두 저자는 이 물음의 답을 찾다가 정부가 유리하게 활용할 수 있는 최종 수단이 있음을 알게 되었다. 바로 시민들의 인식을 높이는 일이다. 지금까지 소개한 다섯 가지 원칙은 독자들이 매 지출마다 행복감을 최대한 높이는 비결이라고 할 수 있다. 정부는 그와 같은 '행복 교육'을 아주 광범위하게 실시할 수 있다. 행동분석팀 책임자인 데이비드 핼펀은 그런 목표를 '자신의 소비 선택을 비롯해 무엇이 자신의 행복에 영향을 미치는지 시민들에게 분명히 알려주는 것'이라며, 이것이 그의 핵심 업무라고 말했다.

지금까지 정부가 어느 정도 중간 개입을 하여 시민들의 인식을 높여야 한다는 이야기를 쭉 해왔다. 그런데 자유의지가 강한 독자들은 이런 이야기에 거부감을 드러내기 마련이다. 정부는 행복의 결정 요인에 대한 정확한 정보를 제공할 수 있다. 이어서 그런 정보를 최대한 잘 실천하는 방법을 시민들 스스로 선택하게 할 수 있다. 데이비드 핼펀이 지적했듯이, 그처럼 공개된 정보가 '시장 선택에 영향을 미치도록 만드는 것'이 관건이다. 이를테면 사람들은 많은 정보에 의거하여 행복지수가 높은 지역으로 이사를 가기로 마음먹을 수 있다. 장기적으로 보면 어떨까? 행복 결정 요인에 관한 정보를 이용하여 행복 극대화 정책을 도입하라고 정부를 압박할 수 있을 것이다(이렇게 해도 또한 행복지수를 높일 수 있다. 예컨대, 정치인들을 선거로 직접 뽑는 민주주의 국가들의 행복지수가 높은 경향이 있다).**41**

이제 영국을 넘어서 관점의 범위를 좀 더 확대해보자. 앞서, 2012년 4월에 유엔행복위원회가 최초로 개최되었다고 설명했다. 어떤 결실이 있었을까? 행복에 관한 참신한 생각이 모여 158쪽 분량의 세계행복보고서World Happiness Report가 탄생했다(당시 필진으로 참여했던 존 헬리웰John Helliwell은 우리 연구진 중 한 사람이다).**42** 이 보고서의 목표는 무엇일까? 시민들의 행복을 측정하고 증진하고자 하는 정책 담당자들에게 '길'을 알려주는 것이다. 이전까지 시민들의 행복에 별로 관심이 없었던 여러 국가들이 행복에 대한 인식을 높였다는 점만 보더라도 보고서의 효과를 톡톡히 보았다. 하지만 중국의 몇몇 뉴스 매체가 보고서를 거듭 게시하자, 중국 국가정보위원회Chinese State Council Information Office가 보고서 발행을 금지했다. 심지어 보고서를 샅샅이 조사하기도 했다(행복지수 세계 112위에 오른 중국으로서는 분명히 찜찜했을 것이다).**43** 세계행복보고서는 행복에 대한 관심을 불러일으키고 대화를 확대하는 출발점이다. 데이비드 핼펀은 그 점을 잘 지적했다. "우리는 이제야 시작했습니다."

∴ 돈으로 행복을 살 수 있다 ∴

　지출 방식을 바꾸는 것이 행복을 늘리는 유일한 방법이 아님은 당연하다.* 그럼에도 행복한 지출의 다섯 가지 원칙에 따라 적절히 지출을 해보자. 말 그대로 행복을 구매할 수 있다. 비용 대비 최대의 행복감을 주는 구매를 생각해보고 실천해나가면 된다. 아무리 그래도 일상에서 행복을 좇는 게 현명한 일일까? 그렇게 하면 다람쥐 쳇바퀴 돌듯 헛수고하는 게 아닐까?

　〈어니언〉지는 '다 자란 어른이 실제로 행복해지길 기대한다'라는 머리기사로 그런 모습을 풍자했다.[44] 몇몇 연구에서는 행복을 좇으면 오히려 역효과가 나타난다는 결과가 나왔다. 한 실험에서 실험 참가자들에게 꽤 괜찮지만 환상적이지는 않은 노래를 들려주었다. 이어서 일부 참가자들에게 가능한 한 행복한 감정을 많이 느껴보라고 말했다. 그랬더니 스스로 행복을 느끼려고 했던 참가자들은 아무런 지시사항을 듣지 않은 참가자들보다 행복을 느끼는 수준이 낮게 나왔다.[45]

　우울증을 앓는 사람들이 잘 알고 있듯이, 스스로 행복을 느끼려고 애쓰는 것은 여간 힘든 일이 아니다. '기운 내'라고 말하는 것은 단순히

---

* 지출 방식 외에 다른 행복 증진 요인에 대해서는 대니얼 길버트의 《행복에 걸려 비틀거리다Stumbling on Happiness》, 소냐 류보머스키Sonja Lyubomirsky의 《행복도 연습이 필요하다The How of Happiness》, 조너선 하이트 Jonathan Haidt의 《행복의 가설The Happiness Hypothesis》을 참고하자.
또한 www.csls.ca/festschrift/Helliwell.pdf.를 방문하여 존 헬리웰John F. Helliwell의 '주관적인 행복을 어떻게 개선할 수 있을까?How Can Subjective Well-being Be Improved?'를 읽어보면, 정부의 역할에 대한 관점을 넓힐 수 있다.

'마라톤에서 우승해'라고 말하는 것과 다를 바 없다. 이론으로는 가능하지만, 많은 도움을 얻고 실천도 해야 한다. 책의 앞부분에서 말했듯이, 행복해지려고 애쓰는 태도는 자신에게 직접 심장 이식 수술을 하려는 꼴과 다름이 없다. 우리는 대부분 전문가에게서 조언을 얻고 도움을 받을 수 있다.

우리 두 저자가 다섯 가지 원칙을 선별한 것은 철저한 연구 조사를 근거로 각각의 원칙을 도출했을 뿐만 아니라, 우리를 비롯한 거의 모든 사람들이 그 원칙들을 따르지 않고 있기 때문이다. 왜 이런 일이 벌어질까? 우리는 이미 행복한 지출을 하고 있다고 착각하고 있기 때문이다. 대형 평면 텔레비전을 집에 들이고, 교외에 저택을 구입하면 행복이 영원히 지속될 것이라고 생각한다. 그래서 행복해지려고 애써도 생각대로 되지 않는 것인지 모른다. 그 사실을 이해하는 것도 쉬운 일이 아니다. 행복한 지출로 이끄는 다섯 가지 원칙은 과학적으로 입증된 지출 비결이다. 심장 이식 수술에 능한 외과의사가 자신감을 가지듯 우리는 확신한다. **행복한 지출을 위한 다섯 원칙을 실천하면, 소비생활이 행복으로 충만해진다.** 외과수술보다 돈 쓰는 일이 훨씬 더 쉽지 않은가. 수술처럼 난해하고 복잡한 일도 없으니 말이다.

이제 스스로 실천해나가는 일만 남았다. 행복한 지출을 해야지 심장 이식 수술을 하라는 말이 아니다. 잊지 말자.

주

들어가며

1. Elizabeth Landau, "Winning the Lottery: Does It Guarantee Happiness?", CNN, January 7, 2011, http://www.cnn.com/2011/HEALTH/01/07/lottery.winning.psychology/index.html.
2. Lara B. Aknin, Michael I. Norton, and Elizabeth W. Dunn, "From Wealth to Well-Being? Money Matters, but Less than People Think," *Journal of Positive Psychology* 4, no. 6(November 2009): 523-27.
3. Ed Diener, Weiting Ng, James Harter, and Raksha Arora, "Wealth and Happiness across the World: Material Prosperity Predicts Life Evaluation, Whereas Psychosocial Prosperity Predicts Positive Feeling," *Journal of Personality and Social Psychology* 99, no. 1(July 2010): 52-61.
4. Daniel Kahneman and Angus Deaton, "High Income Improves Evaluation of Life but Not Emotional Well-Being," *Proceedings of the National Academy of Science of the United States of America* 107, no. 38(2010): 16489-93.
5. Paul K. Piff, Daniel M. Stancato, Stéphane Côté, Rodolfo Mendoza-Denton, and Dacher Keltner, "Higher Social Class Predicts Increased Unethical Behavior", *Proceedings of the National Academy of Science of the United States of America* 109, no. 11(March 2012): 4086-91; Kathleen D. Vohs, Nicole L. Mead, and Miranda R. Goode, "Merely Activating the Concept of Money Changes Personal and Interpersonal Behavior", *Current Direction in Psychological Science* 17, no. 3(June 2008): 208-12.
6. Kathlee D. Vohs, Nicole L. Mead, and Miranda R. Goode, "The Psychological Consequences of Money", *Science* 314, no. 5802(November 2006): 1154-56.
7. Warren Buffett, "My Philanthropic Pledge", *CNNMoney*, June 16, 2010, http://money.cnn.com/2010/06/15/news/newsmakers/Warren_Buffet_Pledge_Letter.fortune/index.html.

8. For accessible reviews, see Daniel M. Wegner, *The Illusion of Conscious Will* (Cambridge, MA: MIT Press, 2002); Timothy D. Wilson, *Strangers to Ourselves: Discovering the Adaptive Unconscious* (Cambridge, MA: Belknap Press, 2002).

1장 체험을 구매하라

1. Naoki Nakazato, Ulrich Schimmack, and Shigehiro Oishi, "Effect of Changes in Living Conditions on Well-Being: A Prospective Top Down Bottom-Up Model," *Social Indicators Research* 100, no. 1 (January 1, 2011): 115-35.
2. Elizabeth W. Dunn, timothy D. Wilson, and Daniel T. Gilbert, "Location, Location, Location: The Misprediction of Satisfaction in Housing Lotteries," *Personality and Social Psychology Bulletin* 29, no. 11 (2003): 1421-32.
3. David Streitfield, "Despite Fears, Owning Home Retains Allure, Poll SHows," *New York Times*, June 29, 2011, http://www.nytimes.com/2011/06/30/business/30poll.html.
4. Grace Wong Bucchianeri, "The American Dream or the American Delusion? The Private and External Benefits of Homeownership," working paper, University of Pennsylvania, 2011.
5. Author interview with Marcia Fiamengo, August 4, 2011.
6. Leaf Van Boven and Thomas Gilovich, "To Do or to Have? That Is the Question," *Journal of Personality and Social Psychology* 85, no. 6 (2003): 1193-1202.
7. Leonardo Nicolao, Julie R. Irwin, and Joseph K. Goodman, "Happiness for Sale: Do Experiential Purchases Make Consumer Happier Than Material Purchases?" *Journal of Consumer Research* 36, no. 2 (2009): 188-98.
8. Thomas DeLeire and Ariel Kalil, "Does Consumption Buy Happiness? Evidence from the United States," *International Review of Economics* 57, no. 2 (2010): 163-76.
9. Author interview with Will Dean, July 8, 2011.
10. Tough Mudder, http://toughmudder.com.
11. Ryan T. Howell and Graham Hill, "The Mediators of Experiential Purchases: Determining the Impact of Psychological Needs Satisfaction and Social

Comparison," *Journal of Positive Psychology* 4, no. 6(2009): 511-22.

12. John Branch, "Playing with Fire, Barbed Wire and Beer," *New York Times*, April 28, 2010, http://www.nytimes.com/2010/04/29/sports/29mudder.html.

13. Greg Perkins, "Tough Mudder: Dirty, Adventurous Fun!," *Modern Paleo*, October 25, 2010, http://blog.modernpaleo.com/2010/10/tough-mudder-dirty-adventurous-fun.html.

14. Leaf Van Boven, Margaret C. Campbell, and Thomas Gilovich, "Stigmatizing Materialism: On Stereotypes and Impressions of Materialistic and Experiential Pursuits," *Personality and Social Psychology Bulletin* 36, no. 4(April 2010): 551-63.

15. Travis J. Carter and Thomas Gilovich, "I Am What I Do, Not What I Have: The Differential Centrality of Experiential and Material Purchases to the Self", *Journal of Personality and Social Psychology* (2012).

16. Ibid.

17. Gal Zauberman, Rebecca K Ratner, and B. Kyu Kim, "Memories as Assets: Strategic Memory Protection in Choice over Time", *Journal of Consumer Research* 35, no. 5(2009): 715-28.

18. Tim Wildschut, Constantine Sedikides, Clay Routledge, Jamie Arndt, and Filippo Cordaro, "Nostalgia as a Repository of Social Connectedness: The Role of Attachment-Related Avoidance," *Journal of Personality and Social Psychology* 98, no. 4(2010): 573-86.

19. Clay Routledge, Jamie Arndt, Tim Wildschut, Constantine Sedikides, Claire M. Hart, Jacob Juhl, Ad J. J. M. Vingerhoets, and Wolff Schlotz, "The Past Makes the Present Meaningful: Nostalgia as an Existential Resource," *Journal of Personality and Social Psychology* 101, no. 3(2011): 935-50.

20. Fred Davis, "Nostalgia, Identity and the Current Nostalgia Wave," *Journal of Popular Culture* 11, no. 2(1977): 411-24.

21. Anat Keinan and Ran Kivertz, "Productivity Orientation and the consumption of Collectable Experiences," *Journal of Consumer Research* 37, no. 6(2011): 935-50.

22. Ibid.

23. *Hercules Furens* (The Madness of Hercules), lines 656-57; *Amphitryon*.

24. W. Richard Walker and John Skowronski, "The Fading Affect Bias: But What

the Hell Is It For?," *Applied Cognitive Psychology* 23 (2009): 1122-36.

25. Terence R. Mitchell, Leigh Thompson, Erika Peterson, and Randy Cronk, "Temporal Adjustments in the Evaluation of Events: The 'Rosy View'," *Journal of Experimental Social Psychology* 33, no. 4 (1997): 421-48.

26. Derrick Wirtz, Justin Kruger, Christie Napa Scollon, and Ed Diener, "What to Do on Spring Break? The Role of Predicted, On-line, and Remembered Experience in Future Choice," *Psychological Science* 14, no. 5 (September 2003): 520-24.

27. Travis Carter and Thomas Gilovich, "The Relative Relativity of Material and Experiential Purchases," *Journal of Personality and Social Psychology* 98, no. 1 (2010): 146-59.

28. Emily Rosenzweig and Thomas Gilovich, "Buyer's Remorse of Missed Opportunity? Differential Regrets for Material and Experiential Purchases," *Journal of Personality and Social Psychology* 102, no. 2 (February 2012):215-23.

29. Carter and and Gilovich, "The Relative Relativity of Material and Experiential Purchases," *Journal of Personality and Social Psychology* 98, no. 1 (2010): 146-59.

30. Resenzweig and Gilovich, "Buyer's Remorse of Missed Opportunity? Differential Regrets for Material and Experiential Purchases," *Journal of Personality and Social Psychology* 102, no. 2 (February 2012): 215-23.

31. Carter and Gilovich, "The Relative Relativity of Material and Experiential Purchases."

32. Julian Villanueva, Luc Wathieu, and Michael I. Norton, "elBulli: The Taste of Innovation," *Harvard Business School Cases* (July 2008): 1.

33. http://chocolateandzucchini.com/archives/2006/08/dinner_at_el_bulli.php.

34. Ibid.

35. Barbara Frederickson and Daniel Kahneman, "Duration Neglect in Retrospective Evaluations of Affective Episodes," *Journal of Personality and Social Psychology* 65, no. 1 (1993): 45-55.

36. Simon Kemp, Christopher D. B. Burt, and Laura Furneaux, "A Test of the Peak-End Rule with Extended Autobiographical Events," *Memory & Cognition* 36, no. 1 (2008):132-38.

37. Author interview with Laszlo Bock, March 20, 2012.

38. Nira Liberman and Yaacov Trope, "The Psychology of Transcending the Here and Now," *Science* 322, no. 5905 (November 2008): 1201-05.
39. Van Boven and Gilovich, "To Do or to Have? That Is the Question."
40. Ibid.

2장 특별하게 만들어라

1. Sarah Silverman, *The Bedwetter: Stories of Courage, Redemption, and Pee* (New York: HarperCollins, 2010).
2. Jordi Quoidbach and Elizabeth W. Dunn, "Give It Up: A Strategy for Combatting Hedonic Adaptation," *Social Psychological and Personality Science* (forthcoming).
3. Jing Xu and Nobert Schwarz, "How Do You Feel while Driving Your Car? Depends on How You Think about It" (forthcoming), http://www.chicagobooth.edu/research/workshops/marketing/docs/Xuhow%20do%20you%20feel%20while%20driving%20your%20car.pdf.
4. Oprah Winfrey, "The Magic of Gratitude," *Oprah Radio*, 2008, http://www.oprah.com/oprahradio/The-Magic-of-Gratitude_1.
5. Sara B. Algoe, Jonathan Haidt, and Shelly L. Gable, "Beyond Reciprocity: Gratitude and Relationships in Everyday Life," *Emotion* 8, no. 3 (June 2008) 425-29; Minkyung Koo, Sara B. Algoe, Timothy D. Wilson, and Daniel T. Gilbert, "It's a Wonderful Life: Mentally Subtracting Positive Events Improves People's Affective States, Contrary to Their Affective Forecasts." *Journal of Personality and Social Psychology* 95, no. 5 (November 2008): 1217-24.
6. Jordi Quoidbach, Elizabeth W. Dunn, K. V. Petrides, and Moïra Mikolajczak, "Money Giveth, Money Taketh Away: The Dual Effect of Wealth on Happiness," *Psychological Science* 21, no. 6 (June 2010): 759-63.
7. Kathleen D. Vohs, Nicole L. Mead, and Miranda R. Goode, "The Psychological Consequences of Money," *Science* 314, no. 5802 (November 2006): 1154-56.
8. Quoidbach, Dunn, Petrides, and Mikolajczak, "Money Giveth, Money Taketh Away."

9. Roald Dahl, *Charlie and the Chocolate Factory* (London: Penguin Books, 1964), 8-9.
10. Quoidbach, Dunn, Petrides, and Mikolajczak, "Money Giveth, Money Taketh Away."
11. Silverman, *The Bedwetter*.
12. Jing Wang, Nathan Novemsky, and Ravi Dhar, "Anticipating Adaptation to Products," *Journal of Consumer Research* 36, no. 2 (August 2009): 149-59.
13. Ibid.
14. Shane Frederick and George Loewenstein, "Hedonic Adaptation," in *Well-being: The Foundations of Hedonic Psychology*, ed. Daniel Kahneman, Edward Diener, and Norbert Schwarz (New York: Russell Sage, 1999), 320.
15. Quoidbach and Dunn, "Give It Up."
16. The Great American Apparel Diet, http://www.thegreatamericanappreldiet.com.
17. Six Items or Less, http://sixitemsorless.com.
18. Allison Glock, "Back to Basics: Living with 'Voluntary Simplicity,'" *O, The Oprah Magazine*, January 2009, http://www.oprah.com/omagazine/Meet-Followers-of-the-Simple-Living-Philosophy.
19. Kirk Warren Brown and Tim Kasser, "Are Psychological and Ecological Well-Being Compatible? The Role of Values, Mindfulness, and Lifestyle," *Social Indicators Research* 74, no. 2 (November 2005): 349-68.
20. Jaime L. Kurtz, "Looking to the Future to Appreciate the Present: The Benefit of Perceived Temporal Scarcity," *Psychological Science* 19, no. 12 (December 2008): 1238-41.
21. Laura L. Carstensen, Helene H. Fung, and Susan T. Charles, "Socioemotional Selectivity Theory and the Regulation of Emotion in the Second Half of Life," *Motivation and Emotion* 27, no. 2 (June 2003): 103-23.
22. *Newsweek*, March 6, 1995.
23. Suzanne B. Shu and Ayelet Gneezy, "Procrastination of Enjoyable Experience," *Journal of Marketing Research* 47, no. 5 (October 2010): 993-44.
24. "Euromonitor International's Top City Destinations Ranking," *Euromonitor International*, January 6, 2011, http://blog.euromonitor.com/2011/01/euromonitor-internationals-top-city-destinations-ranking.html.
25. Shu and Gneezy, "Procrastination of Enjoyable Experience."
26. Fiscal 2006 Annual Report, Best Buy, http://library.corporateir.net/

library/83-831-83192/items/199546/bby_ar06.pdf.
27. Author interview with David Vivenes, September 29, 2011.
28. "Canada Doubled Down-1 Million Sandwiches Sold," KFC Canada, November 15, 2010, http://www.marketwire.com/press-release/canada-doubled-down-1-million-sandwiches-sold-1353074.html.
29. Coca-Cola Company Heritage Timeline, http://heritage.coca-cola.com/timeline.swf.
30. Author interview with Ashlee Yingling, April 17, 2012.
31. "McRib Boosts McDonald's November Sales," MSNBC, December 8, 2010, http://www.msnbc.msn.com/id/40566036/ns/business-us_business.
32. Daniel Richards, "Walt Disney-A Look at the Man Behind Mickey Mouse," http://entrepreneurs.about.com/od/famousentrepreneurs/p/waltdisney.html.
33. Robert B. Cialdini. Influence: *Science and Practice*, 4th ed.(Boston: Pearson Education, 2001), 241.
34. Ibid., 266.
35. Author interview with Robin Chase, October 5, 2011.
36. Classic Car Club Manhattan, http://classiccarclubmanhattan.com.
37. Kate Hughes, "How to Live Like a Millionaire-Even If It's Only Part-Time," *Independent*, March 1, 2008, http://www.independent.co.uk/money/spend-save/how-to-live-like-a-millionaire-ndash-even-ifits-only-parttime-789840.html.
38. David Budworth, "Live It Up at a Fraction of the Cost," *Sunday Times*, August 5, 2007.
39. Lief D. Nelson, Tom Meyvis, and Jeff Galak, "Enhancing the television-Viewing Experience through Commercial Interruptions," *Journal of Consumer Research* 36, no. 2(August 2009): 160-72.
40. Lief D. Nelson and Tom Meyvis, "Interrupted Consumption: Disrupting Adaptation to Hedonic Experiences," *Journal of Marketing Research* 45, no. 6(December 2008): 654-64.
41. Ibid.
42. Ibid.
43. Jori Quoidbach, Elizabeth W. Dunn, Gaélle M. Bustin, and Cédric A. Bouquet, "The Price of Awesomeness: How a Wealth of Experiences Impverishes Savoring" (forthcoming).

44. Ibid.

45. H. H. the Dalai Lama and Howard C. Cutler, *The Art of Happiness: A Handbook for Living* (New York: Riverhead Books, 1998); Oprah Winfrey, "The Magic of Gratitude," *Oprah Radio*, 2008, http://www.oprah.com/oprahradio/The-Magic-of-Gratitude_1.

46. Elizabeth W. Dunn, Jeremy C. Biesanz, Lauren J. Human, and Stephanie Finn, "Misunderstanding the Affective Consequences of Everyday Social Interactions: the Hidden Benefits of Putting One's Best Face Forward," *Journal of Personality and Social Psychology* 92, no. 6 (June 2007): 990-1005.

47. Arthur Aron, Christina C. Norman, Elaine N. Aron, Colin McKenna, and Richard E. Heyman, "Couples' Hared Participation in Novel and Arousing Activities and Experienced relationship Quality," *Journal of Personality and Social Psychology* 78, no. 2 (2000): 273-84.

48. E. B. Hale and John O. Almquist, "Relation of Sexual Behavior to Germ Cell Output in Farm Animals," *Journal of Dairy Science* 43, supp. 1 (1960): 145-67, cited in Timothy D. Wilson and Daniel T. Gilbert, "Explaining Away: A Model of Affective Adaptation," *Perspectives on Psychological Science* 3, no. 5 (September 2008): 376.

49. I. Tsapelas, A. Aron, and T. Orbuch, "Marital Boredon Now Predicts Less Satisfaction 9 Years Later," *Psychological Science* 20, no. 5 (May 2009): 543-45.

50. Charmin, http://www.charmin.com/en_us/pages/offers-ploza.shtml.

51. David T. Neal, Wendy Wood, Mengju Wu, and David Kurlander, "The Pull of the Past: When Do Habits Persist Despite Conflict With Motives?," *Personality & Social Psychology Bulletin* 37, no. 11 (November 2011): 1428-37.

52. Paul Rozin, "The Meaning of Food in Our Lives: A Cross-Cultural Perspective on Eating and Well-Being," *Journal of Nutrition Education & Behavior* 37 (November 2, 2005): S107-S112.

53. Ibid.

54. Paul Rozin, Kimberly Kabnick, Erin Pete, Claude Fischler, and Christy Shields, "The Ecology of Eating: Smaller Portion Sizes in France Than in the United States Help Explain the French Paradox," *Psychological Science* 14, no. 5 (September 2003):

450-54.

55. Ran Kivetz and Itamar Simonson, "Earning the Right to Indulge: Effort as a Determinant of Customer Preference Toward Frequency Program Reward," *Journal of Marketing Research* 39, no. 2(May 2002): 1550-70.

56. Jing Xu and Norbert Schwarz, "Do We Really Need a Reason to Indulge?" *Journal of Marketing Research* 46, no. 1(February 2009): 25-36.

57. Kivetz and Simonson, "Earning the Right to Indulge."

58. Christopher K. Hsee, "Value Seeking and Prediction-Decision Inconsistency: Why Don't People Take What They Predict They'll Like the Most?," *Psychonomic Bulletin & Review* 6, no. 4(December 1999):555-61.

59. Christopher K. Hsee, Jiao Zhang, Fang Yu, and Yiheng Xi, "Lay Rationalism and Inconsistency between Predicted Experience and Decision," *Journal of Behavioral Decision Making* 16, no. 4(2003): 257-72.

60. Carey K. Morewedge, Daniel T. Gilbert, Boaz Keysar, Michael J. Berkovits, and Timothy D. Wilson, "Mispredicting the Hedonic Benefits of Segregated Gains," *Journal of Experimental Psychology: General* 136, no. 4(2007), 700-709.

3장 시간을 구매하라

1. The Onion, http://www.theonion.com/articles/national-news-highlights,25578/.

2. Daniel Kahneman, Alan B. Krueger, David Schkade, Norbert Schwarz, and Arthur A. Stone, "Would You Be Happier If You Were Richer? A Focusing Illusion," *Science* 312, no. 5782(June 2006): 1908-10.

3. Ibid.

4. A Krueger, D. Kahneman, C. Fischler, D. Schkade, N. Schwarz, and A. Stone, "Time Use and Subjective Well-Being in France and the U.S.," *Social Indicators Research* 93, no. 1(2008): 7-18.

5. Nathan Zeldes, David Sward, and Sigal Louchheim, "Infomania: Why We Can't Afford to Ignore It Any Longer," *First Monday* 12, no. 8(2007), http://firstmonday.org/htbin/cgiwrap/bin/ojs/index.php/fm/article/view/1973/1848.

6. Pico Iyer, "The Joy of Quiet," *New York Times*, December 29, 2011, http://www.nytiems.com/2012/01/01/opinion/sunday/the-joy-of-quiet.html.
7. Daniel Kahneman, Alan B. Krueger, David A. Schkade, Nobert Schwarz, and Arthur A. Stone, "A Survey Method for Characterizing Daily Life Experience: The Day Reconstruction Method," *Science* 306, no. 5702 (December 3, 2004): 1776-80.
8. Tim Kasser and Kennon M. Sheldon, "Time Affluence as a Path toward Personal Happiness and Ethical Business Practice: Empirical Evidence from Four Studies," *Journal of Business Ethics* 84, no. S2 (2008): 243-55.
9. Ronald J. Burke, Mustafa Koyuncu, Lisa Fiksenbaum, and Halil Demirer, "Time Affluence, Material Affluence, Material Affluence and Well-Being among Turkish Managers," *Cross Cultural Management: An International Journal* 16. no. 4 (2009) 386-97.
10. Kasser and Sheldon, "Time Affluence as a Path toward Personal Happiness and Ethical Business Practice."
11. Ibid.
12. Matthew A. Killingsworth and Daniel T. Gilbert, "A Wandering Mind Is an Unhappy Mind," *Science* 330, no. 6006 (November 12, 2010):932.
13. Kasser and Sheldon, "Time Affluence as a Path toward Personal Happiness and Ethical Business Practice."
14. Daniel S. Hamermesh and Jungmin Lee, "Stressed Out on Four Continents: Time Crunch or Yuppie Kvetch?," *Review of Economics & Statistics* 89, no. 2 (May 2007): 374-83.
15. Weiting Ng, Ed Diener, Rasksha Auroa, and James Harter, "Affluence, Feelings of Stress, and Well-Being," *Social Indicators Research* 94, no. 2 (2008): 257-71.
16. John P. Robinson and Geoffrey Godbey, "Busyness as Usual," *Social Research* 72, no. 2 (Summer 2005): 407-26; Juliet B. Schor, "Working Hours and Time Pressure: The Controversy about Trends in Time Use," in *Working Time: International Trends, Theory and Policy Perspectives*, ed. Lonnie Golden and Deborah M. Figart, *Advance in Social Economics* (New York: Routledge, 2000), 73-86.
17. Ibid.
18. Mark Aguiar and Erik Hurst, "A Summary of Trends in American Time Allocation: 1965-2005," *Social Indicators Research* 93, no. 1 (2009) 57-64.

19. Sanford E. DeVoe and Jeffrey Pfeffer, "Time Is Tight: How Higher Economic Value of Time Increases Feelings of Time Pressure," *Journal of Applied Psychology* 96, no. 4 (July 2011): 665-76.
20. Ibid.
21. Allen D. Kanner, James C. Coyne, Catherine Schaefer, and Richard S. Lazarus, "Comparison of Two Modes of Stress Measurement: Daily Hassles and Uplifts Versus Major Life Events," *Journal of Behavioral Medicine* 4, no. 1 (1981): 1-39.
22. Susan Aschoff, "Salad Shooter," *Saint Petersburg Time*, September 23, 1999, http://www.sptimes.com/News/92399/Taste/Salad_shooter_shtml.
23. Chen-Bo Zhong and Sanford E. DeVoe, "You Are How You Eat: Fast Food and Impatience," *Psychological Science* 21, no. 5 (May 2010): 619-22.
24. Cassie Mogilner, Zoe Chance, and Michael I. Norton, "Giving Time Gives You Time," *Psychological Science* 23, no. 10 (October 2012): 1233-38.
25. Author interview with Paulette Minard, February 2, 2012.
26. "Spending Patterns in Canada," Statistics Canada, 2009, http://publications.gc.ca/collections/Collection-R/Statcan/62-202-XIE/62-202-XIE.html.
27. Tara Parker-Pope, "The Best Walking Partner: Man vs. Dog," *New York Times*, December 14, 2009, http://well.blog.nytimes.com/2009/12/14/the-best-walking-partner-man-vs-dog.
28. Daniel Mochon, Michael I. Norton, and Dan Ariely, "Getting Off the Hedonic Treadmill, One Step at a Time: The Impact of Regular Religious Practice and Exercise on Well-Being," *Journal of Economic Psychology* 29, no. 5 (November 2008): 632-42.
29. Mattew B. Ruby, Elizabeth W. Dunn. Andrea Perrino, Randall Gillis, and Sasha Viel, "The Invisible Benefits of Exercise," *Health Psychology* 30, no. 1 (January 2011): 67-74.
30. E. K. Nisbet and J. M. Zelenski, "Understanding Nearby Nature: Affective Forecasting Erros Obscure the Happy Path to Sustainability," *Psychological Science* 22, no. 9 (September 2011): 1101-6.
31. Krueger, Kahneman, Fischler, Schkade, Schwarz, and Stone, "Time Use and Subjective Well-Being in France and the U.S."

32. "Americans Now Spend over 100 Hours a Year Commuting," http://usgovinfo.about.com/od/censusandstatistics/a/commutetimes.htm.

33. Anita Elash, "Are We Reaching Peak Car?," *Globe & Mail*. October 22, 2011, http://www.theglobeandmail.com/news/national/are-we-reaching-peak-car/article2210139/.

34. Krueger, Kahneman, Fischler, Schkade, Schwarz, and Stone, "Time Use and Subjective Well-Being in France and the U.S."

35. Alois Stutzer and Bruno S. Frey, "Stress That Doesn't Pay: The Commuting Paradox," *Scandinavian Journal of Economics* 110, no. 2(2008): 339-66. Unless cited otherwise, all statistics in this section are from Stutzer and Frey.

36. Ibid.

37. Author interview with Robin Chase, October 5, 2011.

38. James D. Schwartz, "Americans Work 2 Hours Each Day to Pay For Their Cars," *Urban Country Bicycle Blog*, May 6, 2011, http://www.theurbancountry/2011/05/americans-work-2-hours-each-day-to-pay.html.

39. Stutzer and Frey, "Stress That Doesn't Pay."

40. Richard E. Wener and Gary W. Evans, "Comparing Stress of Car and Train Commuters," *Transportation Research Part F: Traffic Psychology and Behaviour* 14, no. 2(2011): 111-16.

41. "Television & Health," http://www.csun.edu/science/health/docs/tv&health.html.

42. Giacomo Corneo, "Work and Television," *European Journal of Political Economy* 21, no. 1(2005):99-113.

43. Alan B. Krueger, "Are We Having More Fun Yet? Categorizing and Evaluating Changes in Time Allocation," *Brookings Papers On Economic Activity* no. 2 (August 2007): 193-215; Krueger, Kahneman, Fischler, Schkade, Schwarz, and Stone, "Time Use and Subjective Well-Being in France and the U.S."; Killingsworth and Gilbert, "A Wandering Mind Is an Unhappy Mind."

44. Krueger, "Are We Having More Fun Yet?"

45. Bruno S. Frey, Christine Benesch, and Alois Stutzer, "Does Watching TV Make Us Happy?" *Journal of Economic Psychology* 28, no. 3(June 2007): 283-313.

46. Kahneman, Krueger, Schkade, Schawarz, and Stone, "A Survey Method for

Characterizing Daily Life Experience"; Krueger, "Are We Having More Fun Yet?"

47. Jennifer Senior, "Why Parents Hate Parenting," New York, July 4, 2010, http://nymag.com/news/features/67024/;Shankear Vedantam, "Parents Are Junkies," Slate, November 12, 2010, http://www.slate.com/articles/health_and_science/the_hidden_brain/2010/11/parents_are_junkies.html.

48. Krueger, "Are We Having More Fun Yet?" See also Katherine S. Nelson, Kostadin Kushlev, Tammy English, Laura L. Carstensen, Elizabeth W. Dunn, and Sonja Lyubomirsky, "In Defense of Parenthood: Children Are Associated with More Joy than Misery," *Psychological Science* (forthcoming).

49. U.S. Department of Agriculture, "Expenditures on Children by Families," press release, 2011, http://www.usda.gov/wps/portal/usda/usdahome?contentid=2011/06/0241.xml&contentidonly=true.

50. "Americans Eager to Take Back Their Time," http://205.153.117.210/about/polls/timepoll.php.

51. Krueger, Khahneman, Fischer, Schkade, Schwarz, and Stone, "Time Use and Subjective Well-Being in France and the U.S."

52. Daniel S. Hamermesh and Jungmin Lee, "Stressed Out on Four Continents: Time Crunch or Yuppie Kvetch?," *Review of Economics & Statistics* 89, no. 2 (May 2007): 374-83.

53. "Shannon Deegan: How Google's 20 Percent Time Fosters Innovation," http://www.youtube.com/watch?v=KwwdtQHqd9g.

54. "Google-Overview, Company Culture and History," http://job searchtech.about.com/od/companyprofiles/a/google.html.

55. Bai Kang and Michael T. Miller, "An Overview of the Sabbatical Leave in Higher Education: A Synopsis of th Literature Base," ERIC Document Reproductive Service No. ED 430 471 (1999).

56. Author interview with Elaine Mah (country manager, Intel of Canada), January 13, 2012.

57. Steve Hamm, "A Passion for the Planet", *Bloomberg Businessweek*, August 21, 2006, http://www.businessweek.com/magazine/content/06_34/b3998431.htm.

58. Author interview with Elizabeth and Babara Pagano, January 12, 2012.

59. G. Zauberman and J. G. Lynch Jr., "Resource Slack and Prpensity to Discount Delayed Investments of Time Versus Money," *Journal of Experimental Psychology* 134, no. 1 (February 2005): 23-27.

60. Christopher K. Hsee and Jiao Zhang, "General Evaluability Theory," *Perspectives on Psychological Science* 5, no. 4 (November 2010): 343-55.

61. Richard A. Easterlin, "Explaining Happiness," *Proceedings of the National Academy of Science of the United States of America* 100, no. 19 (September 16, 2003): 11176-83.

62. Nira Liberman and Yaacov Trope, "The Psychology of Transcending the Here and Now" *Science* 322, no. 5905 (November 2008): 1201-1205.

63. Timothy D. Wilson, Thalia Wheatley, Jonathan M. Meyers, Daniel T. Gilbert, and Danny Axsom, "Focalism: A Source of Durability Bias in Affective Forecàsting," *Journal of Personality and Social Psychology* 78, no. 5 (2000): 821-36.

64. Cassie Mogilner, "The Pursuit of Happiness: Time, Money, and Social Connection," *Psychological Science* 21, no. 9 (September 2010): 1348-54.

65. Cassie Mogilner and Jennifer Aaker, "The Time vs. Money Effect': Shifting Product Attitudes and Decisions Through Personal Connection," *Journal of Consumer Research* 36, no. 2 (2009): 277-91.

66. Mogilner, "The Pursuit of Happiness."

67. Ibid.

68. Wendy Liu and Jennifer Aaker, "The Happiness of Giving: The Time-Ask Effect," *Journal of Consumer Research* 35, no. 3 (2008): 543-57.

69. Mogilner and Aaker, "The Time vs. Money Effect."

70. Ibid.

71. In A. C. Houston, ed., Franklin: *The Autobiography and Other Writings on Politics, Economics, and Virtue* (New York: Cambridge University Press, 2004).

72. Sanford E. DeVoe and Julian House, "Time, Money, and Happiness: How Does Putting a Price on Time Affect Our Ability to Smell the Roses?" *Journal of Experimental Social Psychology* 48, no. 2 (March 2012): 466-74.

73. Sanford E. DeVoe and Jeffrey Pfeffer, "When Time Is Money: The Effect of Hourly Payment on the Evaluation of Time," *Organizational Behavior and Human Decision Processes* 104, no. 1 (2007): 1-13.

74. Sanford E. DeVoe, Byron Y. Lee, and Jeffrey Pfeffer, "Hourly versus Salaried Payment and Decisions about Trading Time and Money over Time," *Industrial and Labor Relations Review* 63, no. 4(July 2010): 627-40.
75. DeVoe and Pfeffer, "Then Time Is Money."
76. Ibid.

4장 먼저 돈을 내고 나중에 소비하라

1. Emily S. Gerson and Ben Woolsey, "The history of credit cards," May 2009, http://www.creditcards.com/credit-card-news/credit-cards-history-1264.php.
2. Consumer Electronics Association, "CEA Projects 'Digital Holiday Season' with Increased Spending on Electronics, Gifts Overall," press release, 2010, http://www.businesswire.com/news/home/20111025006661/en/CEA-Projects-%E2%80%98Digital-Holiday-Season%E2%80%99-Increased-Spending.
3. Jeroen Nawijn, Miquelle A. Marchand, Ruut Veehoven, and Ad J. Vingerhoets, "Vacationers Happier, But Most Not Happier After a Holiday," *Applied Research in Quality of Life* 5, no. 1(March 2010): 35-47.
4. Julia A. Weiler, Boris Suchan, and Irene Daum, "When the Future Becomes the Past: Differences in Brain Activation patterns for Episodic Memory and Episodic Future Thinking," *Behavioural Brain Research*(April 2010).
5. Eugene M. Caruso, Daniel T. Gilbert, and Timothy D. Wilson, "A Wrinkle in Time: Asymmetric Valuation of Past and Future Events," *Psychological Science* 19, no. 8(August 2008): 496-801.
6. Michael A. Andrykowski and William H. Redd, "Longitudinal Analysis of the Development of Anticipatory Nausea," *Journal of Consulting and Clinical Psychology* 55, no. 8(August 2008): 796-801.
7. Peter Sheridan Dodds and Christopher M. Danforth, "Measuring the Happiness of Large-Scale Written Expression: Songs, Blogs, and Presidents," *Journal of Happiness Studies* 11, no. 4(August 2010): 441-56.
8. Scott A. Golder and Michael W. Macy, "Diurnal and Season Mood Vary

with Work, Sleep, and Daylength across Diverse Cultures," *Science* 333, no. 6051 (September 2011): 1878-81.

9. Maurice L. Farber, "Time-Perspective and Feeling-Tone: A Study in The Perception of the Days," Journal of Psychology: *Interdisciplinary and Applied* 35 (1953): 256.

10. Matthew A. Killingsworth and Daniel T Gilbert, "A Wandering Mind Is an Unhappy Mind," *Science* 330, no. 6006 (November 12, 2010): 932.

11. Andrew K. MacLeod, B. Pankhania, M. Lee, and D. Mitchell, "Parasuicide, Depression and the Anticipation of Positive and Negative Future Experiences," *Psychological Medicine: A Journal of Research in Psychiatry and the Allied Sciences* 27, no. 4 (July 1997): 973-77. For a brief review of this area of research, see Jordi Quoidbach, Alex M. Wood, and Michel Hansenne, "Back to the Future: The Effect of Daily Practice of Mental Time Travel into the Future on Happiness and Anxiety," *Journal of Positive Psychology* 4, no 5 (September 2009): 349-55.

12. Roger Buehler, Cathy McFarland, Vassili Spyropoulos, and Kent C. H. Lam, "Motivated Prediction of Future Feelings: Effects of Negative Mood and Mood Orientation on Affective Forecasts," *Personality and Social Psychology Bulletin* 33, no. 9 (September 2007): 1256-78.

13. Brian Knutson and Richard Peterson, "Neurally Reconstructing Expected Utility," *Games and Economic Behavior* 52, no. 2 (August 2005): 305-15.

14. Quoidbach, Wood, and Hansenne, "Back to the Future."

15. Author Interview with Marcia Fiamengo, August 4, 2011.

16. Author interview with Barbara Messing, November 14, 2011.

17. Michael I. Norton, Jeana H. Frost, and Dan Ariely, "Less Is More: The Lure of Ambiguity, or Why Familiarity Breeds Contempt," *Journal of Personality and Social Psychology* 92, no. 1 (January 2007): 97-105.

18. David Remnick, "The Masochism Campaign: Say Anything about Tony Blair, He Can Take It," *New Yorker*, May 2, 2005, http://archives.newyorker.com/?i=2005-05-02#folio=074.

19. United States presidential approval rating, http://en.wikipedia.org/wki/United_States_presidential_approval_rating.

20. Jaime L. Kurtz, Timothy D. Wilson, and Daniel T. Gilbert, "Quantity versus Uncertainty: When Winning One Prize Is Better Than Winning Two," *Journal of Experimental Social Psychology* 43, no. 6 (November 2007): 979-85.
21. Author interview with Katia Beauchamp and Hayley Barna, October 5, 2011.
22. Knutson and Peterson, "Neurally Reconstructing Expected Utility."
23. For a thorough discussion of this issue, see Roy F. Baumeister, Kathleen D. Vohs, C. Nathan DeWall, and Liqing Zhang, "How Emotion Shapes Behavior: Feedback, Anticipation, and Reflection, Rather than Direct Causation," *Personality and Social Psychology Review* 11, no. 2 (2007): 167-203.
24. Timothy D. Wilson, Douglas J. Lisle, Dolores Kraft, and Christopher G. Wetzel, "Preferences As Expectation-Driven Inferences: Effects of Affective Expectations on Affective Experience," *Journal of Personality and Social Psychology* 56, no. 4 (April 1989): 519-30.
25. Michael I. Norton and George R. Goethals, "Spin (and Pitch) Doctors: Campaign Strategies in Televised Political Debates," *Political Behavior* 26, no. 3 (September 2004): 227-48.
26. Hae Eun Chun, "Savoring Future Experiences: Antecedents and Effects on Evaluations of Consumption Experiences," Dissertation Abstracts International Section A, 2009.
27. Stephen M. Nowlis, Naomi Mandel, and Deborah Brown McCabe, "The Effect of a Delay between Choice and Consumption on Consumption Enjoyment," *Journal of Consumer Research* 31, no. 3 (December 2004): 502-10.
28. Ibid.
29. Karim S. Kassam, Daniel T. Gilbert, Andrew Boston, and Timothy D. Wilson, "Future Anhedonia and Time Discounting," *Journal of Experimental Social Psychology* 44, no. 6 (November 2008): 1533-37.
30. On Amir and Dan Ariely, "Decisions by Rules: The Case of Unwillingness to Pay for Beneficial Delays," *Journal of Marketing Research* 44, no. 1 (February 2007): 142-52.
31. George Loewenstein, "Anticipation and the Value of Delayed Consumption," *Economic Journal* 97, no. 387 (September 1987): 666-84.
32. Ryan W. Buell and Michael I. Norton, "The Labor Illusion: How Operational

Transparency Increases Perceived Value," *Marketing Science* 57, no. 9 (September 2011): 1546-79.

33. Drazen Prelec and George Loewenstein, "The Red and the Black: Mental Accounting of Savings and Debt," *Marketing Science* 17, no. 1 (March 1998): 4.
34. Xinyue Zhou, Kathleen D. Vohs, and Roy F. Baumeister, "The Symbolic Power of Money: Reminders of Money Alter Social Distress and Physical Pain," *Psychological Science* 20, no. 6 (June 2009): 700-706.
35. Brian Knutson, Scott Rick, G. Elliont Wimmer, Drazen Prelec, and George Loewenstein, "Neural Predictors of Purchases," *Neuron* 53, no. 1 (January 4, 2007): 147-56.
36. "The Invention of Money," This American Life, National Public Radio, January 7, 2011, http://www.thisamericanlife.org/radio-archives/episode/423/the-invention-of-money.
37. The Onion, "Visa Exposed as Massive Credit Card Scam," August 15, 2011, http://www.theonion.com/articles/visa-exposed-as-massive-credit-card-scam,21136.
38. Drazen Prelec and Duncan Simester, "Always Leave Home Without It: A Further Investigation of the Credit-Card Effect on Willingness to Pay," *Marketing Letters* 12, no. 1 (February 2001): 5-12.
39. Dilip Soman, "Effects of Payment Mechanism on Spending Behavior: The Role of Rehearsal and Immediacy of Payments," *Journal of Consumer Research* 27, no. 4 (March 2001): 460-74.
40. Kimberly Amadeo, "Average Credit Card Debt Still More than $6500 per Family," *About.com*, April 7, 2011, http://useconomy.about.com/b/2011/04/07/average-credit-card-debt-still-more-than-6500-per-family.htm. Statistic based U.S. Census 2010, "Households and Families," http://www.census.gov/newsroom/releases/archives/families_households/cb10-174.html; Federal Reserve Statistical Release, "Consumer Credit," April 6, 2012, http://www.federalreserve.gov/release/g19/Current/.
41. Associated Press-GfK Poll, Roper Public Affairs & Media, 2010.
42. Ibid.
43. Wendy Johnson and Robert F. Krueger, "How Money Buys Happiness: Genetic

and Environmental Processes Linking Finances and Life Satisfaction," *Journal of Personality and Social Psychology* 90, no. 4 (April 2006): 680-91.

44. Sarah Brown, Karl Taylor, and Stephen Wheatley Price, "Debt and Distress: Evaluating the Psychological Cost of Credit," *Journal of Economic Psychology* 26, no. 5 (October 2005): 642-63.

45. Jeffrey Dew, "Two Sides of the Same Coin? The Differing Roles of Assets and Consumer Debt in Marriage," *Journal of Family and Economics Issue* 28, no. 1 (March 2007): 89-104.

46. David J. Hardisty, Shane Frederick, and Elke U. Weber, "Dread Looms Larger than Pleasuralbe Anticipation," November 1, 2011, available at http://ssrn.com/abstract=1961370 or http://dx.coi.org/10.2139/ssrn.1961370.

47. Brown Taylor, and Price, "Debt and Distress."

48. "Get Ready for the Pain of Paying," *Daily Beast*, August 29, 2008, http://www.thedailybeast.com/newsweek/2008/08/30/get-ready-for-the-pain-of-paying.html.

49. "Debit Card Use Remains Robust in Midst of Economic Downturn," PULSE 2010 Debt Issuer Study, http://www.pulsenetwork.com/public/about/pulse-news/press-releases/2010/debit-use.html.

50. Daljit Deshi, "Debit Card UsageSet to Surge in Malaysia," Asia News Network, April 18, 2011, http://ph.news.yahoo.com/debit-card-usage-set-surge-malaysia-20110417-224001-457.html.

51. Lee Jinkook, Fahzy Abdul-Rahman, and Kim Hyungsoo, "Debit Card Usage: An Examination of Its Impact on Household Debt," *Financial Service Review* 16, no. 1 (Spring 2007): 73-87.

52. Farhad Manjoo, "The End of the Credit Card? A New App Called Card Case Foretells a World Without Cash and Plastic." *Slate*, November 2, 2011, http://www.slate.com/articles/technology/technology/2011/11, http://www.slate.com/articles/technology/technology/2011/11/card_case_the_new_payments_app_that_could_make_cash_and_plastic_html.

53. Leaf Van Boven and Thomas Gilovich, "To Do or to Have? That Is the Question," *Journal of Personality and Social Psychology* 85, no. 6 (December 2003): 1193-1202.

54. Manoj Thomas, Kalpesh Kaushik Desai, and Satheeshkumar Seenivasan, "How Credit Card Payments Increase Unhealthy Food Purchases: Visceral Regulation of Vices," *Journal of Consumer Research* 38, no. 1 (June 2011): 126-39.
55. Katherine L. Milkman, Todd Rogers, and Max H. Bazerman, "I'll Have the Ice Cream Soon and the Vegetables Later: A Study of Online Grocery Purchases and Order Lead Time," *Marketing Letters* 21, no. 1 (March 2010): 17-35.
56. Ran Kivetz and Itamar Simonson, "Self-Control for the Righteous: Toward a Theory of Precommitment to Indulgence," *Journal of Consumer Research* 29, no. 2 (September 2002): 207.
57. Ibid., 209.
58. For a review see Nira Liberman and Yaacov Trope, "The Psychology of Transcending the Here and Now," *Science* 322, no. 5905 (November 2008): 1201-1205.
59. John T. Gourville and Dilip SOman, "Payment Depreciation: The Behavioral Effects of Temporally Separating Payments from Consumption," *Journal of Consumer Research* 25, no. 2 (September 1998): 160-74.

5장 다른 사람에게 투자하라

1. Warren Buffet, "My Philanthropic Pledge," CNNMoney, June 16, 2010, http://money.cnn.com/2010/06/15/news/newsmakers/Warren_Buffett_Pledge_Letter.fortune/index.html.
2. Elizabeth W. Dunn, Lara B. Aknin, and Michael I. Norton, "Spending Money on Others Promtes Happiness," *Science* 319, no. 5870 (March 2008): 1687-88.
3. Ibid.
4. Buffets, "My Philanthropic Pledge."
5. Lara B. Aknin et al., "Prosocial Spending and Well-Being: Cross-Cultural Evidence for a Psychological Universal," *Journal of Personality and Social Psychology* (forthcoming).
6. Ibid.
7. Lara B. Aknin, Kiley J. Hamlin, and Elizabeth W. Dunn, "Giving Leads to

Happiness in Young Children," *Plos ONE* 7, no.6 (June 2012).
8. Zosia Bielski, "Canvassers Take the Cause to the Street," *Globe & Mail*, November 1, 2011, http://www.theglobeandmail.com/life/giving/how-to-give/canvassers-take-the-cause-to-the-street/article2221151/page2/.
9. Netta Weinstein and Richard M. Ryan, "When Helping Helps: Autonomous Motivation for Prosocial Behavior and Its Influence on Well-Being for the Helper and Recipient," *Journal of Personality and Social Psychology* 98, no. 2 (February 2010): 222-14.
10. William T. Harbaugh, Ulrich Mayr, and Daniel R. Burghart, "Neural Responses to Taxation and Voluntary Giving Reveal Motives for Charitable Donations," *Science* 316, no. 5831 (June 2007): 1622-25.
11. "Giving & Volunteering in the United States," Independent Sector 2001, http://www.cpanda.org/pdfs/gv/GV01Report.pdf.
12. Weinstein and Ryan, "When Helping Helps."
13. "Euromillions £101m Jackpot Won by Cambridgeshire Couple," BBC News, October 11, 2011, http://www.bbc.co.uk/news/uk-england-15253038.
14. Esther Addley, "Euromillions Couple Gives Friends £1M Each," Guardian, October 11, 2011, http://www.guardian.co.uk/2011/oct/11/euromillions-couple-give-friends-million-each.
15. "Euromillions £101m Jackpot Won by Cambridgeshire Couple."
16. Lydia Saad, "Americans Plan to Spend Same on Christmas 2011 as In 2010," *Gallup Poll Briefing* (October 20, 2011): 1, http://www.gallup.com/poll/15203/Americans-Plan-Spend-Christmas-2011-2010.aspx.
17. "Consumers to Take Conservative Approach to Holiday Shopping," National Retail Federation/BIG Research 2007, http://www.nrf.com/modules.php?name=new&op=viewlive&sp_id=386.
18. Joel Waldfogel, "The Deadweight Loss of Christmas," *American Economic Review* 83, no. 5 (December 1993): 1328-36, http://graphics8.nytimes.com/images/blogs/freakonomics/pdf/WaldfogelDeadweightLossXmas.pdf.
19. Elizabeth W. Dunn, Jeff Huntsinger, Janetta Lun, and Stacey Sinclair, "The Gift of Similarity: How Good and Bad Gifts Influence Relationships," *Social Cognition*

26, no. 4 (August 2008): 469-81.
20. Lara B. Aknin, Gillian M. Sandstrom, Elizabeth W. Dunn, and Michael I. Norton, "It's the Recipient That Counts: Spending Money on Strong Social Ties Leads to Greater Happiness Than Spending on Weak Social Ties," *Plos ONE* 6, no. 2 (February 2011).
21. Lara B. Aknin, Elizabeth W. Dunn, Gillian M. Sandstrom, and Michael I. Norton, "Turning Good Deeds into Good Feelings: The Value of the 'Social' in Prosocial Spending," unpublished data, University of British Columbia, 2012.
22. Ibid.
23. Author interview with Charles Best, March 18, 2012.
24. "Kevin Starr: Lasting Impact," http://poptech.org/popcasts/kevin_starr_lasting_impact.
25. Author interview with Kevin Starr, April 4, 2012.
26. Spread the Net, http://www.spreadthenet.org/.
27. Aknin, Lara. B., Elizabeth W. Dunn, Adam M. Grant, Ashley V. Whillans, and Michael I. Norton, "Feeling Like You Made a Difference: On the Importance of Perceived Prosocial Impact When Giving to Others," unpublished data, University of British Columbia, 2012.
28. Adam M. Grant and Sabine Sonnentag, "Doing Good Buffers against Feeling Bad: Prosocial Impact Compensates for Negative Task and Self-Evaluations," *Organizational Behavior and Human Decision Processes* 111, no. 1 (January 2010): 13-22.
29. Author interview with Kevin Starr, March 28, 2012.
30. Lara B. Aknin, Elizabeth W. Dunn, and Michael I. Norton, "Happiness Runs in a Circular Motion: Evidence for a Positive Feedback Loop between Prosocial Spending and Happiness," *Journal of Happiness Studies* 13, no. 2 (April 2012): 347-55.
31. Dollar Collective, http://dollarcollective.wordpress.com.
32. Doerthe Keiholz, "Flashmob Meets Charity in New Collective," *openfile*, Vancouver, BC, February 29, 2012, http://vancouver.openfile.ca/vancouver/text/flashmob-meets-charity-new-collective.
33. William Michael Brown, Nathan S. Consedine, and Carol Magai, "Altruism Relates to Health in an Ethnically Diverse Sample of Older Adults," *Journals of*

Gerontology: Series B: Psychological Science and Social Science 60B, no. 3 (May 2005): P143-P152.
34. Elizabeth W. Dunn, Claire E. Ashton-James, Margaret D. Hanson, and Lara B. Aknin, "On the Costs of Self-Interested Economic Behavior: How Does Stinginess Get under the Skin?," *Journal of Health Psychology* 15, no. 4 (May 2010): 627-33.
35. Brian R, Walker, "Glucocorticoids, and Cardiovascular Disease," *European Journal of Endocrinology* 157, no. 5 (November 2007): 545-59.
36. Zoë Chance and Michael I. Norton, "I Give, Therefore I Have: Giving and Subjective Wealth," working paper, Yale University.
37. Michael I. Norton and Jill J. Avery, *The Pepsi Refresh Project: A Thirst for Change*, Harvard Business School Case 512-018.
38. Ibid.
39. Lalin Anik, Lara B. Aknin, Michael I. Norton, Elizabeth W. Dunn, and Jordi Quiodbach, "Prosocial Bonuses Increase Employee Satisfaction and Team Performance," unpublished manuscript, Harvard University, 2012.
40. Author interview with Laszlo Bock, March 20, 2012.
41. Anik et al., "Prosocial Bonuses Increase Employee Satisfaction and Team Performance."
42. Ibid.
43. Michael I. Norton, Fiona Wilson, Jill J. Avery, and thomas J. Steenburgh, *Better World Books*, Harvard Business School Case 511-057.
44. Ibid.
45. Aradhna Krishna, "Can Supporting a Cause Decrease Donations and Happiness? This Cause Marketing Paradox," *Journal of Consumer Psychology* 21, no. 3 (July 2011): 338-45.
46. Ibid.
47. Elizabeth W. Dunn, Lara B. Aknin, and Michael I. Norton, "Spending Money on Others Promotes Happiness," *Science* 319, no. 5870 (March 2008): 1687-88.
48. Margery A. Beck, "Anonymous Donors Pay Off Kmart Lay-away Accounts," Associated Press, December 16, 2011, http://sg.news,yahoo.com/anonymous-donors-pay-off-kmart-layaway-accounts-221000605.html.

마치며

1. Wendy Johnson and Robert F. Krueger, "How Money Buys Happiness: Genetic and Environmental Processes Linking Finances and Life Satisfaction," *Journal of Personality and Social Psychology* 90, no. 4(2006): 680-91.
2. Johanna Peetz and Roger Buehler, "Is There a Budget Fallacy? The Role of Savings Goals in the Prediction of Personal Spending," *Personality and Social Psychology Bulletin* 35, no. 12(December 2009): 1579-91.
3. Gross National Happiness, http://www.grossnationalhappiness.com/.
4. David G. Myers, "Rules of Engagement," symposium talk, Langara College, Vancouver BC, February 9, 2012.
5. Edward N Wolff, "Recent Trends in Household Wealth in the United States: Rising Debt and the Middle-Class Squeeze-an Update 2007," Levy Economics Institute Working Paper, No. 589 (March 2010): 1-58, http://www.levyinstitute.org/pubs/wp_589.pdf.
6. Michael I. Norton and Dan Ariely, "Building a Better America-One Wealth Quintile at a Time," *Perspectives on Psychological Science* 6, no. 1(January 2011): 9-12.
7. Shiegehiro Oishi, Selin Kesebir, and Ed Diener, "Income Inequality and Happiness," *Psychological Science* 22, no. 9(September 2011): 1095-1100.
8. Adam Seth Levine, Robert H. Frank, and Oege Dijk, "Expenditure Cascades," September 13, 2010, http://papers.ssrn.com/sol3/papers.cfm?abstract_id=1690612.
9. Rafael Di Tella, Robert J. MacCulloch, and Andrew J. Oswald, "The Macroeconomics of Happiness," *Review of Economics & Statistics* 85, no. 4(November 2003): 809-27.
10. Richard A. Easterlin, "Does Economic Growth Improve the Human Lot? Some Empirical Evidence," in *Nations and Households in Economic Growth: Essays in Honour of Moses Abramovitz*, ed. P. A. David and M. W. Reder(New York and London: Academic Press: 1974); Richard A. Easterlin, "Will Raising the Incomes of All Increase the Happiness of All?," *Journal of Economic Behavior and Organization* 27, no. 1(June 1995): 35-47; Richard A. Easterin, Laura Angelescu McVey, Malgorzata Switek, Onnicha Sawangfa, and Jacqueline Smith Zweig, "The Happiness-Income

Paradox Revisited," *Proceeding of the National Academy of Science of the United States of America* 107, no. 52 (December 28, 2010): 22463-68; Betsey Stevenson and Justin Wolfers, "Economic Growth and Subjective Well-Being: Reassessing the Easterlin Paradox," Brookings Papers on Economic Activity, no. 1 (March 2008): 1-87.

11. Stevenson and Wolfers, "Economic Growth and Subjective Well-Being."
12. Alan B. Krueger, comment on Stevenson, Betsey, and Justin Wolfers, "Economic Growth and Subjective Well-Being: Reassesing the Easterlin Paradox." Brookings Papers on Economic Activity, no. 1 (March 2008): 1-87.
13. David Steitfeld and Megan Thee-Brenan, "Dspite Fears, Owning Home Retains Allure, Poll Shows," *New York Times*, June 29, 2011. http://www.nytimes.com/2011/06/30/business/30poll.html.
14. Alex J. Pollock, "Why Canada Avoided a Mortgage Meltdown," *Wall Street Journal*, March 19, 2012, http://www.aei.org/article/economics/financial-services/why-canada-avoided-a-mortgage-meltdown.
15. "Somerville, MA: A Report on Well-being," http://www.somervillema.gov/sites/default/files/documents/Somerville_Well_Being_Report.pdf.
16. Soren Nyegaard, "Working Time in Denmark and US," LabourNet, http://www.labournet.net/docks2/0201/worktim1.htm.
17. "Which Country Gets the Most Vacation Days," CNBC, October 22, 2009, http://www.cnbc.com/id/33431347/Which_Country_Gets_the_Most_Vacation_Days.
18. Author interview with David Halpern, March 26, 2012.
19. Michael A. Tynan, Gabbi R. Promoff, and Allison MacNeil, "State Excise Taxex_United States, 2010-2011," Centers for Disease Control and Prevention, March 30, 2012, http://www.cdc.gov/mmwr/preview/mmwrhtml/mm6112a1.htm.
20. Lydia Saad, "Adult Smoking Ranges From 13% to 31% Across U.S. States," Gallup Well-Being Poll, August 26, 2010, http://www.gallup.com/poll/142694/adult-smoking-ranges-across-states.aspx.
21. Kathy McCabe, "Malden Restaurants Seek 10am Sunday Liquor Sales," *Boston Globe*, September 16, 2011, http://www.boston.com/yourtown/news/malden/2011/09/malden_restarurants-want-10am.html.
22. Arkansas House Bill 1583 (Act 1220).

23. Jennifer Van Hook and Claire E. Altman, "Competitive Food Sales in Schools and Childhood Obesity: A Longitudinal Study," *Sociology of Education* 85, no. 1 (January 1, 2012): 23-39.
24. "How's Life? Measuring Well-Being," OECD Publishing, October 12, 2011, http://dx.doi.org/10.1787/9789264121164-en.
25. "OP Release Request for Applications for a Live Near Your Work Pilot Program," Office of Planning, District of Columbia, April 29, 2011, http://planning.dc.gov/DC/Planning/About+Planning/News+Room/Press+Release/OP+Releases+Request+for+Applications+for+a+Live+Near+Your+Work+Pilot+Program.
26. "Bicycling, Moving America Forward," Bikes Belong Coalition, 2008, http://www.bikesbelong.org/assets/documents/uploads/Bicycling_Booklet_08.pdf
27. David R. Bassett, John Pucher Jr., Ralph Buehler, Dixie L. Thompson, and Scott E. Crouter, "Walking, Cycling, and Obesity Rates in Europe, North America, and Australia," *Journal of Physical Activity and Health*, no. 5 (2008): 795-814, http://policy.rutgers.edu/faculty/pucher/jpah08.pdf.
28. Richard Florida, "Bicycling and the Wealth and Happiness of Cities," Creative Class Group, June 27, 2011, http://www.creativeclass.com/_v3/creative_class/2011/06/27/bicycling-and-the-wealth-and-happiness-of-cities.
29. "The Nations's Top Taxman Shares His Workout Playlist," National Public Radio, April 16, 2012, http://www.npr.org/2012004/16/150640347/the-nations-top-taxman-shares-his-workout-playlist.
30. "Know Before You Owe," Consumer Financial Protection Bureau, http://www.consumerfinance.gov/knowbeforeyouowe.
31. Warren Buffet, "Stop Coddling the Super-Rich," New York Times, August 14, 2011, http://www.nytimes.com/2011/08/15/opinion/stop-coddling-the-super-rich.html.
32. Daniel Politi, "Obama Pushes Lawmakers to Pass 'Buffett Rule' Tax," *Slate*, March 31, 2012, http://slatest.slate.com/posts/2012/03/31/buffett_rule_tax_obama_pushes_millionaire_tax_legislation.html.
33. Zak Maymin, "I Hate Income Tax: Seven Reasons to Remove the Greatest Evil Facing Americans," *Publicani*, August 4, 2011, http://www.publicani.com/i-hate-income-tax/.
34. "I Hate Taxes," http://www.facebook.com/NoTaxes.

35. Shigehiro Oishi, Ulrich Schimmack, and Ed Diener, "Progressive Taxation and the Subjective Well-Being of Nations," *Psychological Science* 23, no. 1 (January 2012): 86-92.
36. Harbaugh, Mayr, and Burghart, "Neural Responses to Taxation and Voluntary Giving Reveal Motives for Charitable Donations."
37. Cait P. Lamberton, "A Spoonful of Choice: How Allocation Increases Satisfaction with Tax Payments," *Journal of Public Policy and Marketing* (forthcoming).
38. "Part I. Taxation of Wage Income 2010," http://www.oecd.org/dataoecd/44/44/38402588.pdf.
39. "World Giving Index 2011: A Global View of Giving Trends," Charities Aid Foundation, http://www.cafonline.org/pdf/World_Giving_Index_2011_191211.pdf.
40. 40. Scott Standley and David Roodman, "Tax Policies to Promote Private Charitable Giving in DAC Countries," Center for Global Development, Working Paper No. 82 (January 2006), http://ssrn.com/abstract=984021.
41. Bruno S. Frey and Alois Stutzer, *Happiness and Economics: How the Economy and Institutions Affect Human Well-being* (Princeton, NJ: Princeton University Press, 2002); Ronald Inglehart, *Culture Shift in Advanced Industrial Society* (Princeton, NJ: Princeton University Press, 1990).
42. John Helliwell, Richard Layard, and Jeffrey Sachs, "World Happiness Report," http://www.earth.columbia.edu/sitefiles/file/Sachs%20Writing/2012/World%20Happiness%20Report.pdf.
43. Xeni Jardin, "China' Internet Censors not Happy about UNs World Happiness Report," *BoingBoing*, Monday April 9, http://Boingboing.net/2012/04/09/chinas-internet-censors-not.html.
44. The Onion, "Growth Adult Actually Expects to Be Happy," March 10, 2011, http://www.theonion.com/articles/grown-adult-actually-expects-to-be-happy.
45. Jonathan W. Schooler, Dan Ariely, and George Loewenstein, "The Pursuit and Assessment of Happiness May Be Self-Defeating," in *The Psychology of Economic Decision*, ed. Juan D. Carrillo and Isabelle Brocas (Oxford: Oxford University Press, 2003), 41-70.

당신이 지갑을 열기 전에 알아야 할 것들

초판 1쇄 인쇄일 2013년 9월 25일
초판 7쇄 발행일 2023년 7월 10일

지은이 엘리자베스 던, 마이클 노튼
옮긴이 방영호

발행인 윤호권
사업총괄 정유한

디자인 이희영 **마케팅** 명인수
발행처 ㈜시공사 **주소** 서울시 성동구 상원1길 22, 6-8층(우편번호 04779)
대표전화 02-3486-6877 **팩스(주문)** 02-585-1755
홈페이지 www.sigongsa.com / www.sigongjunior.com

글 ⓒ 엘리자베스 던, 마이클 노튼, 2013

이 책의 출판권은 ㈜시공사에 있습니다. 저작권법에 의해
한국 내에서 보호받는 저작물이므로 무단 전재와 무단 복제를 금합니다.

ISBN 978-89-527-7011-0 13320

*시공사는 시공간을 넘는 무한한 콘텐츠 세상을 만듭니다.
*시공사는 더 나은 내일을 함께 만들 여러분의 소중한 의견을 기다립니다.
*알키는 ㈜시공사의 브랜드입니다.
*잘못 만들어진 책은 구입하신 곳에서 바꾸어 드립니다.

WEPUB 원스톱 출판 투고 플랫폼 '위펍' _wepub.kr
위펍은 다양한 콘텐츠 발굴과 확장의 기회를 높여주는
시공사의 출판IP 투고·매칭 플랫폼입니다.